智能网联汽车技术概论

主　编　朱　凯　刘海洋　王仁群
副主编　任　琴　李　浩　陈振威
参　编　张　扬　屈宽生　胡腾飞

机械工业出版社

本书采用"智能网联汽车从感知到控制"的技术流程进行开发,以现阶段自动驾驶技术为背景,以典型的智能网联汽车为载体,以培养学生对智能网联汽车认知为目标,对教学内容进行重构,共设计智能网联汽车技术概述、智能网联汽车环境感知、智能网联汽车定位与导航、智能网联汽车路径规划与行为决策、汽车通信技术、高级辅助驾驶系统和汽车电子电气架构七个学习领域,每个学习领域分为若干个学习单元,涉及智能网联汽车感知、决策和执行三大核心技术领域。

本书适合于开设智能网联汽车方向专业的职业应用本科及职业院校使用,也适用于各类培训机构使用,同时也可作为智能网联汽车从业人员的学习参考用书。

为方便教学,本书配有电子课件等资源。凡选用本书作为授课教材的教师均可登录 www.cmpedu.com,以教师身份注册后免费下载,或咨询相关编辑,编辑电话:010-88379201。

图书在版编目(CIP)数据

智能网联汽车技术概论 / 朱凯,刘海洋,王仁群主编. -- 北京:机械工业出版社,2024.8. -- ISBN 978-7-111-76418-2

Ⅰ. U463.67

中国国家版本馆 CIP 数据核字第 2024QP8228 号

机械工业出版社(北京市百万庄大街 22 号 邮政编码 100037)
策划编辑:于志伟   责任编辑:于志伟
责任校对:梁 园 张昕妍   封面设计:张 静
责任印制:张 博
北京联兴盛业印刷股份有限公司印刷
2024 年 9 月第 1 版第 1 次印刷
184mm×260mm・12 印张・301 千字
标准书号:ISBN 978-7-111-76418-2
定价:49.80 元

前　言

　　近年来，随着人工智能、物联网、5G通信、边缘计算、数字孪生等技术不断融合发展与创新应用，汽车产业迎来了电动化、智能化、网联化、共享化，"新四化"推动了全方位的产业变革，使汽车由传统的机械产品转变为移动出行服务的智能终端，即智能网联汽车。新技术、新概念和新设计，对实际教学也提出了更高的要求，编者结合智能网联汽车技术专业教学特点和职业教育规律，以智能网联技术为基础编写了本书。

　　本书主要体现了以下特色：

　　1）注重职业素质的培养。本书在现有的汽车技术和教学任务中，融合了党的政策与方针、汽车产业升级、中国制造2025等元素，以增强学生的民族自信心，培养学生的以工匠精神为核心的职业素养。

　　2）贯彻"做学合一"理念。本书适当简化了自动驾驶算法、深度学习等理论性较强的教学内容，重点突出实践性，着重从零部件产品端入手，从产品功能角度逐一阐释智能网联汽车的功能及原理。理论知识与实车的技术方案前后呼应，互相支撑，使学生在学习过程中进一步加深对理论知识和智能网联汽车概念的掌握。

　　3）遵循认知规律。根据教学规律和学生的认知规律，按照"情景导入—知识链接—学习小结—知识巩固的顺序，循序渐进地开展教学，帮助学生构建知识体系、提升技能水平、提高学习效率。

　　本书以智能网联汽车技术基础为理论依据，采用理论知识和主要零部件功能阐释相结合的方法，着重对汽车的智能化和网联化进行了阐述和案例分析。本书从感知、定位、规划控制、高级辅助驾驶系统以及电子电气架构等方面进行编写，对部分难以理解的内容结合了实际案例分析，并配备了教学课件、实训工单和练习题册等教学资源，适合于开设智能网联汽车方向专业的职业本科及职业院校使用，也适合于各类培训机构使用。

　　本书由朱凯、刘海洋、王仁群任主编，任琴、李浩、陈振威任副主编，张扬、屈宽生、胡腾飞参与编写。在编写本书的过程中，编者参阅了大量的技术资料，在此对原作者一并表示感谢！

　　由于编者水平有限，书中难免存在错误和不足之处，恳请广大读者朋友批评指正。

编　者

二维码清单

名称	图形	名称	图形
什么是智能网联汽车		我国智能网联汽车发展规划	
智能网联汽车 V2X 通信技术		智能网联汽车移动通信技术	
视觉传感器		前方碰撞预警系统	
毫米波雷达		车道偏离预警系统	
激光雷达		自适应巡航系统	

目 录

学习领域一

智能网联汽车技术概述

【情景导入】

　　智能网联汽车是人工智能与信息通信技术赋能汽车产业的重要成果，是新一轮科技革命与产业变革的推动力。智能网联汽车不仅可以提高交通效率和安全性，降低能源消耗和环境污染，还可以促进汽车产业转型升级，增强国家竞争力和创新力。智能网联汽车具有智能化、网络化、节能环保和安全便捷等特点，是未来汽车发展的必然方向。如今，各大公司都开始涉足智能网联汽车行业，相互竞争合作，制订相关战略规划，研发和测试自己的智能网联汽车。智能网联汽车的出现和普及将彻底颠覆人们的出行方式，重新定义汽车的属性，让人们从驾驶中解放出来，自动、安全地将乘客运送到目的地。

学习单元一　智能网联汽车的发展背景

【知识链接】

1. 智能网联汽车的定义

　　智能网联汽车是指搭载先进的车载传感器、控制器和执行器等装置，并融合现代通信与网络技术，实现车与X（人、车、路、云端等）智能信息交换、共享，具备复杂环境感知、智能决策和协同控制等功能，可实现"安全、高效、舒适、节能"行驶，并最终可实现替代人来操作的新一代汽车。智能网联汽车又被称为无人驾驶汽车、自动驾驶汽车等。智能网联汽车的发展，有利于提高交通运输效率和安全性，降低能源消耗和环境污染。

　　车联网即汽车上面装载电子通信设备，与其他也装载通信设备的车辆、道路设施单元、云端平台等进行通信互联，实现信息交互和资源共享的技术，简称V2X（Vehicle to Everything）。

　　车与X（V2X）是车辆与任何可能影响该车辆或可能受该车辆影响的实体之间的通信。它是一种车载通信系统，结合了其他更具体的通信类型，例如V2I（车对基础设施）、V2N（车对网络）、V2V（车对车辆）、V2P（车对行人）、V2D（车辆到设备）和V2G（车辆到网格）。

　　车联网以车内网、车际网、车载移动网络为基础，搭载先进的车载传感器、控制器和执行器，融合定位技术、信息处理技术、无线通信技术和智能决策控制技术构建高度协同的车联网生态体系。在V2V通信中，车辆在向其他车辆发送自身速度和位置等信息的同时，接收来自其他车辆的行驶状态信息，同时结合传感器和摄像头等设备收集到的信息，实现对周围环境状况的感知，辅助驾驶人安全驾驶。

　　V2V通信将独立驾驶的车辆紧密联系在一起，形成信息交互共享的车辆自组织网络（VANET）。对于V2I通信，车辆主要与路边单元（RSU）或基站进行通信。在车辆密度较大的场景下，RSU可为车辆进行路径规划及速度建议。在V2P通信中，每个车载终端与行人携带的移动终端设备进行通信，一方面行人可获知车辆运行轨迹及速度大小，另一方面车辆也可提前减速避开人群，保障车联网体系中弱势群体（行人）的安全。

除此之外，V2P 通信还可用于停车找车场景中，通过移动终端设备定位车辆位置或者空余的车位。对于 V2N 通信，车辆则主要与云端进行信息交互，实现计算数据的灵活卸载、传输及储存。云平台对收集到的海量数据进行处理分析后可为车辆提供定位、紧急救援和信息娱乐等服务。

2. 自动驾驶的优越性

智能网联汽车拥有全面的环境感知能力，对驾乘人员、车辆和道路环境进行实时监测，能自主做出规划决策，制订安全的行驶策略，自动控制车辆运行，实现及时精准的驾驶操作。自动驾驶能显著减少人为因素导致的道路交通事故，促进道路交通安全水平提升。

1）自动驾驶如何降低道路交通风险。驾驶人疲劳驾驶、酒后驾驶、超速行驶、逆向行驶、制动和转向不当等操作失误、对外部环境判断不足等均是导致交通事故的原因。

智能网联汽车利用全方位的感知系统、智能的决策系统和精确的执行系统，可以充分地识别道路中各类动态、静态目标，实现自主决策和车辆运行。智能网联汽车不会出现违反交通规则、疲劳驾驶、酒后驾驶、疏忽大意等情况，能极大减少甚至消除因驾驶人违法违规操作、注意力不集中、驾驶经验不足、酒驾、醉驾等产生的道路交通风险。这意味着，自动驾驶将有助于减少事故，如图 1-1 所示，能在很大程度上降低道路交通风险。

驾驶人人为因素导致的
道路交通事故占比

约90%

自动驾驶有助于减少
人为事故

图 1-1　交通事故诱发因素

2）自动驾驶有利于破解道路交通出行难题。当前，中国道路交通出行主要面临拥堵、停车难、环境污染、用车效率不高等方面的挑战，自动驾驶有助于解决这些问题。交通拥堵给出行带来较高的时间和经济成本。在道路建设方面，路网密度不足，交通流不均衡，个别道路交通负荷过大，容易造成交通拥堵。

非经济的驾驶行为造成车辆更多的能耗和排放。例如，驾驶人操作不当，没有对加速和制动等进行合理控制，会增加车辆能耗和污染物排放。

用车效率不高影响用户出行和物流降本增效。例如，在出行高峰时段或恶劣天气下，运营服务车辆经常会出现运力不足，导致打车难。另外，物流需求加大与缩短物流运转周期存在矛盾，需要高效使用运输车辆。

自动驾驶能有效减缓交通拥堵：智能网联汽车结合地图数据和传感器的实时感知数据，能提前了解前方的交通状况，制订合理的行驶路径，避开拥堵路段；并能通过安全行驶，有效减少驾驶人因素导致的交通事故，减少事故型拥堵。

自动驾驶可以实现更加便捷的停车：智能网联汽车可以提前获取目的地周围的停车场信息，节省找停车位的时间。在拥挤的停车场，智能网联汽车能通过精确的操作自动停车入位，减少车辆剐蹭风险，解决停车难的问题。

自动驾驶有助于减少环境污染：智能网联汽车能做到合理、精准控制车辆行驶方式，实现经济驾驶、节能减排。

自动驾驶可以提升用车效率：由于减少了对驾驶人的依赖，智能网联汽车可以实现高效调度，不再需要计算驾驶人的休息时间，自动驾驶运营车辆每天将有近80%的可用时间，可促进用户出行效率和物流效率的提升。

3. 汽车产业未来的发展趋势

在全球范围内，汽车产业的发展呈现"四化"趋势，即电动化、智能化、网联化、共享化。在中国从汽车制造大国向汽车制造强国迈进的进程中，"四化"将发挥重要引领作用，深刻改变汽车产业未来的发展格局。

在经历多年的快速增长之后，我国汽车产业已进入高质量发展的新阶段。绿色低碳是高质量发展的要求之一，汽车电动化将改变汽车产业对化石能源的依赖。众多主流汽车企业均提出了电动化转型的时间表，汽车电动化发展正在提速。2030年，我国纯电动汽车和插电式混合动力汽车年销量将占汽车总销量的40%～50%，保有量突破8000万辆。

随着信息通信、互联网、大数据、人工智能等新技术与汽车产业的结合，汽车产品功能和使用方式都在发生变化。作为汽车产业转型升级的重要方向，智能化和网联化将被融入汽车企业的产品设计、研发、制造、营销和售后各个环节中，汽车价值由硬件主导向软件主导转变，未来汽车软件价值将逐步提升到占汽车价值的60%左右。汽车智能化和网联化已成为产业布局新的战略制高点，企业通过制订和实施相应战略，将进一步提升企业和产品形象。

近年来，移动互联网应用加快普及，"互联网+"对交通运输行业产生重大影响，共享汽车得以发展。未来，更多汽车企业将由汽车制造商向汽车制造商+服务提供商转型，力求在汽车共享化发展中占据主动。预计2030年，我国共享汽车市场规模将达到万亿元级别，有望成为全球最大的共享汽车市场。

自动驾驶是汽车智能化+网联化发展的高级形态，智能化、网联化范畴中的环境感知、高精度定位与地图、通信与信息交互平台、车载智能终端及HMI（人机交互）产品、集成控制与执行系统等关键零部件，多源信息融合、车辆协同控制、电子电气架构、信息安全、人机交互共驾、道路基础设施等共性技术是自动驾驶发展的基础。电动化的汽车载体有利于自动驾驶技术的开发与应用，自动驾驶将提升共享化服务用车的运营效率，实现更加环保、高效的出行。自动驾驶将在提升汽车产业竞争力、加快构建智能交通体系、创新用车模式等方面带来重要的机遇。

4. 自动驾驶汽车的分级

国际上，有美国国家交通部和国家公路交通安全管理局（NHTSA）制定的5级分类方法和建立在SAE J3016基础上的国际汽车制造商组织（OICA）的6级分类方法，如图1-2所示。OICA-SAE制定的分类体系与NHTSA非常相似，不同的是它把美国分类体系中的3级分为两个子级别。

（1）0级（无自动驾驶） 在当今的道路上行驶的汽车有一部分是0级，即手动控制。由人来完成"动态驾驶任务"，尽管可能有相应的系统来辅助驾驶人，例如紧急制动系统，但从技术方面来讲，该辅助系统并未主动"驱动"车辆，所以算不上自动化驾驶。

（2）1级（驾驶人辅助） 1级是自动化的最低级别。车辆具有单独的自动化驾驶人辅助系统，例如巡航控制、防抱死制动系统（ABS）和电子稳定程序（ESP），后两者自动作用于制动，以帮助驾驶人保持对车辆的控制。自适应巡航控制系统（ACC）可以让车辆与前车保持安全距离，驾驶人负责监控驾驶的其他方面（例如转向和制动），因此符合 1 级标准。

（3）2 级（部分自动驾驶） 部分自动驾驶车辆可以在某些情况下自动转弯、加速或制动。这指的是高级驾驶人辅助系统或 ADAS，这时驾驶人需要时刻关注车辆的状态，车辆能够控制转向以及加速或减速。因为有驾驶人坐在汽车座位上，并且可以随时控制汽车，所以这一阶段的自动驾驶还算不上无人驾驶。特斯拉的 Autopilot 和凯迪拉克的（通用汽车）Super Cruise 系统都符合 2 级标准。

（4）3 级（受条件制约的自动驾驶） 从技术角度来看，从 2 级到 3 级实现了重大飞跃，但从驾驶人的角度来看，差别算不上明显。

3 级自动驾驶汽车具有"环境检测"能力，车辆可以根据信息做出决定，例如加速经过缓慢行驶的车辆。但是这个级别仍然需要人的操控。驾驶人必须保持警觉，并且在系统无法执行任务时进行操控。

（5）4 级（高度自动驾驶） 3 级和 4 级自动化之间的关键区别在于，如果发生意外或系统失效，4 级自动驾驶汽车可以进行干预。从这个意义上来说，这些汽车在大多数情况下不需要人为干预。但是，驾驶人仍然可以选择手动操控。

4 级自动驾驶汽车可以采用无人驾驶模式运行。但由于立法和基础设施发展欠缺，4 级自动驾驶汽车只能在限定区域行驶（通常是在城市路况，最高平均速度达 30mile/h），这被称为地理围栏。因此，现有的大多数 4 级自动驾驶汽车都面向共享出行领域。

（6）5 级（完全自动驾驶） 5 级自动驾驶汽车不需要人为关注，从而免除了"动态驾驶任务"。5 级自动驾驶汽车甚至都不会有转向盘或加速/制动踏板。它们将不受地理围栏限制，能够去任何地方，并完成任何有经验的驾驶人可以完成的操控。完全自动驾驶的汽车正在世界各地的几个试点区进行测试，尚未向公众提供。

L0	L1	L2	L3	L4	L5
无自动驾驶	驾驶人辅助	部分自动驾驶	受条件制约的自动驾驶	高度自动驾驶	完全自动驾驶

图 1-2　自动驾驶等级分级

【学习小结】

1. 智能网联汽车是指搭载先进的车载传感器、控制器和执行器等装置，并融合现代通信与网络技术，实现车与 X（人、车、路、云端等）智能信息交换、共享，具备复杂环境感知、智能决策、协同控制等功能，可实现"安全、高效、舒适、节能"行驶，并最终可实现替代人来操作的新一代汽车。

2. 车与 X（V2X）是车辆与任何可能影响该车辆或可能受该车辆影响的实体之间的通信。

3. 在全球范围内，汽车产业发展呈现"四化"趋势，即电动化、智能化、网联化、共享化。

4. 自动驾驶是汽车智能化+网联化发展的高级形态，智能化、网联化范畴中的环境感知、高精度定位与地图、通信与信息交互平台、车载智能终端及 HMI（人机交互）产品、集成控制与执行系统等关键零部件，多源信息融合、车辆协同控制、电子电气架构、信息安全、人机交互共驾、道路基础设施等共性技术是自动驾驶发展的基础。

【知识巩固】

一、填空题

1. 智能网联汽车是指搭载先进的车载传感器、控制器、_____器等装置。

2. 车联网即汽车上面装载电子通信设备，与其他也装载通信设备的车辆、道路设施单元、云端平台等进行通信互联，实现信息交互和资源共享的技术，简称_____（Vehicle to Everything）。

3. 自动驾驶汽车利用全方位的感知系统、智能的决策系统和精确的_____系统，可以充分地识别道路中各类动态_____目标，实现_____和车辆运行。

4. 汽车产业发展呈现"四化"趋势，即_____化、智能化、网联化、共享化。

5. _____级自动驾驶汽车甚至都不会有转向盘或加速/制动踏板。

二、选择题

1. V2X 中的 X 包括（　　）。

A. 人　　　　　　　　　　　　　　B. 车

C. 网络　　　　　　　　　　　　　D. 以上都是

2. 车联网以（　　）为基础。

A. 车内网　　　　　　　　　　　　B. 车际网

C. 车载移动网络　　　　　　　　　D. 以上都是

3. 路边单元的简写是（　　）。

A. RSU　　　　　　　　　　　　　B. V2X

C. LTE　　　　　　　　　　　　　D. 以上都不是

4. 汽车产业发展呈现"四化"趋势，即电动化、（　　）。

A. 智能化　　　　　　　　　　　　B. 网联化

C. 共享化　　　　　　　　　　　　D. 以上都是

5. 防抱死制动系统（ABS）和电子稳定程序（ESP）属于（　　）级自动驾驶。

A. 0　　　　　　　　　　　　　　B. 1

C. 2　　　　　　　　　　　　　　D. 3

6. 特斯拉的 Autopilot 符合（　　）级自动驾驶。

A. 5　　　　　　B. 4　　　　　　C. 3　　　　　　D. 2

三、简答题

1. 简述智能网联汽车的定义。
2. 简述 V2X 的具体含义。
3. 简述智能网联汽车对环境的影响。
4. 简述汽车产业未来的趋势。
5. 简述智能网联汽车自动驾驶的 6 个等级。

学习单元二　单车智能与车路协同

【知识链接】

虽然 L4-L5 级的自动驾驶最理想模式是实现"车端-路端-云端"的高度协同，"智能"的车配合"聪明"的路，车端智能和路侧智能协同呼应，但车端智能和路端智能的发展不是完全同步的关系，自动驾驶路线的选择面临感知能力、决策能力（算力）等不同能力在车侧和路侧分配的问题，所对应的自动驾驶成本也不同。由于单车智能的成本高昂，若用路侧设备代替部分技术使路"变聪明"，可降低不少车载成本。这样一来，就衍生出了自动驾驶的两大方向：单车智能和车路协同。

一、单车智能自动驾驶

1. 单车智能自动驾驶的发展现状

自动驾驶有单车智能自动驾驶（AD）和车路协同自动驾驶（VICAD）两大技术路线。单车智能自动驾驶的环境感知是通过车上安装的传感器完成对周围环境的探测和定位功能。计算决策一方面将传感器数据进行分析处理，实现对目标的识别；另一方面进行行为预测和全局路径规划、局部路径规划和即时动作规划，决定车辆当前及未来的运行轨迹。控制执行主要包括车辆的运动控制以及人机交互，决定每个执行器（如电机、节气门开度、制动等）的控制信号，如图 1-3 所示。

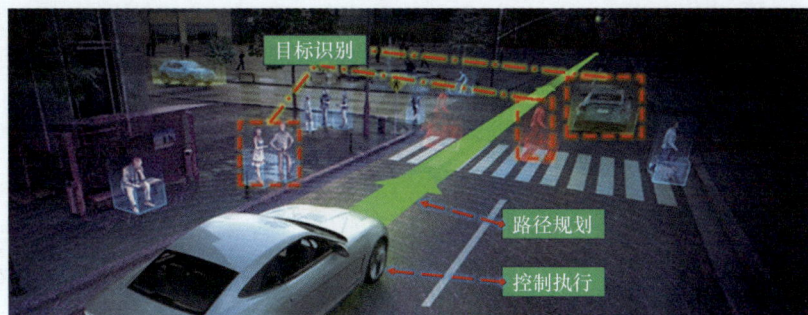

图 1-3　单车智能自动驾驶

（1）全球自动驾驶处于 L2 商用落地发展阶段　L2 级的 ADAS 是现阶段智能网联汽车商

用落地的核心，由车辆的一个或多个 ADAS 依据驾驶环境信息，在特定工况下执行转向或加速/减速，驾驶人执行所有其余的动态驾驶任务。

（2）高等级自动驾驶主要聚集于限定区域应用场景　在高等级自动驾驶领域，因为前期研发投入大、技术难度高，L3 级及以上智能网联汽车商业化进程缓慢，产业链合作伙伴抱团共同发展渐成常态。现阶段，高等级自动驾驶研发投入及商业化验证主要聚集在智慧园区/示范园区、港口、码头、停车场等限定区域应用场景，以及商用车物流、自动泊车等细分领域，低成本自动驾驶解决方案以及可弥补真实道路测试验证的自动驾驶仿真测试需求凸显。同时，随着汽车产业"四化"转型加速，以及国家频繁发布产业红利政策加速推进围绕智能网联汽车等新经济生态的快速发展，自动驾驶载人、载物、高速测试等陆续开放，关键节点及核心领域具备前沿技术验证及整合服务能力的企业有望实现突破。

2. 高等级自动驾驶规模商业化落地存在的挑战

（1）自动驾驶安全依然面临着巨大挑战　与传统汽车相比，智能网联汽车是一个更为复杂的系统，对安全将提出更高的要求。单车智能自动驾驶经过多年的发展，安全问题依然是影响自动驾驶规模商业化落地的关键原因。

在低等级自动驾驶方面，很多车企都已经商用量产，但很多 ADAS 功能仍然存在特定场景下应对能力不足和失效的风险。在高等级自动驾驶方面，自动驾驶的可靠性和应对挑战性交通场景的能力仍然有待提升。高等级自动驾驶车辆目前面临的安全问题主要包括：软硬件系统出现错误或漏洞；感知容易受到遮挡、恶劣天气等影响而失效；目标运动行为出现预测能力不足、决策时间超时和生成轨迹错误的现象；目前的道路设施是以服务人类驾驶人进行设计和建设的，车辆难以高效准确获取道路设施提供的交通规则、交通状态等信息。

（2）单车感知长尾问题限制了车辆可运行设计域　自动驾驶运行设计域（Operational Design Domain，ODD）是指自动驾驶系统功能设定的运行条件，包括环境、地理和时段限制，交通流量及道路特征等。ODD 限制是保证车辆安全的重要手段，却不利于自动驾驶的规模商业化落地。

限制 ODD 的原因或条件有很多，例如：

1）道路条件，比如高速公路、无信号灯十字路口、山区道路等。

2）环境条件，天气（雨、雪、雾）和日照状况（昼或夜、逆光、隧道出入口）等。

3）其他还包括过时的地图信息、收费站、水洼、低垂的植物、道路结冰、遗撒的物体、特种机械和违反交通规则的人类行为。

感知的长尾问题是当前限制单车智能自动驾驶车辆 ODD 的主要原因之一。受车端传感器安装位置、探测距离、视场角、数据吞吐、标定精度、时间同步等限制，车辆在繁忙路口、恶劣天气、小物体感知识别、信号灯识别、逆光等环境条件中行驶时，仍然难以彻底解决准确感知识别和高精度定位问题。

（3）自动驾驶的经济性问题还未得到充分解决　经济性是自动驾驶规模商业化落地必须考虑的现实问题。为了实现高等级自动驾驶，车载传感器的数量需要显著增加，但硬件成本过高，难以保证车辆的经济性。另外，为了确保自动驾驶安全，会在车端部署冗余传感器系统、高精度地图及相应的软件系统，也大大增加了智能网联车辆的成本。在一定的自动驾驶能力条件下，安全性、ODD 限制和经济性这三个方面存在平衡关系。

综上所述，在当前自动驾驶能力条件下，还无法找到安全性、ODD 限制和经济性的平衡点，需要从本质上提升自动驾驶的能力。

二、车路协同自动驾驶

单车智能自动驾驶容易受到遮挡、恶劣天气等环境条件影响，在全量目标检测、轨迹预测、驾驶意图"博弈"等方面存在困难。而车路协同自动驾驶通过信息交互协同、协同感知与协同决策控制，可以极大地拓展单车的感知范围、提升感知的能力，可以从本质上解决单车智能自动驾驶遇到的技术瓶颈，提升自动驾驶能力，从而保证自动驾驶安全，扩展自动驾驶 ODD。

1. 概念与定义

车路协同是采用先进的无线通信和新一代互联网等技术，全方位实施车与车、车与路、车与人之间动态实时信息交互，并在全时空动态交通信息采集与融合的基础上开展车辆主动安全控制和道路协同管理，充分实现人车路的有效协同，保证交通安全，提高通行效率，从而形成安全、高效和环保的道路交通系统。

车路协同自动驾驶是在单车智能自动驾驶的基础上，通过先进的车、道路感知和定位设备对道路交通环境进行实时高精度感知定位，按照约定协议进行数据交互，实现车与车、车与路、车与人之间不同程度的信息交互共享，并涵盖不同程度的车辆自动化驾驶阶段，以及考虑车辆与道路之间协同优化问题。通过车辆自动化、网络互联化和系统集成化，最终构建一个车路协同自动驾驶系统，如图 1-4 所示。

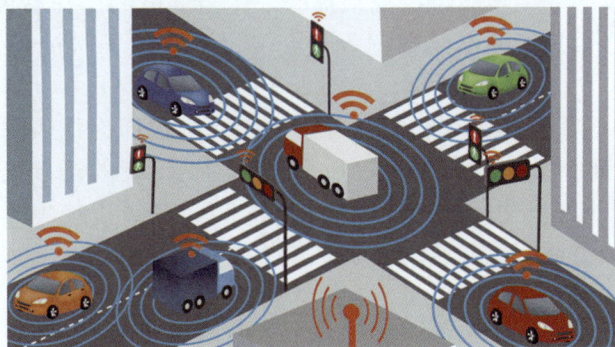

图 1-4　协同驾驶示意图

车路协同自动驾驶是一个由低至高的发展过程，主要包括以下三个大的发展阶段，各个阶段的具体要求如下：

1）阶段 1：信息交互协同。车辆 OBU 与路侧 RSU 进行直连通信，实现车辆与道路的信息交互与共享，通信方式可以是 DSRC 或 LTE-V2X。

2）阶段 2：协同感知（学习单元一：初级协同感知，学习单元二：高级协同感知）。在阶段 1 的基础上，随着路侧感知能力的提高，自动驾驶的感知和决策的实现不仅依赖于车载摄像头和雷达等感知设备，而且需要智能道路设施进行协同感知。

3）阶段 3：协同决策控制（阶段学习单元一：有条件协同决策控制，学习单元三：完全协同决策控制）。在阶段 2 协同感知的基础上，道路具备车路协同决策控制的能力，能够实现道路对车辆、交通的决策控制，保障自动驾驶安全，提高交通效率。

2. 车路协同自动驾驶内涵

（1）高维数据　VICAD 在路侧会产生大量的数据，且信息特性与单车智能数据具有一定的正交属性，通过车路协同融合后将形成新的更高维度数据，如空间维度（范围、视角、盲区）、时间维度（动/静态、时间范围）、类型维度（多源多层）等，分布在不同维度具有正交性的高维数据信息量更大，对于智能系统的能力会产生更有效的帮助。

（2）算力高维 VICAD 通过路侧智能匹配高维度数据的算力智能要素也具备更高等级的条件，如固定点位和机房集群、固网通信、算力调度等条件。

（3）算法高维 VICAD 通过新的算法要素进行实时在线处理、离线的挖掘训练仿真，可为自动驾驶提供更多、更高等级的智能应用。

（4）新智能 VICAD 区别于单车智能，是新的智能形态。VICAD 通过引入新的智能要素，带来高维数据，并配合灵活算力和算法机制，实现由个体智能向协同智能或群体智能发展。VICAD 新智能使自动驾驶能力得到本质提升，突破了单车智能的天花板限制，将极大促进自动驾驶技术发展和规模商业化落地。

从复杂度熵系统的角度，车路协同自动驾驶引入了熵减的智能要素，来对抗单车智能自动驾驶系统自然迭代生长的熵增。而通过车路协同可以引入路侧子系统的高维数据、系统连接算力、协调通行算法，使用低复杂度信号灯机对接信息，不仅可以实时通过低码率编码获得准确可靠的信号灯态语义信息，还可以超视距获得灯态信息以及倒计时等意图信息。通过更加彻底地打通路侧交通基础设施，还可以通过优化交通管理、优化信号控制，实现感应通行和绿波通行，提升交通效率。此外，车路协同的路侧和云端基础设施更有条件进行数据积累和协作，进一步通过挖掘来提升个体与群体的协作智能和学习成长型智能。这样，车路协同引入路侧智能的高维数据等正交要素，实现了对抗系统复杂度熵增的熵减新智能。

通过车路协同路侧子系统的加入，提供了新的以高维数据为代表的智能要素，可以有效分担车载自动驾驶系统的感知、决策和控制压力，以降低系统的复杂度。随着自动驾驶研发投入逐渐增加，投入产出比呈边际效益递减的趋势，VICAD 可以使单车智能自动驾驶个体智能向 VICAD 协同智能或群体智能过渡，快速提高自动驾驶的能力，并加快规模商业化落地临界点的到来。

三、车路协同实践—百度 ACE

1. 百度 ACE 智能交通引擎

ACE 分别指 Autonomous Driving、Connected Road、Efficient Mobility，即自动驾驶、车路协同、高效出行。从 2013 年开始大力投入智能网联汽车的研发，2017 年，百度基于自动驾驶领域的技术研发和积累经验，正式面向全球推出首个自动驾驶开放平台"Apollo（阿波罗）"，Apollo 是一个开放的无人驾驶平台或者是一个开放的无人驾驶的生态系统，目的是帮助汽车行业及自动驾驶领域的合作伙伴结合车辆和硬件系统，快速搭建一套属于自己的完整的自动驾驶系统。2021 年，Apollo 开放平台已升级到 6.0 版本，平台拥有全球生态合作伙伴超过 210 家，汇聚全球开发者 55000 名，开源代码数 70 万行。

2020 年 4 月，百度正式对外发布全球首个车路智行融合的全栈式智能交通解决方案"ACE 交通引擎"。ACE 交通引擎是一个覆盖基础技术能力、平台解决方案和垂直应用场景的系统化方案，包括"一大数字底座、两大智能引擎、N 大应用生态"，其核心目标是发挥 Apollo 自动驾驶与车路协同核心能力，全面构筑人、车、路全域数据感知及智能处理分析的智能交通系统，为自动驾驶与智能交通提供泛在连接技术与端到端应用服务，改善交通效率与安全。

2. Apollo 车路协同自动驾驶实践

（1）Apollo 共享无人车规模化测试运营　截至 2021 年 6 月，Apollo L4 级自动驾驶路测里程已经突破 1200 万 km，成为全球唯一一家实现千万公里级路测积累的中国企业，并且保持着 0 安全事故的纪录。百度 Apollo 率先在全国范围内开启了量产自动驾驶服务，用最强自动驾驶技术挑战中国复杂的城市道路场景。

共享无人车与自动驾驶巴士是 Apollo 自动驾驶规模商业化的重要探索实践，Apollo 共享无人车与自动驾驶巴士拿到了超 244 张测试牌照，接待乘客超过 21 万人次，路网覆盖 30 个城市，面积达到 391km²。伴随着共享无人车与自动驾驶巴士在不同城市落地，Apollo 车路协同自动驾驶为共享无人车与自动驾驶巴士提供规模化测试验证和示范运营服务，保证了自动驾驶安全运营，为乘客提供高质量体验服务。

（2）Apollo Air 计划　为进一步推进车路协同自动驾驶从先导示范到规模商业化落地，基于 ACE 智能交通引擎实践，在进行智能化改造和不断打磨迭代的基础上，联合清华大学智能产业研究院正式提出了 Apollo Air 计划。

Apollo Air 计划有以下三大典型特征：

1）依靠纯路侧感知实现车路协同自动驾驶。

2）持续降维反哺车路协同产品。

3）标准开源开放实现业界共享。

其中，依靠纯路侧感知实现车路协同自动驾驶是 Apollo Air 的最大技术创新，在不使用车载传感器，仅依靠路侧轻量感知的前提下，实现连续覆盖感知，并利用 V2X、5G 等无线通信技术就可以实现车-路-云协同的 L4 级自动驾驶。

依靠 Apollo Air 纯路侧感知技术，还可以持续反哺现有的智能路口解决方案，将技术降维释放给车路协同量产产品，为共享无人车运营和高级别辅助驾驶提供高可靠性的路侧感知数据。Apollo Air 计划是行业发展到无人化、规模商业化运营新阶段的必然需求，也是对现有的车路协同技术的一次全面升级，只有以高可靠性、高准确率的路侧感知技术的提升来加强车路协同的融合感知框架，才能更好地为自动驾驶提供安全保证。

【学习小结】

1. 自动驾驶有单车智能自动驾驶（AD）和车路协同自动驾驶（VICAD）两大技术路线。

2. L2 级的 ADAS 是现阶段智能网联汽车商用落地的核心，由车辆的一个或多个 ADAS 依据驾驶环境信息，在特定工况下执行转向或加速/减速，驾驶人执行所有其余的动态驾驶任务。

3. 与传统汽车相比，智能网联汽车是一个更为复杂的系统，对安全将提出更高的要求。单车智能自动驾驶经过多年的发展，安全问题依然是影响自动驾驶规模商业化落地的关键原因。

4. 车路协同自动驾驶通过信息交互协同、协同感知与协同决策控制，可以极大地拓展单车的感知范围、提升感知的能力，引入高维数据为代表的新的智能要素，实现群体智能。

5. VICAD 可以使单车智能自动驾驶个体智能向 VICAD 协同智能或群体智能过渡，快速提高自动驾驶的能力，并加快规模商业化落地临界点的到来。

【知识巩固】

一、填空题

1. 单车智能自动驾驶的环境感知是通过车上安装的传感器完成对周围环境的探测和_____功能。

2. L_____级的 ADAS 是现阶段智能网联汽车商用落地的核心。

3. 与传统汽车相比，智能网联汽车是一个更为_____的系统，对安全将提出更高的要求。

4. ODD 限制是保证车辆_____的重要手段，却不利于自动驾驶的规模商业化落地。

5. 感知的_____问题是当前限制单车智能自动驾驶车辆 ODD 的主要原因之一。

6. 为了实现高等级自动驾驶，车载传感器的数量需要显著_____，硬件成本过_____，难以保证车辆的经济性。

二、选择题

1. 因为前期研发投入大、技术难度高，（　　）级及以上智能网联汽车商业化进程缓慢。

A. L0 　　　　　　　　　　　　　　B. L1

C. L2 　　　　　　　　　　　　　　D. L3

2. 高等级智能网联汽车目前面临的安全问题主要包括（　　）。

A. 软硬件系统出现错误或漏洞

B. 感知容易受到遮挡、恶劣天气等影响而失效

C. 目标运动行为出现预测能力不足、决策时间超时和生成轨迹错误的现象

D. 以上都是

3. 限制自动驾驶 ODD 的原因或条件有（　　）。

A. 道路条件，比如高速公路、无信号灯十字路口、山区道路等

B. 环境条件，天气（雨、雪、雾）和日照状况（昼或夜、逆光、隧道出入口）等

C. 其他还包括过时的地图信息、收费站、水洼、低垂的植物、道路结冰、遗撒的物体、特种机械和违反交通规则的人类行为

D. 以上都是

4. 车路协同自动驾驶内涵包括（　　）。

A. 高维数据 　　　　　　　　　　　B. 算力高维

C. 算法高维 　　　　　　　　　　　D. 以上都是

三、简答题

1. 简述单车智能自动驾驶发展现状。

2. 简述高等级自动驾驶规模商业化落地存在的挑战。

3. 简述车路协同自动驾驶的概念与定义。

4. 简述车路协同自动驾驶内涵。

5. 简述 ACE 分别指什么。

学习领域二

智能网联汽车环境感知

【情景导入】

要实现汽车自动驾驶，需要让汽车具备感知周围环境的能力。驾驶人可以通过眼睛来观察路况和其他车辆，而汽车可以借助多种传感器来感知周围环境，例如毫米波雷达、超声波雷达和激光雷达等。这些传感器可以采集车辆环境数据，检测道路基础设施和目标物的距离、方位和形状，然后将数据传送给微控制器（MCU）和汽车电子控制系统，以实现驾驶辅助或自主式自动驾驶。

除了传统的雷达技术，计算机视觉技术也是实现自动驾驶的关键。在实现感知的过程中，需要运用大量的计算机视觉技术。计算机视觉是指计算机看待和理解世界的方式，它通过处理数字图像来识别图像中的物体和它们之间的关系。对于人类来说，识别图像中的物体和场景是一件轻松的事情，但是对于计算机来说，并非如此简单。图像只是由红色、绿色和蓝色值的集合组成，如何将这些颜色值解读成有意义的图像内容对计算机来说是一项复杂的任务。因此，需要使用各种计算机视觉技术，如图像处理、特征提取、目标检测和目标跟踪等，来对传感器采集的数据进行处理，从而实现对周围环境的准确感知。

学习单元一　基于视觉的环境感知

【知识链接】

视觉识别技术利用摄像头传感器采集的图像数据，对图像中的目标物及其运动状态和相关信息进行识别。摄像头传感器是重要的车载传感器，摄像头传感器与视觉识别技术结合，可识别车辆的安全行驶区域、道路基础设施、道路目标物、交通标志的信息和交通信号灯等，它们与预警系统和电子控制系统结合可实现 L1-L2 级别的驾驶辅助功能，与自动驾驶系统和电子控制系统结合可用于实现 L3 级别及以上的自动驾驶。

一、视觉传感器

1. 视觉传感器的工作原理

视觉传感器由镜头、图像传感器、模-数转换器、图像处理器和图像储存器组成。如图 2-1 所示，光线照到目标上，反射后再穿过镜头传到图像传感器，图像传感器将镜头的光线转换为模拟图像信号并传输到模-数转换器中，由模-数转换器将模拟图像转换为数字图像信号再发送至图像处理器。图像处理器将数字信号处理后变为压缩图像信号，最后在图像储存器里储存起来。

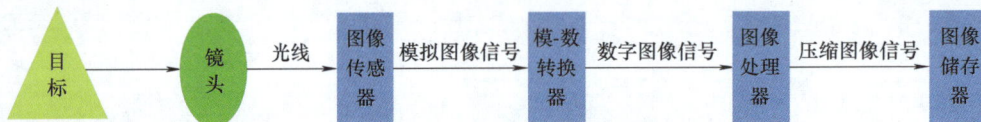

图 2-1　视觉传感器的结构

图像传感器的作用是将镜头所呈现的图像转化为数字或模拟信号输出，是视觉检测的核心部件，主要有 CCD 图像传感器和 CMOS 图像传感器两种，如图 2-2 所示。

a) CCD图像传感器   b) CMOS图像传感器

图 2-2　两种图像传感器

CCD（Charge Coupled Device）：CCD 成像原理使灯光以及图像穿过镜头并投射到 CCD 表面时，本体产生电流，并将感应到的内容转换成数码资料储存起来。CCD 的像素数目越多，单一尺寸越大，收集到的图片就会更加清晰。

CMOS（Complementary Metal Oxide Semiconductor）：CMOS 成像原理是利用硅和锗两种元素组成的半导体，使其在 CMOS 上共存着带负电的 N 级半导体和带正电的 P 级半导体。这两个互补效应产生的电流可被处理芯片记录和解读成影像。虽然它们都是图像传感器，但是 CCD 和 CMOS 也有一定的差异：CCD 传感器的每一行的每一个像素的电荷数据都会依次传送到下一个像素中，由最底端的部分输出信号，再由传感器边缘的放大器进行放大输出。而在 CMOS 传感器中，每个像素都会邻接一个放大器及 A/D 转换电路，用类似内存电路的方式将数据输出。

CCD 摄像机和 CMOS 摄像机在使用过程还涉及诸多工作参数。就当前技术现状，CCD 摄像机的灵敏度和解析度均比 CMOS 高，为了能够确保视觉识别的精度和准确度，一般选用 CCD 摄像机作为图像传感器，两者的比较见表 2-1。

表 2-1　CCD 图像传感器和 CMOS 图像传感器的比较

传感器种类	CCD 图像传感器	CMOS 图像传感器
灵敏度	同样面积下灵敏度高	感光开口小，灵敏度低
电路更改	方便	困难
功耗	毫安级	微安级
噪点比	低	高
成本	高	集成度高，成本低
解析度	连接复杂度低，解析度高	解析度低

（1）车载摄像头的主要参数

1）摄像头解析力。摄像头的解析力与分辨率是线性相关的，常见的分辨率对应的像素见表 2-2。

表 2-2　分辨率与像素的转换

分辨率	摄像头像素（万像素）
352×288	10
640×480	30
1280×960	130
1600×1200	210
2048×1536	320
2560×1920	500
3264×2448	800

相较于传统汽车倒车后视镜的 30 万像素，智能网联汽车的摄像头都在 100 万像素以上，特斯拉 Model 3 前视三摄像头采用的 3 个 CMOS 图像传感器分辨率均为 1280×960 像素（120 万像素），供应商为安森美半导体子公司 Aptina。该摄像头将捕捉的图像信息供给特斯拉 Model 3 驾驶人辅助自动驾驶仪控制模块单元使用。

与手机摄像头高像素不同的是，车载摄像头拍出来的图像主要是给机器使用的，100W 的像素完全能够满足机器的需要了，数据越多，对于主机处理的能力及算力的要求就越高，但是自动驾驶效果没有明显提升。况且车载摄像头信号的传输需要一个串行器，这个串行器的芯片目前还不能传输上千万像素。这仅仅是单个摄像头的瓶颈，而车载主机需要处理整车 8～10 个摄像头，如果每个摄像头都是上千万的像素，这使得处理的难度增大，成本也增大，所以汽车厂商更加注重处理图像的算法性能而非像素。

2）摄像头灵敏度。摄像头的灵敏度是指在同样的输出视频电子信号的幅度下，需要输入光强度的大小。摄像头灵敏度越高，在输出相同幅度视频信号的情况下，所需要输入的光功率（即照度）就越小；或者可以说在同样照度的环境下，能够输出的视频信号幅度更大。灵敏度越高最低照度越低，摄像机质量也越高，如果照度太低或太高时，摄像机拍摄出的图像就会变差。

3）摄像头信噪比。信噪比指的是信号电压对于噪声电压的比值，通常用 S/N 符号来表示，信噪比又分为亮度信噪比和色度信噪比。当摄像机摄取较亮的场景时，监视器显示的画面通常比较明快，观察者不易看出画面中的干扰噪点，而当摄像机摄取较暗的场景时，监视器显示的画面就比较昏暗，观察者此时很容易看到画面中雪花状的干扰噪点。摄像机的信噪比越高，干扰噪点对画面的影响就越小。

车载摄像头中可以接收的信噪比是 40dB，当信噪比达到 55dB 时，噪声基本看不出来。

（2）车载摄像头的工艺需求　相比工业级与消费级摄像头，车载类型在安全级别上要求更高，尤其是对前置摄像头安全等级要求更高：

耐高温：车载摄像头需在 -40～85℃ 范围内都能正常工作，且能适应温度的剧烈变化。

抗振：车辆在不太平坦的路面行驶会产生较强的振动，因此车载摄像头必须能抗各种强度的振动。

防磁：车辆起动时会产生极高的电磁脉冲，需要极高的防磁性能。

防水：车载摄像头密封要非常严实，满足在雨水中浸泡数日仍可正常使用。

使用寿命：使用寿命至少为 8～10 年才能满足要求。

超广角：侧视环视摄像头必须是超广角的，水平视角达 135°。

高动态：车辆行驶速度快，摄像头面对的光线环境变化剧烈且频繁，要求摄像头的 CMOS 具有高动态特性。

低噪点：在光线较暗时能有效抑制噪点，特别是要求侧视和后视摄像头即使在晚上也能清楚地捕捉影像。

中低像素：为了降低对图像处理器的性能要求，摄像头的像素并不需要非常高。目前，30 万~120 万的像素就可以满足要求。

角度要求：对于环视和后视，一般采用 135°以上的广角镜头，前置摄像头对视距要求更大，一般采用 55°范围。

2. 视觉传感器的特点

视觉传感器具有以下特点：

1）视觉图像的信息量极为丰富，尤其是彩色图像，不仅包含视野内物体的距离信息，而且还有物体的颜色、纹理、深度和形状等信息。

2）在视野范围内可同时实现道路检测、车辆检测、行人检测、交通标志检测、交通信号灯检测等，信息获取面积大。当多辆智能网联汽车同时工作时，不会出现相互干扰的现象。

3）视觉信息获取的是实时的场景图像，提供的信息不依赖于先验知识，比如 GPS 依赖地图信息，有较强适应环境的能力。

4）视觉传感器应用广泛，在智能网联汽车中可以前视、后视、侧视、内视、环视等。

3. 视觉传感器的类型

视觉传感器在智能网联汽车上的应用是以摄像头方式出现的，主要用于车道偏离预警系统、车道保持辅助系统、盲区监测系统、自动制动辅助系统中的障碍物检测和道路检测等。

摄像头一般分为单目、双目和环视等类型。

（1）单目摄像头 单目摄像头一般安装在前风窗玻璃上方，采集车辆前方路况信息，并依靠数据库中保存的物体标志性特征轮廓识别前方物体，从而依靠独立的算法计算出物体与车辆的距离和接近速率。

单目摄像头的优点是成本较低，对计算资源的要求不高，系统结构相对简单；技术难点主要在于模型用到的机器学习算法的智能程度或者模式识别的精度。单目摄像头的缺点如下：

1）需要不断更新和维护一个庞大的样本数据库，才能保证系统达到较高的识别率。

2）无法对非标准障碍物进行判断。

3）距离并非真正意义上的测量，准确度较低。

4）由于其识别原理导致其无法识别没有明显轮廓的障碍物，工作准确率与外部光线条件有关，并且受限于数据库，没有自学习功能。

单目摄像头发展较早，目前技术发展已较为成熟，量产推广成本较低；但受限于单个摄像头定焦的局限，在不同距离下焦距切换难，难以兼顾测量的距离和范围。双目、多目摄像头在一定程度上克服了单个摄像头的局限，基于多个摄像头的配合能够获得更广泛的覆盖范围和更精准的数据。

（2）双目摄像头 双目摄像头可以通过视频接收信号计算出汽车与其他物体间的距离。双目摄像头的优点是功能较单目摄像头更强大，探测距离更准确、更远；缺点是成本高于单目摄像头。双目摄像头是通过对两幅图像视差的计算，直接对前方景物（图像所涉及的范围）进行距离测量，因此无须判断前方出现的物体是什么类型的障碍物，不用像单目摄像头那样建立并维护庞大的样本特征数据库。依靠两个平行布置的摄像头产生的视差，找到同一物体所有的点，依赖精确的三角测距，就能够算出摄像头与前方障碍物的距离，实现更高的识别精度和更远的探测范围。使用这种方案，需要两个摄像头有较高的同步率和采样率，因此技术难点在于双目标定以及双目定位。

相比单目，双目的解决方案没有识别率的限制，无须先识别再测量；直接利用视差计算距离精度更高；无须维护样本数据库。具体到视觉 ADAS 应用来说，如果采用单目摄像头，为了识别行人和车辆等目标，通常需要大规模的数据采集和训练来完成机器学习算法，并且难以识别不规则物体；而利用毫米波雷达和激光雷达进行测距的精度虽然较高，但是成本和难度也较高。所以，双目视觉的最大优势在于维持开发成本较低的前提下，实现一定精度的目标识别和测距，完成 FCW（前方碰撞预警）等 ADAS 功能。双目摄像头的测距精度依赖两个摄像头的安装距离，对安装精度和设备刚性也有较高的要求。在实际的使用过程中，在大部分常见障碍物测距上没有明显的优势。优势在于测距算法不依赖于检测算法，对障碍物类型不依赖。缺点在于处理规则性物体时容易出现错误。因为检测原理上的差异，双目视觉方案在距离测算上相比单目以及其他感知技术对硬件及计算量的要求都上了一个新台阶，这也是双目视觉方案在应用时的一个难关。

双目系统的优点如下：

1）与激光雷达等方案相比成本较低。

2）原理上无须先进行识别再进行测算，而是对所有障碍物直接进行测量。

3）无须维护样本数据库。

双目系统的缺点如下：

1）计算复杂度大，大规模商用难度高。

2）对环境光照非常敏感，对算法提出很大的挑战。

3）不适用于单调缺乏纹理的场景。对于与背景色接近的场景（天空、白墙、沙漠等）可能无法识别。

4）相机基线限制了测量范围，同时安装的精度和光心的尺寸偏差对测量结果影响很大，耐久一致性较难保证。

（3）环视摄像头 环视摄像头一般至少包含四个摄像头，分别安装在汽车的前后左右侧，实现 360°环境感知，难点在于畸变还原与图像之间的对接。

4. 视觉传感器的环境感知流程

视觉传感器环境感知流程如图 2-3 所示，一般包括图像采集、图像预处理、图像特征提取、图像模式识别、结果传输等，根据具体识别对象和采用的识别方法不同，环境感知流程也会略有差异。

图像采集 → 图像预处理 → 图像特征提取 → 图像模式识别 → 结果传输

图 2-3 视觉传感器环境感知流程

（1）**图像采集**　图像采集主要是通过摄像头采集图像，如果是模拟信号，要把模拟信号转换为数字信号，并把数字图像以一定格式表现出来。根据具体研究对象和应用场合，选择性价比高的摄像头。

（2）**图像预处理**　图像预处理包含的内容较多，有图像压缩、图像增强与复原、图像分割等，要根据具体实际情况进行选择。

（3）**图像特征提取**　为了完成图像中目标的识别，要在图像分割的基础上，提取需要的特征，并将这些特征计算、测量和分类，以便于计算机根据特征值进行图像分类和识别。

（4）**图像模式识别**　图像模式识别的方法很多，从图像模式识别提取的特征对象来看，图像识别方法可分为基于形状特征的识别技术、基于色彩特征的识别技术以及基于纹理特征的识别技术等。

（5）**结果传输**　通过环境感知系统识别出的信息，传输到车辆其他控制系统或者传输到车辆周围的其他车辆，完成相应的控制功能。

二、汽车感知传感器的分布

在自动驾驶系统中，前视安装的摄像头是必备的；车厂可根据其自动驾驶的技术实现路径，有选择地安装后视、侧视和环视摄像头，用于自动泊车和盲区监测等功能；内置摄像头可以对驾驶人疲劳度进行检测。由于摄像头传感器和视觉识别算法在大雾、强光和黑夜等环境下会失效，在自动驾驶系统中，摄像头传感器往往与其他车载传感设备组合使用，以提升车辆环境和交通环境感知的冗余度。

1. 特斯拉感知传感器的布置

特斯拉在其智能网联汽车上配备了众多传感器，传感器主要以摄像头为主，雷达为辅，具体包括 8 个单目摄像头、1 个毫米波雷达、12 个超声波雷达，共同组成车辆感知系统，如图 2-4 所示。

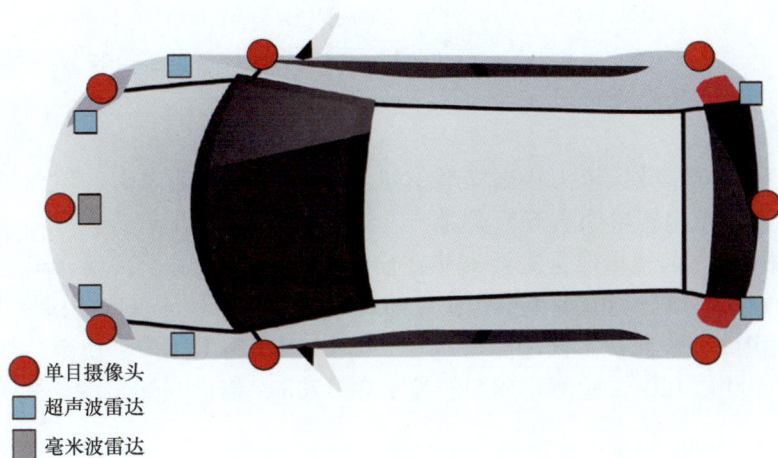

● 单目摄像头
■ 超声波雷达
■ 毫米波雷达

图 2-4　特斯拉环境感知传感器布置

2. 摄像头实现 ADAS 功能（图 2-5）

车载摄像头是 ADAS 的主要视觉传感器，借由镜头采集图像后，有摄像头内的感光组件电路及控制组件对图像进行处理并转化为计算机能处理的数字信号，从而实现感知车辆周边的路况，实现前方碰撞预警、车道偏移报警和行人检测等 ADAS 功能，各类功能见表 2-3。

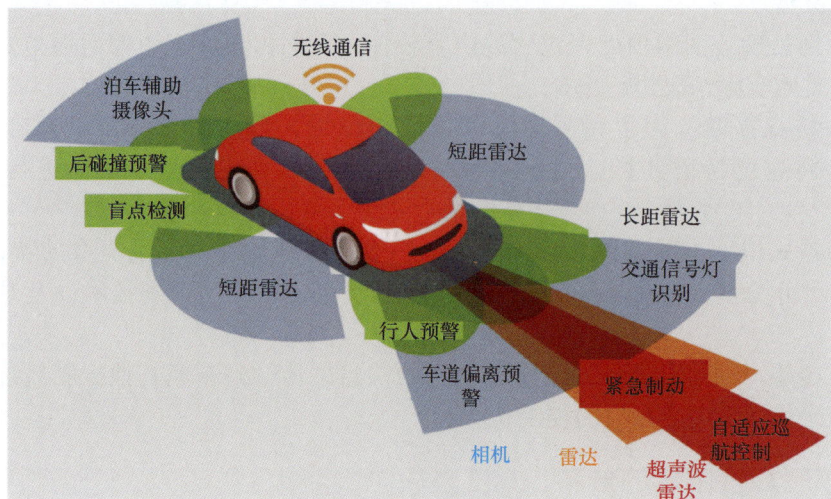

图 2-5　汽车环境感知

表 2-3　视觉传感器在智能网联汽车上的应用

ADAS	摄像头位置	功能
车道偏离预警	前视	摄像头检测到汽车偏离车道线时发出警报
行人碰撞预警系统	前视	当摄像头检测到车辆与行人即将发生碰撞时发出警报
前方碰撞预警系统	前视	当摄像头检测到即将与前车发生碰撞时发出警报
全景泊车系统	前视、侧视、后视	利用图像拼接技术整合摄像头的影像为全景图
驾驶人疲劳检测系统	内置	利用内置摄像头检测驾驶人是否危险驾驶
交通标志识别系统	前视、侧视	利用前视和侧视摄像头识别道路旁的交通标志
泊车辅助	后视	将后视影响显示在驾驶舱内，并标记倒车轨迹，辅助驾驶人泊车

3. 摄像头的布置

目前，车上搭载的车载摄像头根据安装位置主要分为前视摄像头、环视摄像头、后视摄像头、侧视摄像头以及内置摄像头五种类别。

（1）前视摄像头　前视摄像头主要安装在前风窗玻璃上，用于实现行车的视觉感知及识别功能，根据功能又可以分为前视主摄像头、前视窄角摄像头和前视广角摄像头。

（2）前视主摄像头　前视主摄像头在 L2 的 ADAS 中作为主摄像头使用。其视场角一般为 30°、50°、60°、100°、120°，检测距离一般为 150~170m，摄像头输出的格式为 RCCB 或 RC-CC。

（3）前视广角摄像头　前视广角摄像头的作用主要是识别距离较近的物体，主要用于城市道路工况和低速行驶等场景，其视场角为 120°~150°，检测距离在 50m 左右。在后续 8MP 镜头大规模装车后，无须该摄像头。

（4）前视窄角摄像头　前视窄角摄像头的主要作用是进行红绿灯和行人等目标的识别，一般选用窄角镜头，可选择 30°~40°的镜头。并且该镜头的像素一般和前视主摄像头的镜头像素一致，该摄像头采用窄角度，具有更高的像素密度和更远的检测距离，一般可达 250m，甚至可探测更远的距离。

（5）**环视摄像头** 环视摄像头主要安装在车身四周，一般使用 4~8 个摄像头，可分为前向鱼眼摄像头、左侧鱼眼摄像头、右侧鱼眼摄像头、后向鱼眼摄像头。环视摄像头用于全景环视功能的显示，以及融合泊车功能的视觉感知及目标检测；常用色彩矩阵为 RGGB，因为有色彩还原的需求。环视摄像头，也被称为全景式影像监控系统，作用在于识别出停车通道标志、道路情况和周围车辆状况，使用多个摄像头的图像进行拼接，为车辆提供 360° 成像，因为车声周边情况的探测需求，一般安装在车前方的车标或格栅等位置。

（6）**后视摄像头** 后视摄像头一般安装在行李舱上，主要是实现泊车辅助。视场角在 120°~140° 范围内，探测距离大概为 50m。

（7）**侧前视摄像头** 侧前视摄像头安装在 B 柱或者车辆后视镜处，该摄像头的视场角一般为 90°~100°，探测距离大概在 80m 左右，这个摄像头的主要作用是检测侧向车辆及自行车。侧视摄像头主要是用于盲区监测（BSD），根据安装位置可以实现前视或后视作用。目前，大部分主机厂会选择安装在汽车两侧的后视镜下方的位置。

（8）**侧后视摄像头** 侧后视摄像头一般安装在车辆前翼子板处，该摄像头的视场角一般为 90° 左右，探测距离也在 80m 左右，主要用于车辆变道、汇入其他道路等场景中。

（9）**内置摄像头** 内置摄像头主要用于监测驾驶人状态，实现疲劳提醒等功能。由于现有自动驾驶仅仅位于 L2-L3 级，还需要人类驾驶人干预。因此，驾驶人监控系统（DMS）成为一个解决方案出现在 ADAS 中。现有的 DMS 解决方案主要是采用近红外摄像头的 AI 识别来完成。这个摄像头在驾驶人前方，能够完整地拍到驾驶人面部信息。此外，还有部分厂商从 DMS 扩展到 OMS（乘员监测系统），可以有效避免幼儿或儿童被遗忘在车内后排。其中，前视摄像头价格相对较高，目前市场价格处在 300~500 元水平；其余摄像头价格为 150~200 元。

此高动态范围、夜视、LED 闪烁抑制等性能将不断普及。目前，车载摄像头要求具备以下性能：车载摄像头往往还需要具备夜视功能，能够抑制低照度摄影时的噪声，在暗光条件下依然要有出色的表现。水平视角扩大为 25°~135°，要实现广角以及影像周边部位的高解析度。

4. 摄像头核心感知指标

ROI 是 Region of Interest 的缩写，即感兴趣区域。在不同的情况下，用户关心的图像区域是不同的，因此 ROI 所指含义也不同。对于物体检测的目标 ROI，就是要找到物体在图像中的方框。在行人检测中，ROI 即图 2-6 中的黄色方框。

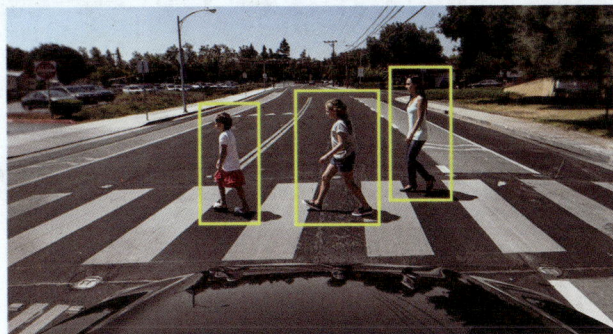

图 2-6 行人检测中的 ROI

（1）车辆检测（图 2-7）

1）检测距离范围：对于 200 万像素摄像头，检测距离范围为 150m；对于 800 万像素摄像头，检测距离可以达到 250m。

2）测距精度误差：5%～10%。

3）ROI 内检测率：大于 99%。

4）ROI 内误检率：小于 1%。

5）车辆类型：乘用车、货车、客车、异形车辆。

6）3D 车辆检测：包含了车头（车尾）和车身；对于车辆检测，异形车辆检测及夜晚车辆检测是两大难点。

图 2-7　车辆检测

（2）行人检测（图 2-8）

1）检测距离范围：对于 200 万像素摄像头，检测距离范围为 70m；对于 800 万像素摄像头，检测距离可以达到 100m。

2）测距精度误差：5%～10%。

3）ROI 内检测率：大于 95%。

4）ROI 内误检率：小于 3%。

5）行人检测类型：成人、儿童、骑车人，夜晚行人检测是行业内的一大难点。

图 2-8　行人检测

（3）车道线检测［含停止线及斑马线（图 2-9）］

1）车道线检测距离范围：对于 200 万像素摄像头，检测距离范围为 120m；对于 800 万像素摄像头，检测距离可以达到150m。

2）停止线及斑马线检测距离范围：20m。

3）车道线检测数量：大于或等于4。

4）ROI内检测率：大于93%。

5）ROI内误检率：小于5%。

6）车道线类型：单线、双线、鱼骨线。

7）车道线颜色：白色、黄色。

8）支持道路曲率半径：大于或等于100m。

图2-9 车道线检测

（4）交通标志检测（图2-10）

1）检测距离范围：对于200万像素摄像头，检测距离范围为50m；对于800万像素摄像头，检测距离可以达到100m。

2）ROI内检测率：大于95%。

3）ROI内误检率：小于1%。

4）检测类型：限速、电子限速、取消限速、警示类、辅助类。

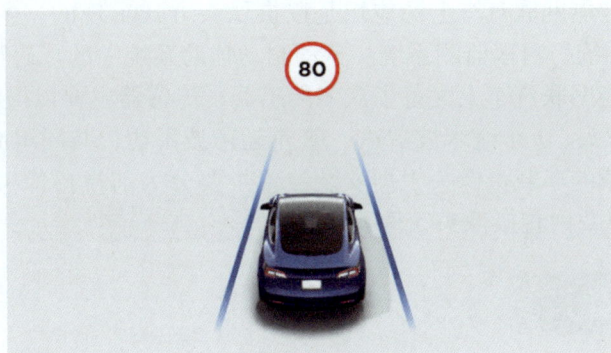

图2-10 交通标志检测

（5）交通灯检测（图2-11）

1）检测距离范围：对于200万像素摄像头，检测距离范围为70m；对于800万像素摄像头，检测距离可以达到100m。

2）ROI内检测率：大于95%。

3）ROI内误检率：小于1%。

4）检测类型：红灯、绿灯、黄灯、方向等状态。

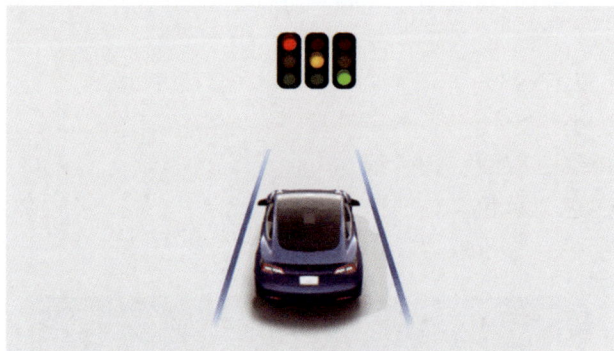

图 2-11　交通灯检测

（6）可行驶区域

1）检测距离范围：75m。

2）平均交并比（mean Intersection over Union，mIoU）：0.9。

3）检测类型：道路边缘、车辆、行人、一般障碍物。

【学习小结】

1. 图像传感器是视觉检测的核心部件，主要有 CCD 图像传感器和 CMOS 图像传感器两种。

2. 摄像头的解析力与分辨率是线性相关的。

3. 信噪比指的是信号电压对于噪声电压的比值，通常用 S/N 符号来表示，信噪比又分为亮度信噪比和色度信噪比。

4. 视觉传感器在智能网联汽车上的应用是以摄像头方式出现的，主要用于车道偏离预警系统、车道保持辅助系统、盲区监测系统、自动制动辅助系统中的障碍物检测和道路检测等。

5. 特斯拉在其智能网联汽车上配备了众多传感器，传感器主要以摄像头为主，雷达为辅，具体包括 8 个单目摄像头、1 个毫米波雷达、12 个超声波雷达，共同组成车辆感知系统。

6. 目前，车上搭载的车载摄像头根据安装位置主要分为前视摄像头、环视摄像头、后视摄像头、侧视摄像头以及内置摄像头 5 种类别。

【知识巩固】

一、填空题

1. 图像传感器可分为_____和_____。

2. CCD 的像素数目越_____，单一尺寸越_____，收集到的图片就会更加清晰。

3. 信噪比指的是_____电压对于_____电压的比值，通常用 S/N 符号来表示。

4. 摄像头一般分为_____、_____和环视等类型。

5. 双目系统成本比单目系统要_____，但与激光雷达等方案相比成本较_____。

6. 前视摄像头主要安装在_____上。

二、选择题

1. 视觉传感器由镜头、图像传感器、模-数转换器、图像处理器和（　　）组成。

A. 图像储存器　　　　　　　　　　　B. 温度传感器

C. 位置传感器　　　　　　　　　　　D. 以上都不是

2. 视觉传感器中的模-数转换器将模拟图像转换为（　　）图像信号。

A. 真实　　　　　　　　　　　　　　B. 虚拟

C. 数字　　　　　　　　　　　　　　D. 以上都不是

3. 分辨率为 1600×1200 的摄像头，其像素为（　　）万。

A. 130　　　　　　　　　　　　　　　B. 210

C. 320　　　　　　　　　　　　　　　D. 500

4. 信噪比指的是信号电压对于噪声电压的比值，通常用（　　）符号来表示。

A. C/N　　　　　　　　　　　　　　B. B/N

C. S/N　　　　　　　　　　　　　　D. N/S

5. 单目摄像头相比于双目摄像头的优势是（　　）。

A. 计算复杂度低　　　　　　　　　　B. 成本高

C. 无须维护样本数据库　　　　　　　D. 以上都不是

6. 前方碰撞预警系统使用的是汽车的（　　）摄像头。

A. 前视　　　　　　　　　　　　　　B. 后视

C. 环视　　　　　　　　　　　　　　D. 侧视

7. 行人检测类型不包括（　　）。

A. 成人　　　　　　　　　　　　　　B. 儿童

C. 骑车人　　　　　　　　　　　　　D. 围栏

三、简答题

1. 简述图像传感器的主要类型及特点。

2. 简述视觉传感器的主要组成部分。

3. 简述单目和多目摄像头的优劣。

4. 简述车载摄像头的主要安装部位。

5. 简述摄像头在 ADAS 主要功能上的应用。

学习单元二　基于雷达的环境感知

【知识链接】

　　雷达（Radio Detecting and Ranging，Radar）是指无线电探测和测距。车载雷达包括毫米波雷达、超声波雷达和激光雷达，其主要任务是采集车辆环境数据，对道路基础设施（道路、桥梁、立交桥、隧道、交叉路口等）和道路目标物（车辆、行人、道路障碍物等）的距离、方位和形状进行检测。这些数据传送给 MCU 和汽车电子控制系统，可用于实现驾驶辅助；传送给车载计算平台，可用于实现自主式自动驾驶。

一、毫米波雷达

毫米波雷达属于主动型传感设备，它通过发射毫米波信号（波长 1~10mm，频率 30~300GHz），并从目标物接收反射信号，对接收到的信号进行处理，进而探测物体之间的距离、方位和相对速度等，可用于实现自适应巡航、碰撞预警和盲区检测（BSD）等功能。

1. 毫米波雷达的工作原理

车载毫米波雷达的原理在于内置雷达信号接收模块和发射模块，通过内置天线向外发射毫米波信号，信号遇到目标后反射回波，雷达系统接收模块及时接收反射回波后，对信号进行快速傅里叶变换（FFT）、解析，从而获得精度极高的周围目标物体间的相对速度、相对距离、角度和运动方向等物理环境信息，如图 2-12 所示，计算机系统对这些信息进行识别、分类以及实施目标追踪、安全控制等，信息处理单元与自己车辆行驶信息匹配后，经过混频、滤波后把数据进行融合处理，最后车载中央处理单元（ECU）进行行驶信息的决策，同时通过语音和灯光等方式对驾驶人进行提醒、警告，或者自主进行安全操作干预，提高了驾驶的安全性能，避免事故发生。

毫米波雷达根据接收和发射毫米波的时间差，结合毫米波传播速度、载体速度及监测目标速度即可推算出毫米波雷达和监测目标之间的相对距离。此外，

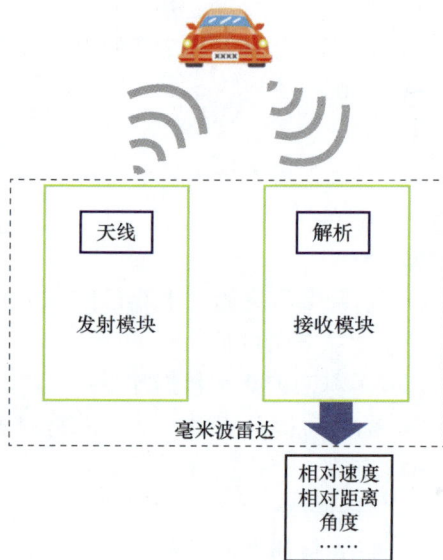

图 2-12　毫米波雷达的工作原理图

根据多普勒效应，毫米波的频率变化与其运行速度紧密相关，当传感器发出安全距离警告时，若监测目标出现减速情况，或自身载体出现加速情况时，反射波频率将变高。因此，通过接收时间和频率的变化，毫米波雷达可检测出与目标之间的相对距离及相对速度。

毫米波雷达通过毫米波检测被监测物体，是最常用的汽车传感器之一，具备以下性能优势：

（1）**集成度高**　毫米波波长介于厘米波及光波之间，兼具微波制导和光电制导的优点，与微波导引头相比，毫米波导引头体积小、重量轻、集成度高，与红外导引头相比，毫米波导引头穿透烟雾能力强，且具备一定反隐身能力，可全天候、全天时工作。

（2）**测量精度高**　毫米波频率高，多普勒效应显著，距离和速度测量精度高（可达厘米级别），此外，毫米波雷达可在小天线口径下获得窄波束，细节分辨能力强、被截获性低、抗干扰能力强。

（3）**具备多目标连续跟踪功能**　毫米波雷达采取 FMCW（调频连续波），可同时监测多个目标，且受地面杂波影响小，可对目标进行连续跟踪。

（4）**精度高、实时性好**　不需要复杂的设计与繁复的计算。

（5）**传输距离远**　在传输窗口内大气衰减和损耗低，穿透性强，可靠性高，可满足车辆

对全天气候适应性的要求，不受光照、黑夜、雨、雪、雾等的影响，有环境适应性能好的特点。

（6）性价比优势显著　毫米波雷达探测距离可达到 200 余米，且其价格适中（350 元左右），相较于激光雷达（探测距离：150m 左右，价格：10000 元以上）更具性价比优势。

毫米波雷达的缺点也难以避免：

1）毫米波雷达无法提供高度信息，空间分辨率一般，并且严重的是，由于毫米波雷达的工作方式是利用多普勒效应来检测目标的，这就会导致对于静态目标产生漏检的情况，导致自动驾驶系统做出错误的决策。

2）毫米波雷达对行人反射与测距效果差，无法识别交通标志和行人，相近雷达之间的电磁波相互干扰，从而影响工作效能。

2. 毫米波雷达的分类

汽车毫米波雷达也可根据毫米波频率细分为 24GHz 毫米波雷达、77GHz 毫米波雷达和 79GHz 毫米波雷达，见表 2-4。根据美国 FCC 和欧洲 ESTI 规划，24GHz 的宽频段（21.65～26.65GHz）在 2022 年过期，且 77GHz 频段的集成度和速度测量精度更佳，以 ACC（自适应巡航）为例，77GHz 毫米波雷达的体积仅为 24GHz 毫米波雷达的 33.3%，识别率是其 3 倍，精准度则达到 24GHz 毫米波雷达的 3～5 倍，因此全球范围内 77GHz 毫米波雷达及 79GHz 毫米波雷达是主流产品。

表 2-4　24GHz 毫米波雷达、77GHz 毫米波雷达和 79GHz 毫米波雷达对比分析

频率	24GHz 毫米波雷达	77GHz 毫米波雷达	79GHz 毫米波雷达
体积	大	天线是 24GHz 的 33%，体积小	小
识别精度	0.5m	可达厘米级	最高，4～8cm
探测距离	30～120m	200m 以上	30m 以上
探测角度	大	小	大
车速上限	150km/h	250km/h	260km/h
价格	300 元左右	250～450 元	国内尚未民用
应用场景	变道辅助 泊车辅助 车道保持辅助 盲区检测 车道偏离预警	自适应巡航 自动紧急制动 前方碰撞预警	泊车辅助 开门预警 变道辅助 盲区监测
安装位置	前方、后方	前方、两侧	前方、后方、两侧

3. 毫米波雷达的布置

（1）前置雷达　前置雷达可用于实现：

1）前方碰撞预警和行人碰撞预警（PCW）等预警类驾驶辅助功能。

2）与汽车电子控制功能结合，可用于实现自适应巡航、自动紧急制动（AEB）和行人保护（PP）等执行类驾驶辅助功能。

前置雷达可分为长距离雷达（图 2-13）和中短距离雷达。长距离雷达的探测距离可达 250m，适用的最高巡航速度可达 250km/h，适于车速无限制国家，如德国。由于长距离雷达探测角度偏小（为 12°～40°），一个长距离雷达往往很难满足复杂路况需求。为了拓宽探测

角，有时安装两个长距离雷达，安装在雾灯位置，如高配的奥迪 A6L 和 A8 车型。前置的中短距离雷达探测距离为 160m，适用的巡航速度小于 150km/h，适于车速有限制的国家，其探测角为 12°~84°，可以满足探测角要求，一般安装在前保险杠中间位置。

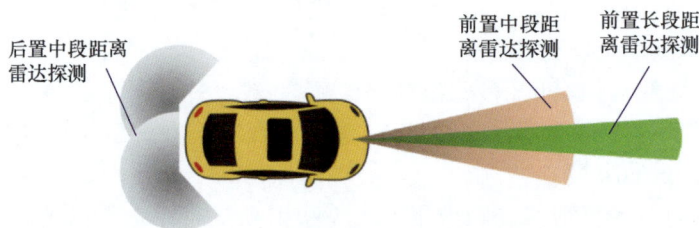

图 2-13　毫米波雷达的安装位置及探测区域

（2）后置雷达　后置雷达可用于实现：

1）盲区监测和追尾碰撞预警（RCW）等预警类驾驶辅助功能，如果后方车辆快速接近，通过快闪双跳等提醒后方驾驶人。

2）与汽车电子控制功能结合，可用于实现车道变换辅助（LCA）等执行类驾驶辅助功能。

后置雷达采用两个中短距离雷达，分别安装在车辆的左侧和右侧尾部，以满足车辆侧面盲区视角的探测要求。后置毫米波雷达与后置超声波雷达所实现的驾驶辅助功能效果类似。后置中短距离雷达的探测角为 150°左右，探测距离为 80m 左右，比超声波雷达的探测距离更远，可以实现追尾碰撞预警驾驶辅助功能。

目前，大部分毫米波雷达的探测主要还是水平方向，在垂直方向为了减少地面回波和空中的干扰（如来自高架桥和路牌的干扰），天线基本上是窄波束设计，也就是说毫米波雷达的探测区是一个扁平的扇形，对于底盘较高的车辆，可能会出现漏检现象。

二、激光雷达

激光雷达可以高精度、高准确度地获取目标的距离、速度等信息或者实现目标成像。激光通过扫描器单元形成光束角度偏转，光束与目标作用形成反射/散射的回波。当接收端工作时，可产生原路返回的回波信号光子到达接收器，接收端通过光电探测器形成信号接收，经过信号处理得到目标的距离、速度等信息或实现三维成像。

1. 激光雷达的组成及工作原理

激光雷达主要包括激光发射系统、扫描系统、激光接收系统和信息处理系统，结构较为复杂。从激光雷达的工作来看，主要分成四大部分，如图 2-14 所示。

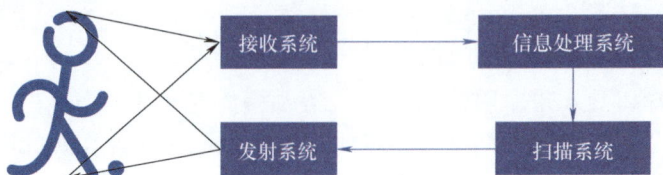

图 2-14　激光雷达的主要结构

（1）激光发射系统　激励源周期性地驱动激光器，发射激光脉冲，激光调制器通过光束控制器控制发射激光的方向和线数，最后通过发射系统，将激光发射至目标物体。

（2）**激光接收系统**　经接收系统，光电探测器接收目标物体反射回来的激光，产生接收信号。

（3）**扫描系统**　扫描系统以稳定的转速旋转起来，实现对所在平面的扫描，并产生实时的平面图信息。

（4）**信息处理系统**　接收信号经过放大处理和数模转换，经由信息处理模块计算，获取目标表面形态、物理属性等特性，最终建立物体模型。

激光雷达的核心功能是充当车辆的眼睛，让汽车始终可以"看到"各个方向。凭借360°实时绘制世界地图的能力，激光雷达可帮助车辆识别道路上或道路附近的物体，以避免与行人、骑车者、动物和其他静止/移动的车辆发生碰撞。激光雷达使用与日常应用相同的激光，例如零售条码扫描仪和音乐会灯光秀，这种激光技术安全无害。

激光雷达发射单个光粒子，称为光子，撞击附近的物体，如汽车、行人和树木，然后光子反弹回传感器。激光雷达系统记录每个光子的往返数据，测量到车辆附近每个物体的距离和时间。计算机算法将这些形状组合在一起，形成车辆周围世界的完整3D图片。

激光雷达的范围为250~400m，使车辆能够在到达物体之前很好地识别物体和位置。这允许车辆的微处理器做出相应的反应，比如自动制动等。激光雷达分为两种，第一种是ToF飞行时间雷达，它通过测量发出和反射回来的光脉冲或光子来绘制周围环境立体图，ToF通常具有360°范围，允许单个设备完成这项工作，位于车辆顶部，实用性较差，造价更高。

另一种调频连续波激光雷达则会发出连续的光流而不是光脉冲，以绘制周围环境的地图。这种形式的激光雷达视野有限，具有90°~120°的视野。需要几个固定的传感器单元才能实现与单个ToF单元相当的覆盖范围。可以放在保险杠两侧、后视镜和车顶等位置。

2. 激光雷达的技术指标

（1）**线束**　为获得尽量详细的点云图，激光雷达必须要快速采集周围环境的数据。一种方式是提高发射机/接收机的采集速度，每个发射机在每秒内可以发送十万以上组脉冲，也就是说在1s内，有100000组脉冲完成一次发射/返回的循环。复杂的激光雷达有高达64组发射机/接收机，组就是线（Channel）的意思，线表示激光雷达系统包含独立的发射机/接收机的数目。多线的配置使激光雷达在每秒内可构建高达百万的数据点。

图2-15所示为多线激光雷达扫描的点云，图中每个同心圆表示一组激光器扫描的点云。对于两组相邻的激光器而言，其垂直间隔角为常量。因此距离越远，相邻激光器扫描的点云同心圆间隔越大。也就是说，距离越远，数据的保真度越低。激光雷达对于近处的物体有更高的分辨率。

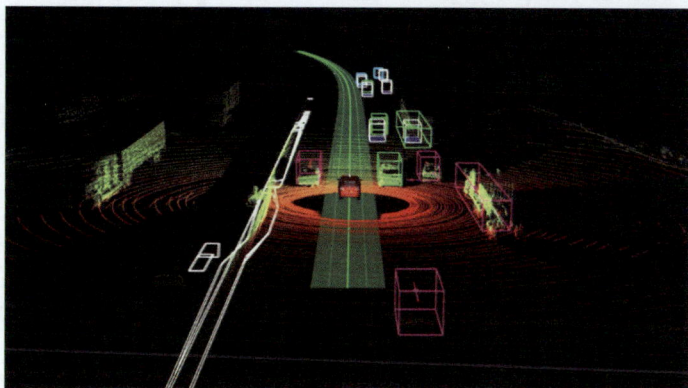

图2-15　激光点云

（2）方位角　方位角（Field of View，FOV）包括水平方位角和垂直方位角，指的是激光雷达在水平和垂直方向的检测角度。在实际应用中，64线对于构建周围环境精确的点云是远远不够的，它只能在有限范围内达到足够的精度。但是在制造工艺上，把线数提高到64组以上，将大大提高设备的成本，因此不少激光雷达系统采用旋转镜头，激光雷达的主体部分固定在旋转电动机的基座上，工作时不断旋转，即可对周围360°进行扫描，也就是说这些激光雷达的水平方位角为360°。垂直方位角指的是激光雷达垂直方向的检测角度，一般在40°以内。

（3）扫描帧频　扫描帧频指激光雷达点云数据更新的频率，单位为Hz。例如10Hz，即旋转镜每秒转10圈，同一方位的数据点更新10次。

（4）角分辨率　角分辨率分为水平角分辨率和垂直角分辨率。水平角分辨率是指水平方向上扫描线间的最小间隔度数。它随扫描帧频的变化而变化，转速越快，则水平方向上扫描线的间隔越大，水平角分辨率越大。垂直角分辨率指的是垂直方向上两条扫描线的间隔度数。

（5）测量精度　激光雷达的数据手册中的测量精度（Accuracy）常表示为，例如±2cm的形式。精度表示设备测量位置与实际位置偏差的范围。

（6）探测距离　探测距离指激光雷达的最大测量距离。在自动驾驶领域应用的激光雷达的测距范围普遍为100~200m。

（7）数据率　数据率指激光雷达每秒生成的激光点数，例如：40线扫描帧频为20Hz的激光雷达，水平角分辨率是0.45°（每一圈每束激光扫描800次）。因此，每秒生成的激光点数和为：$40×20×800points/s=640000points/s$。

3. 激光雷达的分类

根据结构的不同，激光雷达分为机械式激光雷达、混合固态激光雷达（MEMS）和固态激光雷达。

（1）机械式激光雷达　机械式激光雷达需要复杂的机械结构，同时点云的测量又需要对安装进行精确定位。考虑环境和老化的影响，平均的失效时间仅1000~3000h，难以达到车厂最低13000h的要求。且由于激光雷达安装在车顶，民用领域需考虑外界养护的问题，如洗车的影响。因此，机械式激光雷达极大地限制了成本和应用推广。

（2）混合固态激光雷达　混合固态激光雷达利用微电子机械系统的技术驱动旋转镜，反射激光束指向不同方向。混合固态激光雷达的优点包括数据采集速度快，分辨率高，对于温度和振动的适应性强；通过波束控制，探测点（点云）可以任意分布，例如，在高速公路主要扫描前方远处而对于侧面稀疏扫描但并不完全忽略，在十字路口则加强侧面扫描。只能匀速旋转的机械式激光雷达是无法执行这种精细操作的。

目前，以Robotaxi等高级自动驾驶玩家为主的主流选手更倾向于选择传统的机械式产品。在自动驾驶"跨越式"的演变历程中，机械式雷达率先发展起来，经过不断迭代，目前机械式激光雷达的技术已经趋于成熟，同时高线束的机械式激光雷达能够获得更高的分辨率与测距距离，所以其目前会获得高级自动驾驶商的青睐。但使用传统的机械式激光雷达，也要面临高昂的装车成本问题和产品低稳定性带来的安全风险和维护成本。

混合固态激光雷达可代替现有的机械式激光雷达，因为混合固态激光雷达可以很好地解决机械式激光雷达面临的物料成本高和量产成本高的问题。混合固态激光雷达的优势在于，能够最大限度地减少了（例如电机、轴承等）可动机械结构带来的磨损，同时也消除了光电器件因为机械旋转可能造成的故障，其与生俱来的特性使雷达内部的结构布局更加合理，使整体散热及稳定性相比于机械式激光雷达有质的飞跃，两者对比见表2-5。

表 2-5 机械式激光雷达和混合固态激光雷达优劣对比

类型	机械式激光雷达	混合固态激光雷达
优势	扫描速度快，抗干扰能力强，信噪比高，技术相对成熟	频率高，成本低，能量产
劣势	可靠性低，装车难度大，程序复杂，价格昂贵	视野小

4. 激光雷达的特点

激光雷达的优点如下：

1）分辨率高。激光雷达可以获得极高的角度、距离和速度分辨率。通常，激光雷达的角分辨率不低于 0.1mard，也就是说可以分辨 3km 距离上相距 0.3m 的两个目标，并可同时跟踪多个目标；距离分辨率可达 0.1m；速度分辨率能达到 10m/s 以内。

2）探测范围广。探测距离可达 300m 左右。

3）信息量丰富。可直接获取探测目标的距离、角度、反射强度和速度等信息，生成目标多维度图像。

4）全天候工作。激光主动探测，不依赖于外界光照条件或目标本身的辐射特性，它只需发射自己的激光束，通过探测发射激光束的回波信号来获取目标信息；但容易受到大气条件以及工作环境烟尘的影响，且不具备摄像头能识别交通标志的功能。

激光雷达的缺点如下：

1）激光雷达不能直接估计速度。它们需要计算两次连续测量之间的差异才能做到这一点。

2）激光雷达在恶劣的天气条件下无法正常工作。在有雾的情况下，激光可以击中它并混淆场景，类似于雨滴或泥土。

3）激光雷达在尺寸方面很笨重，它们不能像相机或雷达那样隐藏起来。

4）激光雷达的价格较高。

三、超声波雷达

超声波雷达是一种利用超声波测算距离的雷达传感器装置。超声波雷达通过发射、接收 40kHz、48kHz 或 58kHz 频率的超声波（频率越高，a 夹角越小，探测面积越小，因此 40kHz 为最常采用的频率），根据时间差测算出障碍物距离，当距离过近时，触发报警装置发出警报声，以提醒驾驶人。超声波雷达具备防水和防尘性能，探测范围为 0.1~3.0m，多应用于倒车和泊车场景。

1. 超声波雷达的工作原理

超声波测距的原理是利用超声波在空气中的传播速度为已知条件，测量声波在发射后遇到障碍物反射回来的时间，根据发射和接收的时间差计算出发射点到障碍物的实际距离。由此可见，超声波测距原理与雷达原理是一样的，测距的公式表示为

$$L = CT$$

式中　L——测量的距离长度；

　　　C——超声波在空气中的传播速度［在空气中，$C = 331.4 \times (1 + 1/273)$ m/s］。在不要求测距精度很高的情况下。一般可以认为 C 为常数，取 $C = 340$ m/s；

　　　T——测量距离传播的时间差（T 为从发射到接收时间数值的一半）。

2. 超声波雷达的分类及其特点

常见的超声波雷达有两种：第一种是安装在汽车前后保险杠上的，也就是用于测量汽车前后障碍物的倒车雷达，这种雷达业内称为 UPA；第二种是安装在汽车侧面的，用于测量侧方障碍物距离的超声波雷达，业内称为 APA，如图 2-16 所示。

超声波雷达也可根据传感器的种类细分为等方性传感器超声波雷达和异方性传感器超声波雷达。

（1）等方性传感器超声波雷达 水平角度与垂直角度相同。缺点：垂直角度过大，容易探测到地面，探测距离较近；优点：产生的超声波波形稳定。

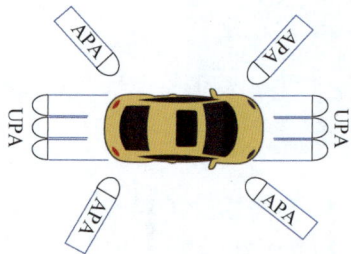

图 2-16 超声波雷达在汽车中的布置

（2）异方性传感器超声波雷达 水平角度与垂直角度不同。缺点：产生的超声波波形不稳定，易产生误报情况；优点：垂直角度小，因而探测距离长，探测范围大。

超声波雷达具有以下特点：

1）超声波的传播速度仅为光波的百万分之一，并且指向性强，能量消耗缓慢，因此可以直接测量较近目标的距离，一般测量距离小于 10m。

2）超声波对色彩、光照度不敏感，可适用于识别透明、半透明及漫反射差的物体。

3）超声波对外界光线和电磁场不敏感，可用于黑暗、有灰尘或烟雾、电磁干扰强、有毒等恶劣环境中。

4）超声波雷达结构简单，体积小，成本低，信息处理简单可靠，易于小型化与集成化，并且可以进行实时控制。

3. 超声波雷达的技术指标

超声波雷达主要有以下特性参数：

（1）测量范围 超声波雷达的测量范围取决于其使用的波长和频率。波长越长，频率越小，检测距离越大，如具有毫米级波长的紧凑型传感器的测量范围为 300~500mm，波长大于 5mm 的传感器测量范围可达 10m。

（2）测量精度 精度是指传感器测量值与真实值的偏差。超声波雷达测量精度主要受被测物体体积、表面形状和表面材料等影响。被测物体体积过小、表面形状凹凸不平、物体材料吸收声波等情况都会降低超声波雷达测量精度。测量精度越高，感知信息越可靠。

（3）波束角 传感器产生的声波以一定角度向外发出，声波沿传感器中轴线方向上的超声射线能量最大，能量向其他方向逐渐减弱。以传感器中轴线的延长线为轴线，到一侧能量强度减小一半处的角度称为波束角。波束角越小，指向性越好。一些传感器具有较窄的 6° 波束角，更适合精确测量相对较小的物体；一些波束角为 12°~15° 的传感器能够检测具有较大倾角的物体。

（4）工作频率 工作频率直接影响超声波的扩散和吸收损失、障碍物反射损失、背景噪声，并直接决定传感器的尺寸。一般选择在 40kHz 左右，这样传感器方向性尖锐，且避开了噪声，提高了信噪比；虽然传播损失相对低频有所增加，但不会给发射和接收带来困难。

（5）抗干扰性能 超声波为机械波，使用环境中的噪声会干扰超声波雷达接收物体反射回来的超声波，因此要求超声波雷达具有一定的抗干扰能力。

📁 【学习小结】▶▶▶

1. 毫米波雷达根据接收和发射毫米波的时间差，结合毫米波传播速度、载体速度及监测目标速度即可推算出毫米波雷达和监测目标之间的相对距离。

2. 毫米波雷达的布置可分为前置雷达和后置雷达。

3. 激光雷达可以高精度、高准确度地获取目标的距离、速度等信息或者实现目标成像。

4. 根据结构的不同，激光雷达分为机械式激光雷达、混合固态激光雷达（MEMS）和固态激光雷达。

5. 超声波雷达具备防水和防尘性能，探测范围为 0.1~3.0m，多应用于倒车和泊车场景。

6. 常见的超声波雷达有两种：第一种是安装在汽车前后保险杠上的，也就是用于测量汽车前后障碍物的倒车雷达，这种雷达业内称为 UPA；第二种是安装在汽车侧面的，用于测量侧方障碍物距离的超声波雷达，业内称为 APA。

📝 【知识巩固】▶▶▶

一、填空题

1. 毫米波雷达的布置可分为_____雷达和_____雷达。

2. 激光雷达可以_____精度、_____准确度地获取目标的距离、速度等信息或者实现目标成像。

3. 方位角包括_____方位角和_____方位角。

4. 超声波雷达，是一种利用_____测算距离的雷达传感器装置。

5. 超声波雷达也可根据传感器的种类细分为_____传感器超声波雷达和_____传感器超声波雷达。

6. 超声波雷达结构_____，体积_____，成本_____，信息处理简单可靠，易于小型化与集成化，并且可以进行实时控制。

二、选择题

1. 车载毫米波雷达从而获得精度极高的周围目标物体间的相对速度、（　　　）、角度、运动方向等物理环境信息。

A. 经度　　　　　　　B. 纬度　　　　　　　C. 温度　　　　　　　D. 相对距离

2. 毫米波雷达通过毫米波检测被监测物体，其具备性能优势包括（　　　）。

A. 集成度高　　　　　　　　　　　B. 空间分辨率高

C. 可以识别交通标志和行人　　　　D. 以上都不是

3. 激光雷达主要包括激光发射部分、扫描系统、激光接收部分和（　　　）。

A. 蜂鸣部分　　　　　　　　　　　B. 扫描部分

C. 信息处理部分　　　　　　　　　D. 以上都不是

4. 激光雷达安装在汽车的（　　　）。

A. 车轮　　　　　　　　　　　　　B. 车顶

C. 车底   D. 以上都不是

5. 混合固态激光雷达的优点包括数据采集速度快，（　　），对于温度和振动的适应性强。

A. 分辨率高   B. 物料成本高

C. 产量成本高   D. 以上都不是

6. 超声波一般测量距离（　　）。

A. 大于 10m   B. 小于 10m

C. 大于 100m   D. 以上都不是

7. 超声波雷达结构简单，（　　），易于小型化与集成化。

A. 体积小   B. 成本高

C. 信息处理复杂   D. 以上都不是

三、简答题

1. 简述毫米波雷达的主要类型及特点。

2. 简述激光雷达的主要组成部分。

3. 简述毫米波雷达、激光雷达和超声波雷达的优劣。

4. 简述毫米波雷达的主要安装部位。

5. 简述激光雷达的技术指标。

学习领域三

智能网联汽车定位与导航

高精度地图在自动驾驶系统中扮演着重要的角色，为定位、环境感知和驾驶规划提供关键支持。在环境感知方面，高精度地图能够提供大量有效的静态环境信息以及部分动态环境信息，为自动驾驶控制器节省算力并进行实时计算。在定位方面，高精度地图结合GPS、北斗等全球卫星导航方式，帮助智能网联汽车精确地找到自己在地图上的位置。而在驾驶规划方面，由于高精度地图包含实时、高精度的交通信息，可以精确协助自动驾驶系统进行驾驶规划。

定位技术对于智能网联汽车至关重要，它需要在全球高精度地图上准确找到车辆的位置。尽管日常生活中通常使用手机的GPS来确定位置，但对于智能网联汽车来说，GPS精度不足。由于GPS精度为1~3m，在特殊情况下，如被高楼、山脉包围或位于峡谷内时，精度可能仅为10m，甚至50m，因此需要另一种方法来更准确地定位车辆在地图上的位置。

最常见的定位方法是将汽车传感器所检测到的内容与地图上显示的内容进行比较。车辆传感器可以测量车辆与静态障碍物之间的距离，在车辆自身坐标系中测量这些距离及静态障碍物的方向。在车辆坐标系中，前进方向始终保持向前，当车辆转弯时，坐标系与车辆一同旋转，使前进方向在坐标系中保持向前。然而，车辆坐标系与地图坐标系之间存在差异，因此智能网联汽车系统需要将传感器测量值在两个坐标系之间进行转换。执行这类转换是解决定位问题的关键步骤。为实现智能网联汽车定位，有多种常见的定位方法，如GNSS-RTK、惯性导航、激光雷达定位和视觉定位。这些方法共同协作，确保智能网联汽车在复杂的道路环境中能够精确地找到自己在高精度地图上的位置，从而实现安全、高效的自动驾驶。

智能网联汽车的定位与导航技术不仅关乎车辆的安全和效率，也关乎国家的战略和安全。我国在北斗卫星导航系统（BDS）的建设和应用方面取得了举世瞩目的成就，为智能网联汽车的发展提供了强大的支撑。我国也在不断加强智能网联汽车的标准化、规范化和国际化工作，推动智能网联汽车技术的创新和发展。

学习单元一　高精度地图

高精度地图实际是一种数字地图，用各种细节级别来表示对于世界的抽象。比如当对道路进行建模时，需要以不同的曲线表示无岔路的直道，以连接点的方式来表示岔路节点，而以不同的连线及节点组合在一起构成道路网络的拓扑结构，随后再利用世界坐标系进行坐标定位。

一、高精度地图的定义

高精度地图即具有高精确度的地图，一般需达到厘米级精确度，包含道路信息、交通标志、障碍物等静态信息及行人、车辆、交通路况、天气等动态信息。高精度地图主要应用于自动驾驶和辅助驾驶领域，帮助车辆准确识别道路信息，从而做出正确、适当的驾驶行为。

1. 高精度地图的由来

地图经历了四种主要的演变形式，从最初的纸质地图逐渐发展到高精度地图，如图3-1所示；高精度地图比普通电子地图更准确，更新更快，涵盖的信息范围更广，但收集数据更复杂。随着自动驾驶的发展，高精度地图应运而生，包含大量的道路信息，更加智能和精确。与普通电子地图相比，高精度地图主要是辅助车辆进行行驶，车辆不够"聪明"，不能准确地识别出所有的道路信息，高精度地图涵盖了大量的道路动态、静态信息，将这些信息传递给车辆，从而保证车辆安全行驶。高精度地图为厘米级精度，其更新频率也远远高于普通电子地图，对于实时信息可做到秒级更新。在地图信息的采集模式上，高精度地图更加复杂，需有专门的采集车且需要获得测绘资质。

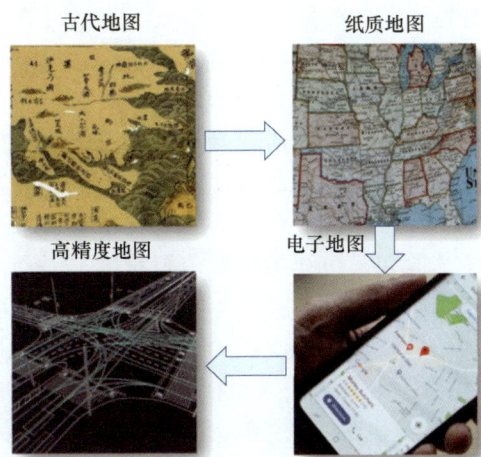

图 3-1　地图发展路径

高精度地图可以分为静态高精度地图和动态高精度地图两个层级。静态高精度地图处于底层，是目前研发的重点，它一般由含有语义信息的车道模型、道路部件、道路属性三类矢量信息以及用于多传感器定位的特征图层构成。动态高精度地图则建立于静态高精度地图的基础上，它主要包括实时动态信息，既有其他交通参与者的信息（如道路拥堵情况、施工情况、是否有交通事故、交通管制情况、天气情况等），也有交通参与物的信息（如红绿灯、人行横道等）。

2. 高精度地图与传统电子地图的差异

随着自动驾驶等级的升高，其对高精度地图的要求也就更高，见表 3-1。

表 3-1　不同驾驶等级对地图的要求

自动驾驶等级	L1	L2	L3	L4
	安全辅助驾驶	半自动驾驶	高度自动驾驶	全自动驾驶
精度	2~5m	50cm~1m	10~30cm	10~30cm
环境信息采集方式	GPS+IMU（惯性测量单元）	图像提取或高精度POS	高精度POS和激光点云	高精度POS和激光点云
数据来源	传统地图和ADAS	车道模型和高精度ADAS	HAD Map	多数据融合
静态/动态	静态地图	静态地图和动态地图	静态地图和动态时间	静态地图和动态时间实时传输融合地图

注：POS，导航定位定向系统，是通过全球卫星导航系统（GNSS）获取位置数据作为初始值，通过惯导系统（IMU）获取姿态变化增量，应用卡尔曼滤波器、反馈误差控制迭代运算，生成实时导航数据。

L1 级别的普通电子地图就可以满足需求，定位精度为 2~5m，对于 L3 级及以上级别的自动驾驶，高精度地图是标配，高精度地图所能提供的实时、准确的自定位信息以及动态道路信息都是不可或缺的，这一点目前已经成为市场共识。

如果纯粹用图像式识别，需要非常强大的计算能力、强大的云端训练、本地推理，而且需要匹配 5G 的传输速度快速传输。特斯拉在自动驾驶实验中发现，道路地面的细微突出或凹陷就能很容易造成自动驾驶系统的误判和错误反应，而包含精确道路信息的地图可以很好地解决此类问题。所以，如果仅仅依靠单车感知，辅助驾驶对车辆识别、探测能力的要求更高，在识别能力没有更大突破的前提下，向外部借力，带来更好的使用体验也不失为一个好办法。

高精度地图的高精度体现在两个方面：一是高精度地图的绝对坐标精度更高，地图上某个目标和真实世界的事物之间的精度更高；二是高精度地图所含有的道路交通信息元素更丰富和细致。普通的导航电子地图由于是辅助驾驶人导航，其绝对坐标精度在 10m 左右就够用。而在自动驾驶领域，智能网联汽车需要精确地知道自己在路上的位置。车辆与路肩、旁边的车道距离通常仅有几十厘米左右，因此高精度地图的绝对精度要求都在 1m 以内，而且横向的相对精度（比如车道和车道、车道和车道线的相对位置精度）往往还要更高。

此外，高精度地图还有准确的道路形状，并包括每个车道的坡度、曲率、航向、高程，侧倾的数据；车道线的种类、颜色；每条车道的限速要求、推荐速度；隔离带的宽度、材质；道路上的箭头、文字的内容、所在位置；红绿灯、人行横道等交通参与物的绝对地理坐标，物理尺寸以及它们的特质特性；所有这些信息也都需要准确地反映在高精度地图中，见表 3-2。

表 3-2　传统电子地图与高精度地图比较

	传统电子地图	高精度地图
精度	米级	厘米级
信息要素	车道属性（坡度、曲率、航向等）	车道信息、周边环境、交通设施等
数据更新频率	低、月级	高、分钟级/秒级
使用者	驾驶人	机器，辅助驾驶系统
所属系统	车载娱乐系统	车载安全系统
采集模式	将测绘局数据、GPS 定位、卫星定位和实际采集信息进行处理	需装有陀螺仪、测距器等传感器的特定采集车辆，须有甲级测绘资质

3. 高精度地图的三大功能

高精度地图主要有地图匹配、辅助环境感知和路径规划三大功能。高精度地图可以将车辆位置精准地定位于车道上，帮助车辆获取更为准确、有效、全面的当前位置及交通状况，并为智能网联汽车规划制订最优路线。

（1）地图匹配　由于存在各种定位误差，电子地图坐标上的移动车辆与周围地物并不能保持正确的位置关系。利用高精度地图匹配则可以将车辆位置精准地定位在车道上，从而提高车辆定位的精度。

（2）辅助环境感知　辅助环境感知功能在自动驾驶中非常重要，不同的传感器都有其自身的优势和劣势，例如摄像机在弱光及高对比度光线条件场景下很难捕捉足够的视觉信息，激光雷达在雾气、雨滴、雪花、汽车尾气、反射等场景下容易形成虚假点，毫米波雷达在通过隧道和大桥等场景下雷达探测可信性降低。自动驾驶因其问题复杂度高、安全第一等特性，需要依靠多种传感器数据的相互融合来提高感知效果。但是，传感器作为无人驾驶的眼睛，有其局限所在，如易受恶劣天气的影响，此时可以使用高精度地图来获取当前位置精准的交通状况。

辅助环境感知原理如下：

1）通过对高精度地图模型的提取，可以将车辆位置周边的道路、交通、基础设施等对象及对象之间的关系提取出来，这可以提高车辆对周围环境的鉴别能力。

2）一般的地图会过滤掉车辆和行人等活动障碍物，如果智能网联汽车在行驶过程中发现了当前高精度地图中没有的物体，这些物体大概率是车辆、行人和障碍物。相比传统硬件传感器（雷达、激光雷达或摄像头），在检测静态物体方面，高精度地图具有的优势如下：

① 所有方向都可以实现无限广的范围。

② 不受环境、障碍或者干扰的影响。

③ 可以"检测"所有的静态及半静态的物体。

④ 不占用过多的处理能力。

⑤ 已存有检测到的物体的逻辑，包括复杂的关系。

（3）路径规划　为了让智能网联汽车在行驶过程中能够及时、准确地对他车行为做出反应，保证行驶的舒适性与安全性，算法需要对他车的行为与路径做出相对准确的预测。对于提前规划好的最优路径，由于实时更新的交通信息，最优路径可能也在随时会发生变化，此时高精度地图在云计算的辅助下，能有效地为智能网联汽车提供最新的路况，帮助智能网联汽车重新制订最优路径。

高精度地图在路径规划中的应用场景如下：

① 在智能网联汽车经过一些坡道时，可以利用高精度地图里坡道的信息，让车辆尽早做好速度规划。或者，汽车要经过一个弯道时，高精度地图可提前为智能网联汽车提供弯道的曲率信息，让智能网联汽车可以规划好最适合弯道的转弯速度。

② 通过高精度地图查询到前方右侧有辅路入口或者车道合并的情况，那么该处出现的车辆就很有可能会做出向左变道或加速并入等动作。根据左右车道线虚实情况，也可以更好地帮助智能网联汽车判断旁边车辆加塞的可能性，这个对于匝道的驶入和驶离更符合自然驾驶人的行为，而不是按照通常的做法，提前2km就进入右边通道，但是由于右边的大货车又比较多，这样行驶速度非常慢，降低乘客的舒适性。

二、传感器的局限性与高精度地图的互补性

1. 传感器的局限性

（1）检测范围受限　传感器的探测距离见表3-3。特斯拉采用的是以视觉为主的环境方案，其检测距离见表3-4。

表3-3　传感器的探测距离

类型	探测距离/m
长距毫米波雷达	1～280
红外线传感器	0.2～120
视觉摄像头	0～80
中短距毫米波雷达	0.2～120
短距毫米波雷达	0.2～30
激光雷达	80～150

表 3-4　特斯拉传感器的最大探测距离

类型	最大探测距离/m
侧方后视镜摄像头	100
前视宽视野摄像头	60
前视主视野摄像头	150
前视窄视野摄像头	250
后视摄像头	50
超声波雷达	8
侧方前视镜摄像头	80
雷达	160

（2）感知缺陷　每一种雷达都有其适用的环境条件。例如激光雷达检测效果稳定，但在面对大范围的尘土时，其检测效果大幅降低；高分辨率摄像机能检测图像中的物体，窄视场的摄像机可以检测很远的距离。但是面对暴雨、大雪等恶劣天气，其很难检测到正确的车道线、障碍物、路肩等信息。

（3）先验信息缺失　先验信息是指某些可以提前采集且短时间内不会改变的信息。仅依靠传感器的信息是很难感知车辆现在是处在高速公路上，还是处在普通城市道路上的；无限速牌的路段，车速最高可以开多快；前方道路的曲率；所处路段的 GPS 信号强弱，这些都是传感器遇到检测盲区，无法实时捕获的信息。而这些信息是客观存在的，不会随外部事物的变化而变化，因此可以提前采集，并作为先验信息传给智能网联汽车做决策。图为高精度地图可以为智能网联汽车提供某些先验信息，包括道路曲率、航向、坡度和横坡角。

高精度地图就像智能网联汽车的记忆，离开了记忆，无论眼睛和思考速度有多么发达，还是无法对事件有全局把控。一辆能调用高精度地图数据的智能网联汽车，能够对所处的环境进行精准预判，提前选择合适的行驶策略，而把对环境的监测重点放在应对突发情况上。在提升车辆安全性的情况下，还有助于降低车载传感器和控制系统的成本。

2. 高精度地图的互补性

高精度地图是最稳定的传感器，也是视觉范围最大的传感器。高精度地图可以提供其他传感器很多抽象的信息。同时，对于一般的传感器而言，尽量较少地提供冗余数据（主要是考虑到芯片的处理数据速度）；而高精度地图可以提供冗余，第一，当某些传感器数据缺失时，可以利用地图数据进行推算。第二，高精度地图可以用于相互校验，当同一个数据有多个数据来源时，可以校验其他传感器数据的可信度，提高整个系统的准确度。

（1）更好地辅助自动驾驶　通过以上内容可以看出，高精度地图本身就是一种传感器。其在自动驾驶中的作用在于，如何更好地辅助定位、感知和控制规划。可以通过一个应用场景来理解高精度地图中的作用，比如在高速公路下匝道时，一般会通过摄像机来探测车道线的变化，以保证车辆在车道内行驶。在车道弯曲比较大时，摄像机反馈的结果不是很理想，这就需要利用地图的先验数据，根据车辆的姿态来拟合计算车道线的数据。

（2）提升感知算法效率　高精度地图可以提升自动驾驶车载传感器对周围信息的感知算法效率和准确率。

1）传感器通过感知传回加工处理的数据量较大，对芯片处理性能提出较高要求，因此在感知算法时，尽量减少冗余信息。

2）高精度地图能够去掉地图中固有的标志物信息，这样就可以让有限的计算资源集中用于识别可能对自动驾驶带来影响的道路上的动态物体。

（3）静态对象识别　高精度地图对静态物体的标志可以部分程度上弥补传感器面对静态物体失灵的情况。在目前 L3 级水平的自动驾驶中，如果没有高精度地图的车道线信息，无法解决匝道口行驶的问题。但倘若后续高精度地图的配备和云同步功能足够完善，自动驾驶算法结合高精度地图对匝道的识别能够较好地解决这一问题。高精度地图能够弥补传感器检测范围受限和先验信息缺失的缺陷，并能够部分程度上弥补传感器的感知缺陷，在标志静态对象的同时解放传感器去专注于动态对象。

三、高精度地图采集

以国外高精度地图企业 Here 的地图测绘车设备为例，该地图测绘车车顶安装的设备包括四个广角的 24M 像素摄像头、旋转式的激光雷达（扫描周围 300ft 范围内每个目标上的700000 个点）、陀螺仪（计算间距）和 GPS。车底部有一个 50lb 的盒子，里面连接着一个1TB 的硬盘，用于储存数据，一台运行着分析软件的平板计算机，还有一组用于供电的 12V电源。国内来看，百度的高精度地图采集车的传感器配置情况为最顶部的 32 线激光雷达、三个 360° 全景摄像头、一个前置的工业摄像头、一个包含 IMU 和 GPS 装置的组合式导航系统以及一个 GPS 天线。

高精度地图所包含的信息如此丰富，也意味着高精度地图的数据量将极其庞大，仅仅一条道路就需要采集超过 14 亿个数据点，若想最终实现高精度地图的商业化落地，庞大的覆盖范围带来的数据量将是一个不小的挑战。以宽凳科技有限公司的高精度地图产品为例，在一天的时间内，通过众包采集的车辆的摄像头采集道路数据，上传至云端之后再进行初步预处理得到的数据就能达到 600~800GB；而 Waymo 的地图测绘车在一天的时间内采集的数据大小为 1TB 左右，覆盖的范围约为 8h 车程的道路。而且值得注意的是，此类数据主要包含的是静态高精度地图图层信息，并不包括实时交通参与者等动态高精度地图的信息。

从当前高精度地图采集设备发展情况来看，其实采集设备的主要核心是摄像头、毫米波雷达和激光雷达，三种设备各有优缺点。摄像头（百元级）和毫米波雷达造价便宜（千元级），因此普及率最高，但是扫描精度较差，且对后期算法提出了较高要求；激光雷达虽然有较高的精度，但是由于价格昂贵（万元级乃至数十万元），普及率相对较低。此外，激光的波长远小于毫米波雷达，所以特殊天气，例如雾霾导致激光雷达失效有可能发生。同样的原因，毫米波雷达的探测距离可以轻松超过 200m，而激光雷达目前的性能一般不超过 150m，所以对于高速公路跟车这样的情景，毫米波雷达能够做得更好。因此，高精度地图采集设备未来应当是三者并重、相辅相成的趋势。

1. 高精度地图采集设备

（1）LiDAR（激光雷达）　激光雷达首先通过向目标物体发射一束激光，然后根据接收—反射的时间间隔确定目标物体的实际距离。根据距离及激光发射的角度，通过简单的几何变换可以计算出物体的位置信息。汽车周围环境的结构化储存通过环境点云实现激光雷达通过测量光脉冲的飞行时间来判断距离，在测量过程中，激光雷达要产生汽车周围的环境点云，这一过程要通过采样完成。一种典型的采样方式是在单个发射器和接收器上在短时间内发射较多的激光脉冲，如在 1s 内发射万级到十万级的激光脉冲。脉冲发射后，接触到需要被策略的物体并反射回接收器上。每次反射和接收都可以获得一个点的具体地理坐标。但发和反射这一行为进行足够多时，便可以形成环境点云，从而将汽车周围的环境量化。

（2）**Camera**（摄像头）　通过车载摄像头，可以捕捉到路面机器周围交通环境的静态信息，通过对图片中关键交通标志、路面周围关键信息的提取，来完成对地图的初步绘制。车载摄像头是高精度地图信息采集的关键设备，其主要是通过图像识别和处理的原理来进行。

（3）**IMU**（惯性测量单元，陀螺仪）　IMU 是用于测量物体三轴姿态角（或角速率）以及加速度的装置。一般情况下，一个 IMU 包含了三个单轴的加速度计和三个单轴的陀螺仪，加速度计检测物体在载体坐标系统独立三轴的加速度信号，而陀螺仪检测载体相对于导航坐标系的角速度信号，测量物体在三维空间中的角速度和加速度，并以此解算出物体的姿态。

（4）**GPS**（全球定位系统）　GPS 接收机的任务就是确定四颗或者更多卫星的位置，并计算出它与每颗卫星之间的距离，然后利用这些信息使用三维空间的三边测量法推算出自己的位置。要使用距离信息进行定位，接收机还必须知道卫星的确切位置。GPS 接收机储存有星历，其作用是高速接收每颗卫星在各个时刻的位置。在大城市中，由于高大建筑物的阻挡，GPS 多路径发射问题比较明显，这样得到的 GPS 定位信息容易产生从几十厘米到几米的误差，因此靠 GPS 并不能实现精准定位。

（5）**轮测距器**　通过轮测距器可以推算出智能网联汽车的位置。在汽车的前轮通常安装了轮测距器，会分别记录左轮与右轮的总转数。通过分析每个时间段左右轮的转数，可以推算出车辆向前行驶的距离，以及向左右转了多少度。

（6）**高精度地图采集车**　高精度地图采集车的装备较为复杂，包括了以上提到的多种传感器，来进行道路和静态交通环境数据的采集。不同级别的高精度地图，在精度和信息量上也有差别。例如，在安全环境下使用的基础 ADAS 地图只需要精度达到米量级，而 HAD（High Automated Driving）级别高精度地图的精度能达到厘米量级。在数据量方面，基础 ADAS 地图只记录高精道路级别的数据（道路形状、坡度、曲率、铺设、方向等），HAD 级别地图不仅增加了车道属性相关（车道线类型、车道宽度等）数据，更有诸如高架物体、防护栏、树、道路边缘类型、路边地标等大量目标数据。

（7）**ADAS 高精度地图采集车**　ADAS 级别高精度地图精度大约在 50cm 级别。车顶安装有 6 个 CCD 摄像头。其中，5 个摄像头以圆形环绕，顶部一个单独的摄像头，每个像素都是500 万，总计 3000 万像素。车内副驾驶人的位置有用于采集数据的显示屏，机箱在行李舱位置，用于储存和处理数据。

（8）**HAD 高精度地图采集车**　HAD 及以上高精度地图精度大约在 10cm 级别。顶部则是通过装配两个激光雷达（位于后方）和四个摄像头（两前两后）的方式来满足所需要的 10cm级别精度。两种方案搭配，能够完成标牌、障碍物和车道线等道路信息的三维模型搭建。

另外，百度的高精度地图采集车的传感器配置情况如下：

1）最顶部的 32 线激光雷达、三个 360° 全景摄像头、一个前置的工业摄像头、一个包含IMU［惯性测量单元，是测量物体三轴姿态角（或角速率）以及加速度的装置］和 GPS 装置的组合式导航系统以及一个 GPS 天线。

2）从具体分工来看，激光雷达负责采集点云数据，摄像头负责采集图片，天线负责接收卫星定位信号，导航系统负责采集 GPS 轨迹。

2. 高精度地图采集流程（图 3-2）

（1）**数据采集**　高精度地图采集员驾驶采集车以 60~80km/h 的速度行驶，每天至少采集

150km 的高精度地图数据。在车内的副驾驶人位置，放有负责控制采集设备的计算机系统，用于让采集员实时监控采集情况。在采集过程中，采集员不仅要不断确认采集设备是否工作正常，而且需要根据天气和环境情况来选择不同的摄像头参数。

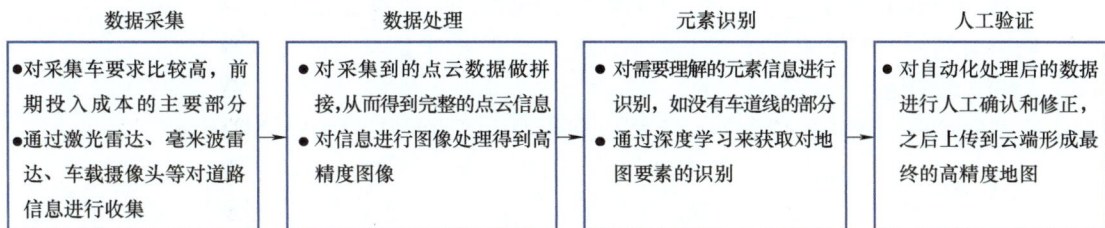

数据采集	数据处理	元素识别	人工验证
●对采集车要求比较高，前期投入成本的主要部分 ●通过激光雷达、毫米波雷达、车载摄像头等对道路信息进行收集	●对采集到的点云数据做拼接，从而得到完整的点云信息 ●对信息进行图像处理得到高精度图像	●对需要理解的元素信息进行识别，如没有车道线的部分 ●通过深度学习来获取对地图要素的识别	●对自动化处理后的数据进行人工确认和修正，之后上传到云端形成最终的高精度地图

图 3-2　高精度地图采集流程

（2）数据处理　数据处理这一环节是把不同传感器采集的数据进行融合，即把 GPS、点云、图像等数据叠加在一起，从而得到完整的点云信息。

（3）元素识别　对道路标线、路沿、路牌、交通标志等道路元素进行识别。对于在同一条道路上下行双向采集带来的重复数据，需要实施有效的数据去重策略，以确保地图和导航系统中的信息准确无误。

（4）人工验证　人工验证这一环节由人工完成。自动化处理的数据还不能达到百分百的准确，需要人工再进行最后一步确认和完善。目前，每位员工每天修正的数据量为 30～50km。对于修正后的数据，需要上传到云端，最终形成的高精度地图也通过云平台进行分发。

【学习小结】

1. 高精度地图即具有高精确度的地图，一般需达到厘米级精确度，包含道路信息、交通标志、障碍物等静态信息及行人、车辆、交通路况、天气等动态信息。

2. 高精度地图可以分为静态高精度地图和动态高精度地图两个层级。

3. 高精度地图的高精度体现在两个方面：一是高精度地图的绝对坐标精度更高，地图上某个目标和真实世界的事物之间的精度更高；二是高精度地图所含有的道路交通信息元素更丰富和细致。

4. 高精度地图主要有地图匹配、辅助环境感知和路径规划三大功能。

5. 高精度地图是最稳定的传感器，也是视觉范围最大的传感器。高精度地图可以提供其他传感器很多抽象的信息。

6. 从当前高精度地图采集设备发展情况来看，其实采集设备的主要核心是摄像头、毫米波雷达和激光雷达。

【知识巩固】

一、填空题

1. 高精度地图即具有高精确度的地图，一般需达到_____米级精确度。

2. 高精度地图可以分为_____高精度地图和_____高精度地图两个层级。

3. 高精度地图为厘米级精度，其更新频率也远远高于普通电子地图，对于实时信息可做到_____级更新。

4. 高精度地图主要有_____、辅助环境感知和路径规划三大功能。

5. 从当前高精度地图采集设备发展情况来看，其实采集设备的主要核心是_____、毫米波雷达和激光雷达。

6. 高精度地图所包含的信息如此丰富也意味着高精度地图的数据量将极其_____。

二、选择题

1. 高精度地图为（　　）级精度，其更新频率也远远高于普通电子地图。

A. 厘米 　　　　　　　　　　　　　　B. 毫米

C. 分米 　　　　　　　　　　　　　　D. 以上都不是

2. 高精度地图的使用者为（　　）。

A. 机器，辅助驾驶系统 　　　　　　　B. 驾驶人

C. 乘客 　　　　　　　　　　　　　　D. 以上都不是

3. L4 级别全自动驾驶对高精度地图的精度要求为（　　）。

A. 2~5m 　　　　　　　　　　　　　B. 1~2m

C. 0.5~1m 　　　　　　　　　　　　D. 0.1~0.3m

4. 传感器的局限性不包含（　　）。

A. 检测范围 　　　　　　　　　　　　B. 感知缺陷

C. 先验信息缺失 　　　　　　　　　　D. 以上都不是

5. 通过轮测距器可以推算智能网联汽车的（　　）。

A. 位置 　　　　　　　　　　　　　　B. 重量

C. 海拔 　　　　　　　　　　　　　　D. 以上都不是

6. 在安全环境下使用的基础 ADAS 地图只需要精度达到（　　）量级，而 HAD（High Automated Driving）级别高精度地图的精度能达到（　　）量级。

A. 米，分米 　　　　　　　　　　　　B. 米，厘米

C. 分米，厘米 　　　　　　　　　　　D. 以上都不是

7. 在地图测绘车中，激光雷达负责采集点云数据，摄像头负责采集图片，天线负责接收卫星定位信号，导航系统负责采集（　　）。

A. 温度 　　　　　　　　　　　　　　B. GPS 轨迹

C. 湿度 　　　　　　　　　　　　　　D. 以上都不是

三、简答题

1. 简述高精度地图与传统电子地图的区别。

2. 简述高精度地图的三大功能。

3. 简述高精度地图所包含的信息。

4. 简述高精度地图采集车的主要传感器。

5. 简述高精度地图的采集流程。

学习单元二　智能网联汽车的定位技术

【知识链接】

对于智能网联汽车来说，准确、可靠地获取汽车的位置、姿态和其他定位信息，是智能网联汽车导航的前提和基础。智能网联汽车需要高可靠性和安全性的定位技术，并且对定位精度的要求达到厘米级。然而，使用普通的导航地图和卫星定位很难满足其需求。因此，新的定位技术，如高精度地图、多传感技术融合定位技术和无线通信辅助定位已成为智能网联汽车定位技术的发展趋势。

一、卫星定位系统

卫星定位系统也叫作全球卫星导航系统（Global Navigation Satellite System，GNSS），是获取车辆位置和行人位置数据的一个重要手段，是实现自动驾驶的一个关键技术，可用于实时车辆环境感知地图的创建、高精度地图的制作和自动驾驶决策子系统的路径规划、行为决策和运动规划。

目前，全球有四大卫星导航系统，分别为美国的全球定位系统（Global Positioning System，GPS）、俄罗斯的格洛纳斯卫星导航系统（Global Navigation Satellite System，GLONASS）、中国的北斗卫星导航系统（Beidou Navigation Satellite System，BDS）与欧盟的伽利略卫星导航系统（Galileo Satellite Navigation System，GALILEO）。

1. 卫星定位原理

GPS是利用卫星基本三角定位原理、GPS接收装置以测量无线电信号的传输时间来测量距离。由每颗卫星的所在位置，测量每颗卫星至接收器间距离，便可以算出接收器所在位置的三维空间坐标值。使用者只要利用接收装置接收到3个卫星信号，就可以定出使用者所在的位置。在实际应用中，GPS接收装置都是利用4个以上卫星信号，来定位出使用者所在的位置及高度。

三角定位的工作原理如下：

假如你看到自己离一个路灯100m远，你可能比较清楚自己处在什么位置，但仍然不能确定，因为你只能判断自己位于一个以路灯为圆心、半径100m的圆上（图3-3a）。然后，你看到一个离自己90m远的房子，于是你知道自己位于两个圆的交点处，但不知道自己位于哪个交点上（图3-3b）。现在假设你看到第三个路标：一个距离你80m远的树，如果你有一张地图，里面注明了这些地标在世界上的确切位置，那么你就能知道自己相对于这些路标的确切位置，这个过程被称为三角测量（图3-3c）。

2. GPS的组成

GPS由卫星、控制站和GPS接收器三部分组成。

（1）卫星　在任何特定时间，大约有30颗GPS卫星在太空运行，它们各自距离地球表面约2万km。

（2）控制站　控制站分散在世界各地，用于监视和控制卫星，其主要目的是让系统保持运行，并验证 GPS 广播信号的精确度。

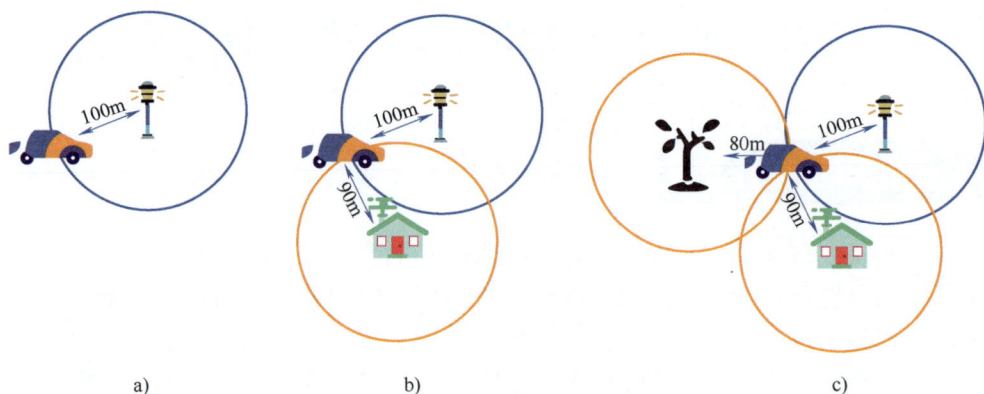

图 3-3　三角测量

（3）GPS 接收器　GPS 接收器存在于手机、微处理器、汽车、船只以及许多其他设备中，如果周围没有高楼等障碍物，并且天气良好，那么无论你身在何处，GPS 接收器应每次至少检测到四颗 GPS 卫星。GPS 接收器实际上并不直接探测你与卫星之间的距离，它首先测量信号的飞行时间，即信号从卫星传播到你的 GPS 接收器需要多长时间，然后通过将光速乘以这个飞行时间来计算卫星的距离。因为光速的值很大，即使是少量的时间误差也会在计算过程中造成巨大的误差，所以每颗卫星都配备了高精度的原子钟。而为进一步减小误差，可以使用 RTK（实时运动定位）。

RTK 需要在地面上建立几个基站，每个基站都知道自己精确的地面位置，同时每个基站也通过 GPS 测量自己的位置，已知的地面位置与通过 GPS 测量的位置之间的偏差为 GPS 测量结果中的误差，然后基站将这个误差传递给其他 GPS 接收器，以供其调整自身位置的定位结果。

在 RTK 的帮助下，GPS 可以将定位误差限定在 10cm 以内，但是：

1）高楼和其他障碍物可能阻挡 GPS 信号，这使定位变得困难或根本无法进行。

2）同时，GPS 的更新频率很低，大约为 10Hz（每秒更新 10 次），但由于智能网联汽车在快速移动，需要更频繁地更新位置。

3. 北斗卫星导航系统

北斗卫星导航系统是我国自主研发、建设与运营的全球卫星导航系统。北斗卫星导航系统在国民经济、国防建设、国家安全等领域具有重大意义。

北斗卫星导航系统分为三个阶段进行建设。第一阶段（BDS-1）在 2000—2003 年间建成了北斗卫星导航试验系统，覆盖范围主要局限于中国本土。第二阶段（BDS-2）在 2012 年完成建设，形成了区域卫星导航系统，覆盖范围扩展至亚太地区。第三阶段（BDS-3）于 2020 年年底完成建设，实现了全球覆盖，如图 3-4 所示。

随着科技的发展，自动驾驶技术日益成熟，北斗卫星导航系统在自动驾驶定位领域的应用越来越广泛。北斗卫星导航系统为智能网联汽车提供了精确、可靠的定位与导航服务，对于提升自动驾驶系统的安全性和可靠性具有重要作用。在自动驾驶定位领域，北斗卫星导航系统具有以下几个显著特点：

高精度定位：通过与其他全球卫星导航系统的兼容与互操作，北斗卫星导航系统能提供高精度的定位服务，满足自动驾驶车辆对精确位置信息的需求。

北斗一号	北斗二号	北斗三号
3GEO (试验系统) 有源定位(RDSS) 短报文 授时	5GEO+5IGSO+4MEO (区域系统) 有源定位(RDSS) 无源定位(RNSS) 短报文 授时	5GEO+5IGSO+24MEO (全球系统) 有源定位(RDSS) 无源定位(RNSS) 短报文 授时 星基增强(SBAS)

图 3-4 北斗卫星导航系统三个阶段

快速定位：北斗卫星导航系统具有快速捕获卫星信号的能力，缩短了定位时间，提高了智能网联汽车在复杂环境下的响应速度。

抗干扰能力强：北斗卫星导航系统具有较强的抗干扰能力，能在复杂环境下保持稳定的定位与导航服务，确保智能网联汽车在不同环境下的安全行驶。

二、惯性导航定位系统

惯性导航定位系统（Inertial Navigation System）是通过测量加速度来解算运载体位置信息的自主导航定位方法，该方法不向外部辐射能量、不依赖于外部信息，因而具备不与外界交互而自主独立工作的能力。INS 能实时、准确地测量位置、加速度及转动量（角度、角速度）等信息，是唯一可输出完备六自由度数据的设备。

1. INS 的构成

"全球卫星导航系统（GNSS）+惯性测量单元（IMU）"是最常见的惯性导航组合方案，如图 3-5 和图 3-6 所示。GNSS 在卫星信号良好时可提供厘米级定位，但在地下车库等卫星信号微弱的场景下，其定位精度会大幅下降。IMU 即使在复杂工作环境中或极限运动状态下也可进行准确定位，但其存在误差累计问题。两者结合可实现应用场景和定位精度的互补；此外，GNSS 更新频率低（仅有 10Hz，其延迟达 100ms），不足以支撑实时位置更新，IMU 的更新频率>100Hz（其延时<10ms），可弥补 GNSS 的实时性缺陷。因而通过 IMU 与 GNSS 的组合，可达到优势互补的效果，大幅提升定位系统的精确度，两者特性见表 3-5。

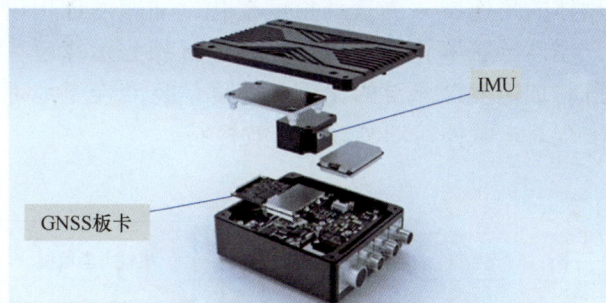

图 3-5 惯性导航组合

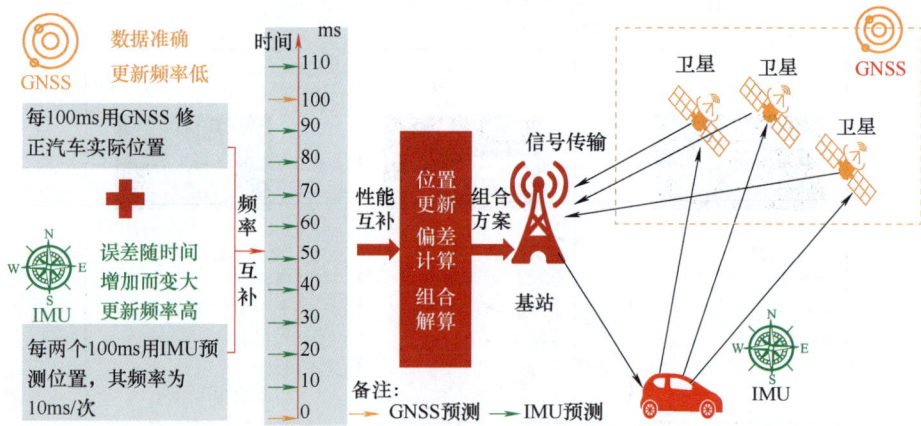

图 3-6 "GNSS+IMU" 定位系统示意图

表 3-5 GNSS 与 INS 特性对比

	GNSS	INS
定位模式	绝对	相对
组成	射频前端、信号捕获、信号跟踪、RTK 解算	IMU：加速度计、陀螺仪 计算单元：姿态解算单元、积分单元、误差补偿单元
数据输出频率	低	高
短期精度	低	高
长期精度	高	低
抗干扰性	受信号、场景影响大，抗干扰性较差	不受气象、地理、信号的限制，抗干扰性强
输出信息	位置、方向、速度	位置、方向、速度、姿态、航向
成本	低	高

2. INS 的工作原理

INS 以牛顿力学定律为基础，利用 IMU 测量载体的比力及角速度信息，结合给定的初始运动条件，与 GNSS 等系统进行信息融合，从而实时推算速度、位置和姿态等参数。基于该技术的 INS 可装备于运载体（如飞机、船舶、汽车、无人机等），并用于实现导航定位，系统通过连续测得运载体角速度和线速度并进行积分运算即可连续、实时预测运载体的当前位置。

IMU 是融合了陀螺仪、加速度计、磁力计和压力传感器的多种组合，如图 3-7 所示。其中，陀螺仪用以获取运动体的角速度并测量其角度变化，加速度计用以获取运动体的线性加速度并测量其速度变化。惯性导航解算软件将角速率进行积分运算解算出姿态矩阵并提取姿态信息，再利用姿态矩阵将加速度计测得的比例加速度信息变换至地理坐标系上计算出运载体的速度和位置，进而实现对运载体运动参数的有效控制。

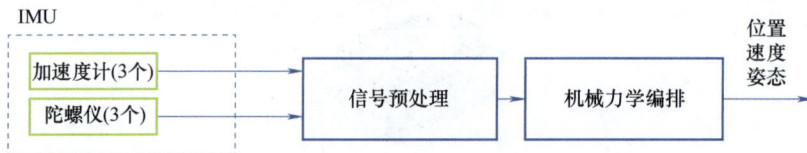

图 3-7 INS 主要的模块

3. INS 的核心部件

加速度计及陀螺仪等惯性传感器为 INS 的核心器件（以 MEMS 惯性导航为例，两者成本占比约 50%），分别用于测量运载体的加速度和角速度，对系统精度起决定性的作用，如图 3-8 所示。

a) 加速度计　　　　　　　　　　　b) 陀螺仪

图 3-8　MEMS 的加速度计和陀螺仪

（1）**加速度计作用分析**　任何运动体的运动状态均可用加速度表征，而运动体的运动状态可简单概括为时间、速度和距离三个要素，其中，时间可直接获取，运动速度和运动距离可分别通过加速度一次积分及二次积分得到，即通过测量运载体的加速度即可推测出其运动状态。加速度计可测量运动体的加速度，是确定 INS 导航参数的核心部件。

（2）**陀螺仪作用分析**　陀螺仪通过测量角速度来获取方向信息。因为地球自转以及运载体做相对地球的运动，导致运载体所处位置的水平面和方位相对于惯性空间不断变化。陀螺仪能够检测到这些变化，从而提供精确的方向指示。因此，如果要使平台始终保持水平和固定指北方向，即使平台跟踪地理坐标系，就必须使平台以地理坐标系相对惯性空间的角速度相对惯性空间转动。因此，INS 必须依赖于陀螺仪来工作，通过让陀螺仪以特定角速度进行动作，这一动作将信号传递到稳定控制回路，以确保导航平台也能以同样的角速度相对于惯性空间进行旋转。通过将系统在惯性参考系中的初始方位设定为起始条件，并对角速度进行积分计算，就可以实时获得运载体的当前方向信息。陀螺仪可通过控制旋转角速度使惯性导航的载体坐标系始终与地理坐标系保持一致，并根据角速率信息解算得出运载体的方向信息，起到辅助定位的作用。

通常情况下，每套 IMU 装置包含三组陀螺仪和加速度计，分别测量三个自由度的角加速度和线加速度。

4. 惯性导航陀螺仪的定义与分类

目前，自动驾驶常用的 IMU 如图 3-9 所示，按照精度分可以分为以下两类：

a) 基于光纤陀螺(FOG)的IMU　　　　　　b) 基于微机电系统(MEMS)器件的IMU

图 3-9　自动驾驶常用的 IMU

1）第一类是基于光纤陀螺（FOG）的 IMU，它的特点是精度高，但同时成本也高，一般应用于精度要求较高的地图采集车辆。

2）第二类是基于微机电系统（MEMS）器件的 IMU，它的特点是体积小，成本低，环境适应性强，但缺点是误差大。如果把它应用在智能网联汽车中，其需要经过比较复杂的处理。

三、地图匹配定位系统

无论是 GNSS 还是 INS，自动驾驶定位系统的误差都不可避免，定位结果通常偏离实际位置。引入地图匹配可以有效消除系统的随机误差，校正传感器参数，弥补在城市高楼区、林荫区、立交桥、隧道中长时间 GNSS 定位失效而 INS 误差急剧增大的定位真空期。

1. 地图匹配定位技术原理

地图匹配定位是在已知汽车位姿信息的条件下而进行高精度地图局部搜索的过程。首先，利用汽车装载的 GNSS 和 INS 做出初始位置判断，确定高精度地图局部搜索范围。然后，将激光雷达实时数据与高精度地图数据变换到同一个坐标系内进行匹配，匹配成功后即可确认汽车定位信息，地图匹配定位流程如图 3-10 所示。

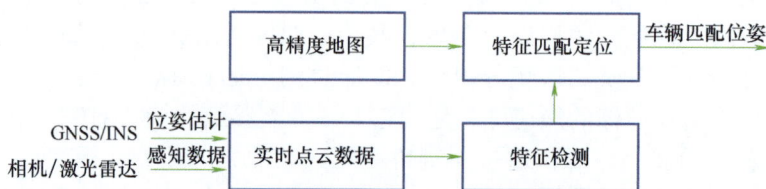

图 3-10　地图匹配定位流程

高精度地图的预制是地图匹配的基础，需包含特征明显的结构化语义特征和具有统计意义的信息。高精度地图中常用于地图匹配的特征主要包含车道线、停止线、导流线、路灯、电线杆等特征明显的物体，同时还包括平均反射值、方差及平均高度值等具有统计意义的信息。

当自动驾驶系统的 GNSS 和 INS 出现较大误差时，汽车会根据实时感知数据进行环境特征的检测，主要检测对象是地面上的车道线与杆状物，并从高精度地图对应位置范围内提取对应的元素。在实际匹配过程中，系统将检测出的车道线、护栏等道路特征与高精度地图提供的道路特征进行对比，修正汽车的横向、纵向定位，如图 3-11 所示。

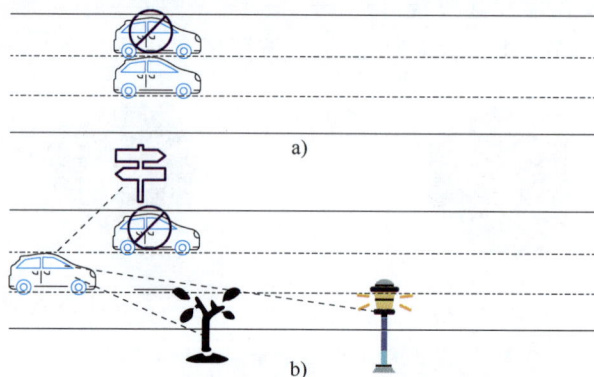

图 3-11　地图匹配定位

如图 3-11a 所示，GNSS 将汽车定位在前进方向的左侧车道，智能网联汽车利用传感器检测到的车道线信息与高精度地图数据进行匹配后，确定汽车位于前进方向中间车道，与 GNSS 的定位结果存在差异，进而修正横向的位姿误差。如图 3-11b 所示，纵向上修正主要提取传感器所检测到的广告牌、红绿灯、交通标志灯等道路元素与高精度地图进行匹配，可以修正汽车的纵向误差。

2. 地图匹配定位误差分析

地图匹配定位误差主要由局部搜索范围正确性问题引起，局部搜索范围正确性即道路选择的正确性，是地图匹配中极大的影响因素，在选择道路正确的情况下，才能继续之后的地图匹配过程。造成道路选择错误的原因主要包括路况引起的误差、传感器误差、高精度地图误差及算法误差等方面。

（1）**路况引起的误差**　真实道路的情况复杂多变，无法保证汽车在各种复杂路况上都能够正确地提取特征，并实现正确定位。车速变换将会影响传感器采集数据的质量，车速越快，质量越低，甚至产生运动模糊和失真等情况。在没有 INS 中，各种路况下造成的汽车轮胎漂移及路面颠簸等情况都可能使激光点云数据发生畸变、抖动和运动模糊等问题。与此同时，实际行驶情况中汽车有时会离开道路，这将导致道路匹配错误并引起误差。

（2）**传感器误差**　进行地图匹配需要利用传感器的量测信息（如激光雷达、摄像头），这些数据存在误差将直接影响定位速度与成功率。

（3）**高精度地图误差**　在实际使用中，一般默认高精度地图的精度比传感器获得的数据精度高，但实际上，高精度地图同样有可能存在较大误差。在地图数据本身存在误差时，即使在正确选择道路的情况下也会存在误差。

（4）**算法误差**　在地图匹配过程中，不可避免地因算法存在的缺点导致发生错误匹配，发生错误匹配会对之后的地图匹配定位结果产生恶劣影响。

四、多传感器融合定位

多传感器数据融合是 20 世纪 80 年代出现的一门新兴学科，它是将不同传感器对某一目标或环境特征描述的信息融合成统一的特征表达信息及其处理的过程。

1. 多传感器融合简述

环境特征信息与惯性导航融合是必然趋势，目前常用的 GNSS+IMU 组合惯性导航方案在一些场景的定位精度稳定性仍不能完全满足自动驾驶的要求。例如，城市楼宇群、地下车库等 GNSS 长时间信号微弱的场景下，依靠 GNSS 信号更新精确定位稳定性不足，因此必须引入新的精确定位更新数据源，在组合惯性导航中引入并融合激光雷达/视觉传感定位等环境信息进行融合定位成为必然趋势。

环境特征信息与惯性导航融合可以大大提升高精度定位系统的场景覆盖能力。通过 GNSS-RTK 的定位技术可以实现 65% 综合场景定位误差小于 20cm 的覆盖率，GNSS+IMU 的组合惯性导航则可以实现 85% 左右的覆盖率，但是要满足自动驾驶对定位精度小于 20cm 的复杂场景覆盖率超过 97.5% 的要求，仍存在一定的差距。而 GNSS+IMU+LiDAR/CV 的融合高精度定位系统可以实现使覆盖率达到 97.5% 以上。组合导航系统与环境特征信息融合将成为必然趋势，如图 3-12 所示。

以激光定位为例，激光点云定位一般先通过激光雷达，获取车上的实时点云，获得目标空间分布和目标表面特性的海量点集合。经过处理后的点云数据与预先制作的地图进行匹配，最终得到车辆的距离、角度和边界信息。

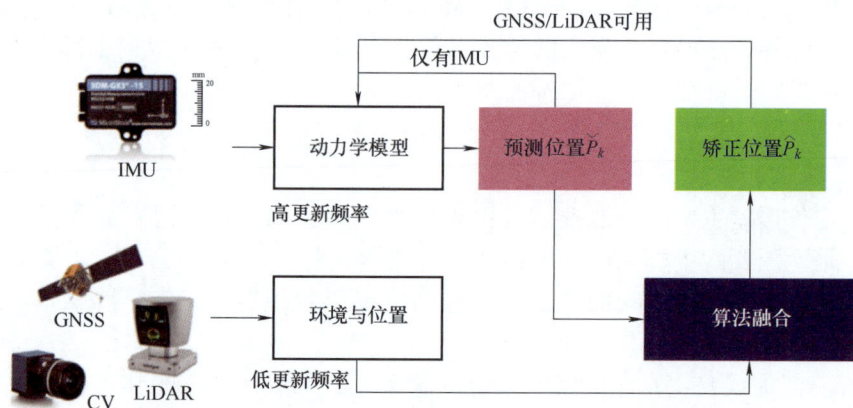

图 3-12　GNSS+IMU+LiDAR/CV 组合惯性导航方案

2. 多传感器的配准

数据配准，就是把来自一个或多个传感器的观测或点迹数据与已知或已经确认的事件归并到一起，保证每个事件集合所包含的观测与点迹数据来自同一个实体的概率较大。在传感器配准过程中，收集足够的数据点来计算系统偏差，计算得到的系统偏差用来调整随后得到的传感器数据。传感器的配准主要包括时间配准和空间配准两个方面。

（1）时间配准　时间配准，就是将关于同一目标的各传感器不同步的量测信息同步到同一时刻。由于各传感器对目标的量测是相互独立进行的，且采样周期（如观星测量单元和激光雷达大采样周期）往往不同，所以它们向数据处理中心报告的时刻往往也是不同的。另外，由于通信网络的不同延迟，各传感器和融合处理中心之间传送信息所需的时间也各不相同。因此，各传感器上数据的发送时间有可能存在时间差，所以融合处理前需将不同步的信息配准到相同的时刻。

（2）空间配准　空间配准，就是借助多传感器对空间共同目标的量测结果对传感器的偏差进行估计和补偿。对于同一系统内采用不同坐标系各传感器的量测，定位时必须将它们转换成同一坐标系中的数据，对于多个不同子系统，各子系统采用的坐标系是不同的，所以在融合处理各子系统间信息前，也需要将它们转换到同一量测坐标系中，而处理后还需将结果转换成各子系统坐标系的数据，再传送给各子系统。

3. 多传感器融合误差分析

在多传感器融合系统中，来自多个传感器的数据通常要变换到相同的时空参照系中。但由于存在量测误差直接进行变换很难保证精度来发挥多传感器的优越性，因此在对多传感器数据进行处理时需要寻求一些传感器的配准算法，但配准误差也随之而来。

多传感器配准的主要误差来源如下：

1）传感器的误差，也就是传感器本身因制造误差带来的偏差。

2）各传感器参考系中量测的方位角、高低角和斜距偏差。通常是因量测系统解算传感器数据时造成的误差。

3）相对于公共坐标系的传感器的位置误差和计时误差。位置误差通常由传感器导航系统的偏差引起，而计时误差由传感器的时钟偏差引起。

4）各传感器采用的定位算法不同，从而引起单系统内局部定位误差。

5）各传感器本身的位置不确定为融合处理而进行坐标转换时产生偏差。

6）坐标转换的精度不够，为了减少系统的计算负担而在投影变换时采用了一些近似方法（如将地球视为标准的球体等）所导致的误差。

五、Apollo 定位方法

Apollo 定位系统主要采用了三种定位方式，如图 3-13 所示。

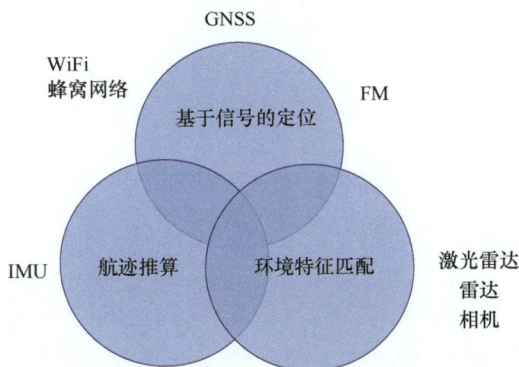

图 3-13 Apollo 定位系统

（1）基于信号的定位 它的代表就是 GNSS，其实就是全球卫星导航系统。

（2）航迹推算 依靠 IMU 等，根据上一时刻的位置和方位推断现在的位置和方位。

（3）环境特征匹配 基于激光雷达的定位，用观测到的特征、数据库里的特征和储存的特征进行匹配，得到现在车的位置和姿态。

除此之外，还利用了无线通信技术辅助定位（WiFi、蜂窝网络等）。

车辆的位姿有六个自由度，如图 3-14 所示，其中，位置和姿态分别有三个自由度。位置分别为 X 方向平移、Y 方向平移和 Z 方向平移，姿态为相当于 XYZ 三个坐标轴的旋转，分别为横滚角、俯仰角和航向角。

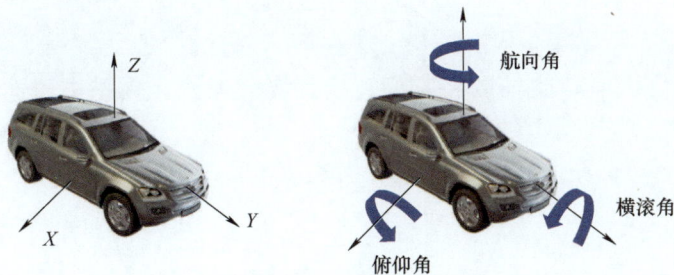

图 3-14 车辆位姿

1. 车辆坐标系

车辆坐标系也称为载体坐标系（b 系），其原点位于车辆质量中心，随车体一起转动，如图 3-15 所示。车辆坐标系与导航坐标系的旋转关系可表征为当前车辆的姿态信息。该坐标系一般定义为"R-F-U"坐标系，有的地方也定义为"F-L-U"坐标系，两者是对应关系。

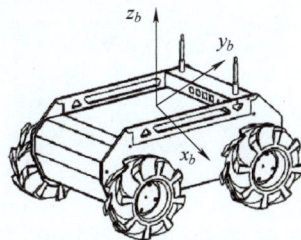

图 3-15 车辆坐标系

2. 导航坐标系

导航坐标系也称为地理坐标系（n 系），是导航解算使用的坐标系，如图 3-16 所示。该坐标系也称为 "E-N-U" 坐标系，有的地方也定义为 "N-E-D" 坐标系，两者是对应关系。导航坐标系与地心地固坐标系的旋转关系只与载体坐在经纬度有关，与其他变量无关。

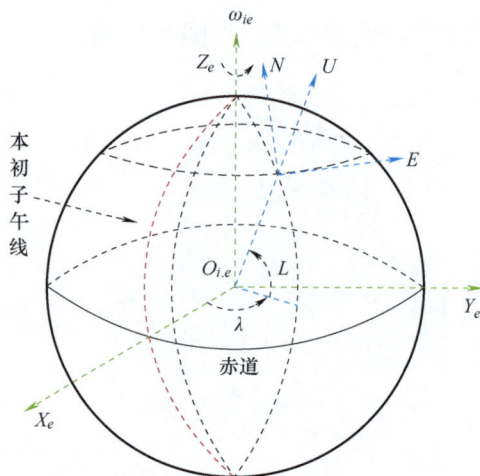

图 3-16 导航坐标系

3. 惯性坐标系

惯性坐标系也称为地心惯性坐标系（i 系），如图 3-17 所示，它是一个固定的坐标系，不会随着地球的自转而变化。地球表面附近的传感器，如 IMU 中的陀螺仪和加速度计的输出都可以认为是在该参考坐标系下的量测输出。

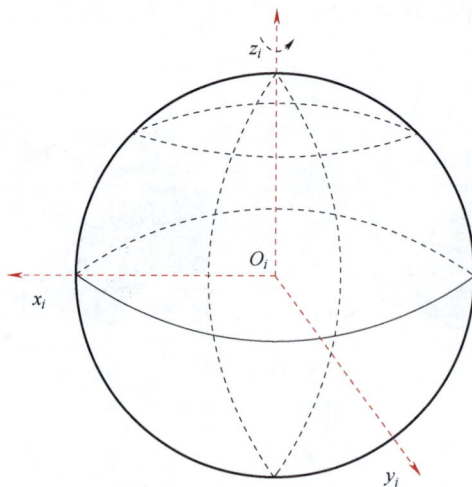

图 3-17 惯性坐标系

4. IMU 坐标系

IMU 坐标系坐标原点位于陀螺仪和加速度计的中心，如图 3-18 所示，XYZ 三个轴向平行于陀螺仪和加速度计的轴向。一般情况下，在惯性导航系统中，IMU 与车体固连，因此 IMU 坐标系也就是载体坐标系，安装误差角可以通过外参来消除。

5. 激光雷达坐标系

如图 3-19 所示，一般情况下，激光雷达坐标系（L 系）原点位于激光雷达脉冲发射点，由于激光雷达测量的数据是在 L 系下的坐标点，因此需要通过与惯性导航元件的外参将观测数据转换到全局坐标系。

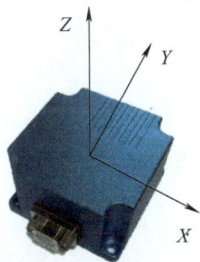

图 3-18　IMU 坐标系

图 3-19　激光雷达坐标系

【学习小结】

1. 卫星定位系统通过三角测量原理定位，其包含控制台、卫星和接收器三个主要组成部分。

2. 卫星定位系统通过 RTK 减小误差，将定位误差限定在 10cm 以内。

3. 卫星定位系统（GNSS）相比于惯性导航系统（INS）的优点为长期精度高、成本低，缺点为数据输出频率低、短期精度低、抗干扰性差。

4. GNSS+INS 两者结合可实现应用场景和定位精度的互补，GNSS 更新频率低（仅有10Hz，其延迟达 100ms），不足以支撑实时位置更新，IMU 的更新频率>100Hz（其延时<10ms），可弥补 GNSS 的实时性缺陷。

5. 地图匹配可以有效消除系统随机误差，校正传感器参数，弥补在城市高楼区、林荫区、立交桥、隧道中长时间 GNSS 定位失效而 INS 误差急剧增大的定位真空期。

6. 传感器的配准主要包括时间配准和空间配准两个方面。

7. 坐标系的耦合包括车辆坐标系、导航坐标系、惯性坐标系、IMU 坐标系和激光雷达坐标系。

【知识巩固】

一、填空题

1. 卫星定位系统通过_____原理定位。

2. 卫星导航系统简称_____。

3. 卫星导航系统包括_____、_____和_____三个主要部分。

4. 惯性导航定位系统简称_____ _____。

5. 惯性导航系统的短期精度比卫星导航系统_____。

6. 惯性导航系统的更新频率比卫星导航系统_____。

7. 惯性导航系统包含_____和_____两种传感器。

二、选择题

1. GNSS+INS 的含义是（　　）。

A. 卫星导航系统+惯性导航定位系统　　　　B. 激光雷达定位+惯性导航定位系统

C. 视觉定位系统+惯性导航定位系统　　　　D. 地图匹配定位+惯性导航定位系统

2. （　　）不是卫星定位系统的特点。

A. 短期精度低　　　　　　　　　　　　　B. 长期精度低

C. 更新频率低　　　　　　　　　　　　　D. 抗干扰性差

3. （　　）不是惯性导航系统的输出信息。

A. 位置　　　　　　　　　　　　　　　　B. 速度

C. 姿态　　　　　　　　　　　　　　　　D. 质量

4. 控制台、卫星、接收器是（　　）的主要组成部分。

A. GPS　　　　　　　　　　　　　　　　B. IMU

C. 高精度地图　　　　　　　　　　　　　D. 激光雷达

5. 传感器的配准主要包括时间配准和（　　）。

A. 通信配准　　　　　　　　　　　　　　B. 空间配准

C. 型号配准　　　　　　　　　　　　　　D. 以上都不是

6. 目前，自动驾驶常用的 IMU 包含光纤陀螺和（　　）。

A. 激光陀螺　　　　　　　　　　　　　　B. 微机电系统（MEMS）

C. 半球谐振陀螺　　　　　　　　　　　　D. 以上都不是

7. GNSS+RTK 在卫星信号良好时可提供（　　）定位。

A. 分米级　　　　　　　　　　　　　　　B. 米级

C. 厘米级　　　　　　　　　　　　　　　D. 毫米级

8. 下面（　　）惯性导航系统好于卫星定位系统。

A. 城市高速　　　　　　　　　　　　　　B. 信号基站旁

C. 地下停车场　　　　　　　　　　　　　D. 以上都不是

三、简答题

1. 简述卫星定位系统的原理与组成。

2. 简述卫星定位系统与惯性导航系统的优劣。

3. 简述多传感器定位的误差来源。

4. 惯性导航系统主要的模块有哪些？

5. 简述地图匹配定位误差的来源。

学习领域四

智能网联汽车路径规划与行为决策

在全球化的时代背景下，人工智能技术的发展和应用，不仅是科技创新的必然趋势，也是国家竞争力的重要标志。随着人工智能技术的兴起，以智能网联汽车为研究对象的运动路径规划问题越来越受到重视。而避障路径规划是智能网联汽车的关键部分，对智能网联汽车的研究具有重大意义。在智能网联汽车行驶过程中，准确地避开障碍物是智能车辆的基本要求。一个好的避障路径规划算法可以安全、实时地避开障碍物，且具有较高的乘坐舒适性，从而提高出行效率。如何安全、有效地规划行驶路线，是智能网联汽车需解决的最大的难题之一。路径规划之所以如此复杂，是因为其涵盖了自动驾驶的所有技术领域，从最基础的制动器，到感知周围环境的传感器，再到定位及预测模型等。

学习单元一 路径规划

【知识链接】

智能网联汽车路径规划是指在一定的环境模型基础上，给定智能网联汽车起始点和目标点后，按照性能指标规划出一条无碰撞、能安全到达目标点的有效路径。行为决策模块相当于无人驾驶系统的大脑，保障智能网联汽车的行车安全，同时也要理解和遵守交通规则。

一般来说，智能网联汽车的路径规划按照层级划分为全局路径规划和局部路径规划两种。全局路径规划很好理解，即根据起点和终点信息，生成一条导航路径，属于道路级别的规划。局部路径规划则是自车根据实时环境信息，生成具有局部行车及避让等功能的路径便于控制模块进行跟踪。图 4-1 展示了全局路径规划和局部路径规划之前的区别和联系。

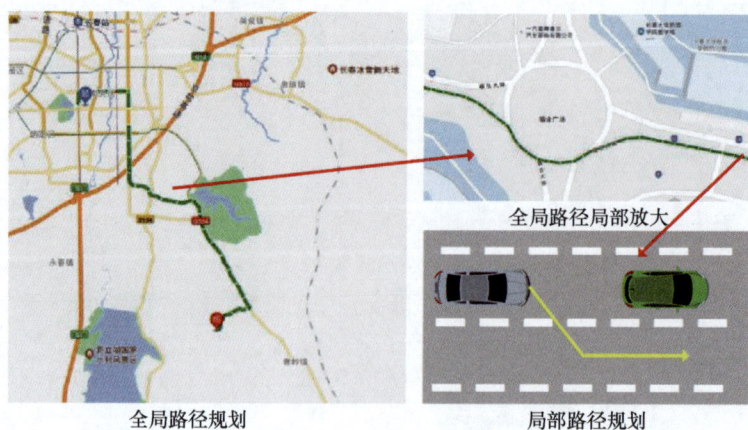

全局路径规划　　　　　　　　　局部路径规划

图 4-1　全局路径规划与局部路径规划

全局路径规划是在宏观上对道路信息进行规划，在规划过程中，不会对实时环境信息进行考虑，例如道路宽度、道路中心线曲率、动静态障碍物信息等，只是考虑道路标志信息、道路总长度、拥堵程度等。

局部路径规划根据车载传感设备及 V2X 获取车辆当前位置的实时环境信息，包括交通信号、自车位姿状态、动静态障碍物信息等，使用局部路径规划方法进行路径生成。

路径规划技术是汽车自动控制技术的重要组成部分，根据环境信息的已知程度，全局路径规划是对全局环境已知，并根据算法搜索出最优或接近最优的路径。而局部路径规划对环境局部未知或完全未知，通过传感器为自动驾驶提供有用的信息确定障碍物和目标点的位置，并规划起始点到目标点的最优化路径。

智能网联汽车路径规划问题可以分为两类：一类是基于环境先验信息的全局路径规划，主要方法有基于采样的算法、图搜索算法、智能仿生学算法；另一类是基于传感器信息的局部路径规划，常用的方法有栅格法、人工势场法、遗传算法、空间搜索法、层次法、动作行为法、Dijkstra 算法、Lee 算法、Floyd 算法等，如图 4-2 所示。全局、局部路径规划算法没有明显的区别，可以相互使用（图 4-3）。

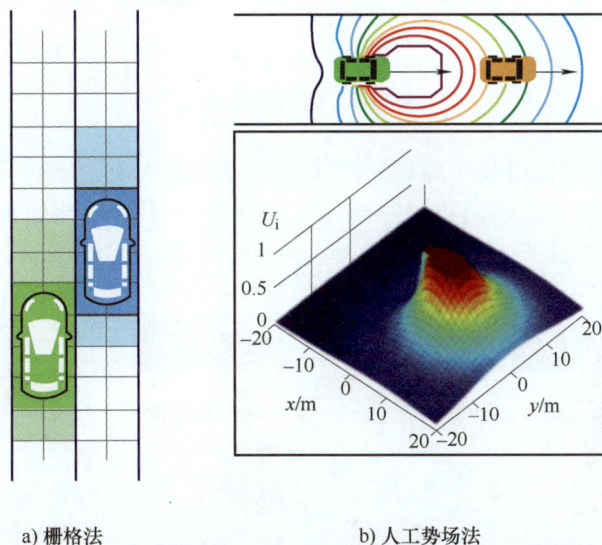

a) 栅格法　　　　　　　　　　　　　b) 人工势场法

图 4-2　常用的局部路径规划方法

图 4-3　路径规划算法

1. 基于采样的路径规划算法

基于采样的路径规划算法很早便开始用于车辆的路径规划中，比较常见的基于采样的规划算法有概率图算法（Probabilistic Road Map，PRM）和快速随机扩展树算法（Rapidly-exploring Random Tree，RRT）。

1）概率图算法是在规划空间内随机选取 N 个节点，之后连接各节点，并去除与障碍物接触的连线，由此得到一个可行路径。显然，当采样点太少，或者分布不合理时，概率图算法是不完备的，但可以增加采样点使该算法达到完备，所以概率图算法是概率完备但不是最优的，如图 4-4 所示。

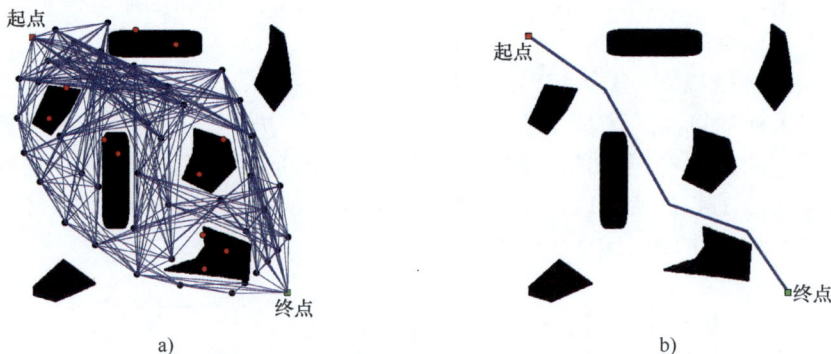

图 4-4　概率图算法

2）快速随机扩展树算法最初主要用于解决含有运动学约束的路径规划问题。由于快速随机扩展树算法在状态空间中采用随机采样确定扩展节点，不需要预处理，搜索速度快。因此这种算法作为一种快速搜索算法在路径规划问题中获得广泛应用，如图 4-5 所示。

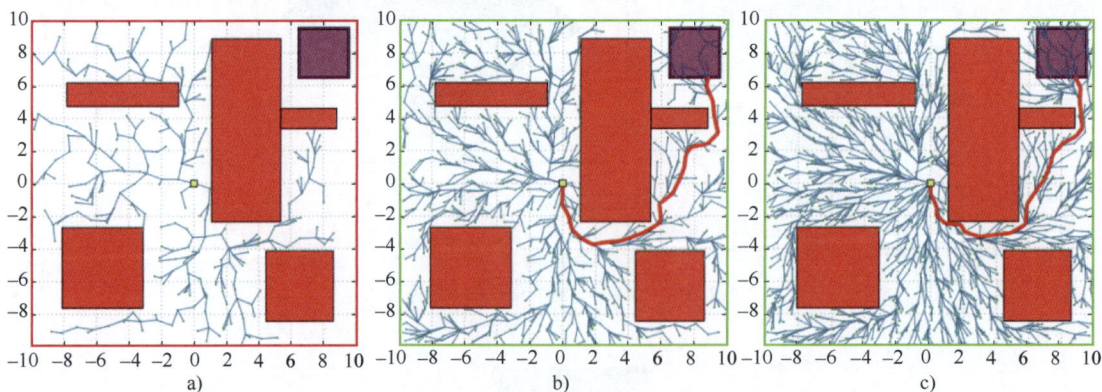

图 4-5　快速随机扩展树算法

2. 基于搜索的路径规划算法

基于搜索的路径规划算法通过搜索表示环境信息的环境地图来获得最终的路径，比较有代表性的算法有 Dijkstra 算法和 A * 算法。

1）Dijkstra 算法是典型的广度优先搜索算法。它是一个按路径长度递增的次序产生的最短路径的方法，是求解最短路径的经典算法之一，如图 4-6 所示。Dijkstra 算法是一种"贪心"算法，它在每一步都选择局部最优解，以产生一个最优解。这也会导致该算法的时间和复杂度较高，在图规模较大时，该算法的计算速度慢，很难满足路径规划实时性的要求。

2）A * 算法是经典的启发式搜索算法，它是由 Dijkstra 算法改进而来的。其最显著的特点就是在搜索过程中增加了启发函数，通过给定启发函数来减少搜索节点，从而提高路径搜索效率。研究表明，A＊算法搜索得到的路径能够同时满足实时性和最优性要求。

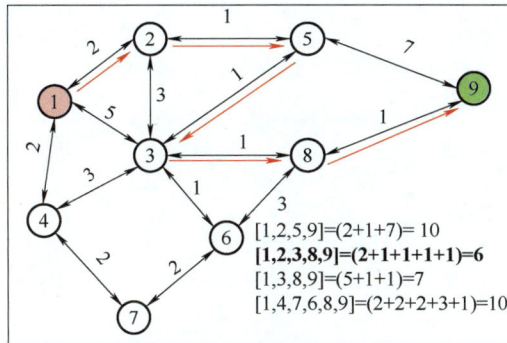

图4-6　Dijkstra算法

3. 智能仿生学算法

智能仿生学是源自于对自然界的研究，从自然的发展规律出发进行仿生学研究，发现了蚁群算法、神经网络算法、遗传算法等一系列算法。

1）蚁群算法（Ant Colony Algorithm，ACA）是对蚁群觅食行为的学习，蚂蚁在觅食时的路上会留下一定的信息，后到来的蚂蚁就会沿着这条含有信息的道路继续前进，再次留下自己的信息，逐渐地通向目的地的路径会成为含有信息量最高的路径，这个过程体现在算法中就是迭代的过程，如图4-7所示。由于蚁群算法是并行计算的，易于实现，得到广泛应用，但与此同时，也存在计算量大的问题，结果存在不是全局最优解的可能性。

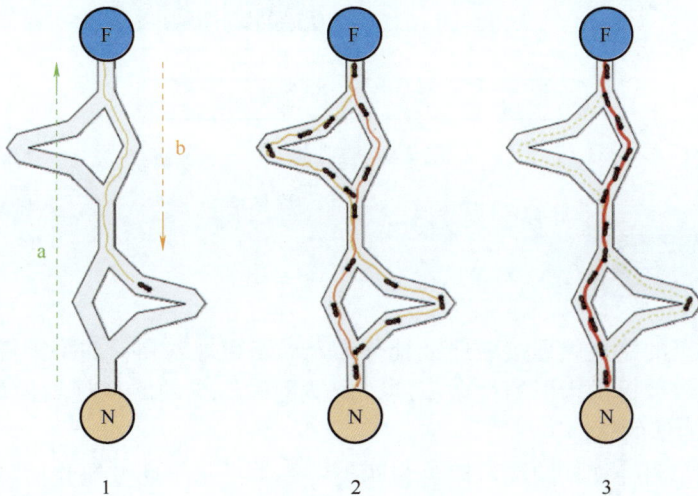

图4-7　蚁群算法

2）神经网络算法是对动物神经网络行为的学习，类似于动物的学习过程。但由于路径规划环境并不是有限场景的学习过程，有多种未知的复杂场景，很难用数学公式进行描述，神经网络的学习能力没有办法得以发挥，研究方向逐渐转向了神经网络与其他算法相互结合，利用神经网络的学习能力，对其他算法进行优化，如图4-8所示。

3）遗传算法（Genetic Algorithms，GA）是对自然界生物优胜劣汰的进化过程的学习。以基因遗传学为基础，不断迭代和剪枝，向效果更好的方向靠拢，如图 4-9 所示。遗传算法同神经网络算法一样需要与其他算法配合使用，缺点在于效率较低，但其改进算法也是目前研究的热点。

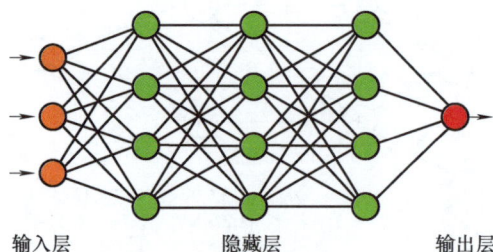

输入层　　　　　　隐藏层　　　　　输出层

图 4-8　神经网络算法

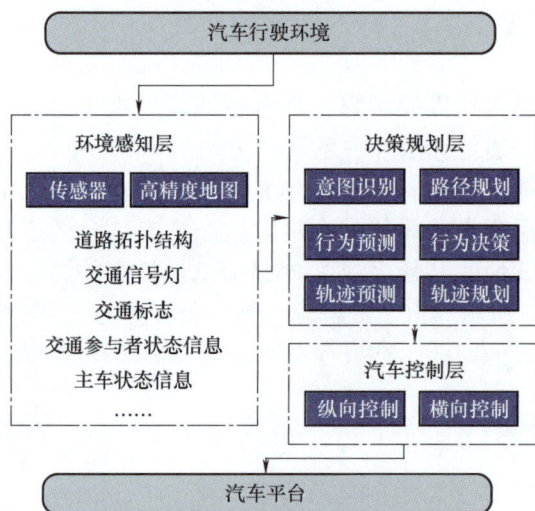

图 4-9　遗传算法

【学习小结】

1. 智能网联汽车的路径规划按照层级划分为全局路径规划和局部路径规划两种。

2. 与普通导航单纯提供指引的性质不同，智能网联汽车的路径规划模块需要提供能够引导车辆正确驶向目的地的轨迹。

3. 智能网联汽车路径规划问题可以分为两类：一类是基于环境先验信息的全局路径规划，主要方法有基于采样的算法、图搜索算法、智能仿生学算法；另一类是基于传感器信息的局部路径规划，常用的方法有栅格法、人工势场法、遗传算法、空间搜索法、层次法、动作行为法、Dijkstra 算法、Lee 算法、Floyd 算法等。

4. 基于采样的路径规划算法很早便开始用于车辆的路径规划中，比较常见的基于采样的规划算法有概率图算法（Probabilistic Road Map，PRM）和快速随机扩展树算法（Rapidly exploring Random Tree，RRT）。

5. 基于搜索的路径规划算法通过搜索表示环境信息的环境地图来获得最终的路径，比较有代表性的算法有 Dijkstra 算法和 A∗ 算法。

6. 智能仿生学是源自于对自然界的研究，从自然的发展规律出发进行仿生学研究，发现了蚁群算法、神经网络算法、遗传算法等一系列算法。

【知识巩固】

一、填空题

1. 全局路径规划根据起点和终点信息，生成一条导航路径，属于_____级别的规划。

2. 全局路径规划是在_____观上对道路信息进行规划。

3. 全局路径规划是对全局环境_____知，并根据算法搜索出最优或接近最优的路径。

4. 基于搜索的路径规划算法通过搜索表示环境信息的环境地图来获得最终的路径，比较有代表性的算法有 Dijkstra 算法和_____算法。

5. 智能仿生学是源自于对自然界的研究，从自然的发展规律出发进行仿生学研究，发现了蚁群算法、_____算法、遗传算法等一系列算法。

6. 行人轨迹预测属于_____动安全技术。

二、选择题

1. 全局路径规划是对全局环境（　　　），局部路径规划是对全局环境（　　　）。

A. 已知，未知　　　　　　　　　　　B. 已知，已知

C. 未知，已知　　　　　　　　　　　D. 未知，未知

2. 局部路径规划通过传感器为自动驾驶提供有用的信息确定障碍物和目标点的位置，并规划起始点到目标点的（　　　）路径。

A. 最优　　　　　　　　　　　　　　B. 次优

C. 随机　　　　　　　　　　　　　　D. 以上都不是

3. 下列哪一项不属于智能仿生学算法（　　　）。

A. A∗　　　　　　　　　　　　　　　B. 神经网络

C. 蚁群算法　　　　　　　　　　　　D. 以上都不是

4. 全局路径规划是对（　　　）环境已知并根据算法搜索出最优或接近最优的路径。

A. 全局　　　　　　　　　　　　　　B. 局部

C. 未知　　　　　　　　　　　　　　D. 随机

5. 局部路径规划通过（　　　）为自动驾驶提供有用的信息，以确定障碍物和目标点的位置。

A. 传感器　　　　　　　　　　　　　B. 环境地图

C. GPS　　　　　　　　　　　　　　D. 摄像头

6. 下列（　　　）属于基于采样的路径规划算法。

A. A∗算法　　　　　　　　　　　　　B. Dijkstra 算法

C. PRM 算法　　　　　　　　　　　　D. ACA 算法

7. 下列（　　　）是由 Dijkstra 算法改进而来的启发式搜索算法。

A. ACA 算法　　　　　　　　　　　　B. RRT 算法

C. A＊算法   D. PRM 算法

三、简答题

1. 简述路径规划的分类。
2. 简述全局路径规划与局部路径规划的区别。
3. 简述路径规划算法种类。
4. 简述基于采样的路径规划算法的代表算法有哪些。
5. 简述基于智能仿生学算法的代表算法有哪些。

学习单元二　行　为　决　策

【知识链接】

行为决策模块相当于无人驾驶系统的大脑，保障智能网联汽车的行车安全，同时也要理解和遵守交通规则。

一、智能网联汽车轨迹预测

在自动驾驶中，轨迹预测一般位于感知模块的后端、规化控制模块的前端，为承上启下的模块，如图 4-9 和图 4-10 所示。输入为感知模块提供的目标轨迹的状态信息和道路结构信息，综合考量高精度地图信息、目标之间的交互信息，环境的语义信息及目标的意图信息，对感知到的各类目标做出意图预测（cut in/out、直行）以及未来一段时间的轨迹预测（0～5s 不等）。ADAS 需要对周围环境信息有一定认知能力，最基本的水平是要识别环境，再上一层需要理解环境，而再上一层需要对环境进行预测。在对目标进行预测后，规化控制模块便可根据预测信息进行自车的路径规划，并做出决策对可能出现的危险情况进行制动或发出告警，这便是轨迹预测模块存在的意义。

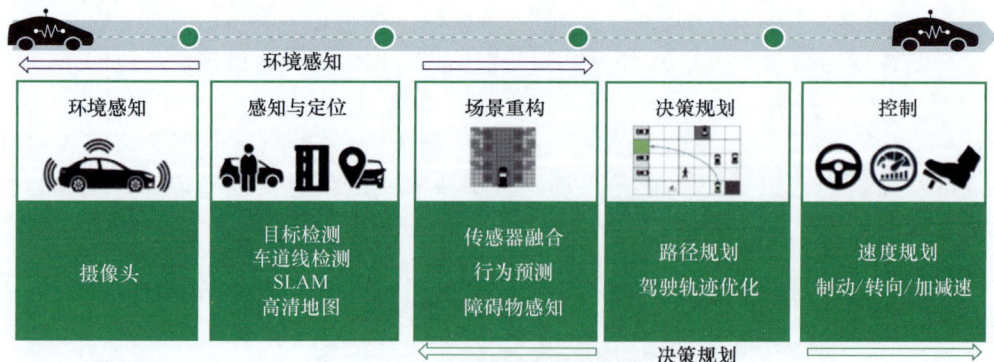

图 4-10　智能网联汽车技术流程图

优秀的行为预测能力对于智能网联汽车来说十分重要，它是连接感知模块与决策控制模块的桥梁，失去这一前提，再完美的感知、决策在实际应用中都不可能是安全和高效的。优秀的行为预测能力能通过周围环境障碍物的历史运动，预测出障碍物未来可能的行为，如行人预测和车辆行为预测等。提升智能网联汽车的预测能力，将大大提升智能网联汽车在交通路网上行驶的安全性与高效性，同时对于减少交通事故的发生、提升交通智能化水平具有重要的意义。

1. 行人轨迹预测

行人作为现代交通的易受伤害道路使用群体，车辆前部碰撞行人头部又往往是造成行人死亡的主要原因。在较为复杂的道路交通环境中，怎样减少交通事故并且确保行人的生命安全是当下智能网联汽车的重要课题。

最初的被动安全技术主要是应用在事故已不可避免发生时，尽可能地减少乘客所受到的伤害，并不能从源头上根除事故的发生。主动安全技术主要是指利用计算机视觉、机器视觉等技术判断得出目前驾驶人处于高危状况，避免事故发生车辆所采取的对应措施。ADAS 作为主动安全技术中的一项主要技术，可实现对车前物体信息获取，对车辆前方的行人能够实时检测并且可以对驾驶人进行危险信息预警，在驾驶人未曾做出反应的危急时刻甚至可以辅助车辆完成自动紧急制动，有效规避了因驾驶人分神而引起的人车之间的碰撞，减少了交通事故的发生，保护了行人，如图 4-11 所示。

图 4-11　行人轨迹预测

造成行人轨迹预测不准确的难点主要包括以下两个方面：

（1）行人运动方式灵活多变，预测其轨迹难度较大　在现实中，相对于自行车、汽车等运动学模型，行人运动更加灵活，例如正在加速奔跑的行人可能会突然停止下来或者突然掉头再跑等行为，因此很难对行人建立合理的动力学模型，进而增加了行人轨迹预测的难度。

（2）行人之间的交互关系复杂且抽象，很难精确地进行建模　行人轨迹往往不仅由行人本身的意图决定，很多时候也受周围行人的影响。在实际场景中，某一行人未来的运动不仅受自己意图支配，同样也受周围行人的影响。这种交互关系在算法中往往很难精确地建模出来。目前，大部分算法都是用相对空间关系来进行建模的，例如相对位置、相对朝向、相对速度大小等。

2. 车辆轨迹预测

当驾驶行为意图产生后，无论是直行还是换道，车辆会进入车辆行为的执行阶段，会产生一段未来轨迹。而在实时的交通流中，能够精确地预测出车辆的未来轨迹，对于提高车辆行为预先评估及规划系统的安全性和高效性具有重要意义，其主要内涵为，通过一段历史的轨迹，通过理论或者模型学习其内在规律，预测出未来一定时长车辆轨迹，如图 4-12 所示。轨迹预测是一个极为复杂的问题，预测方法可分为基于数理模型和基于深度学习，如图 4-13 所示。

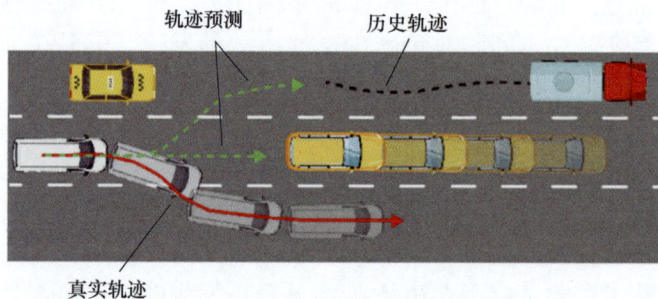

图 4-12　车辆轨迹预测

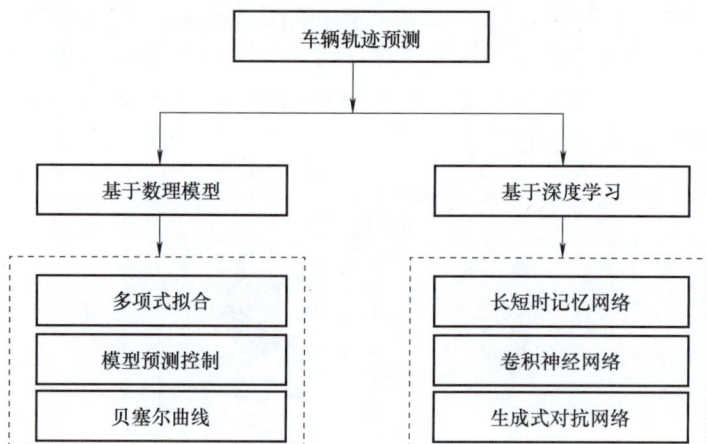

图 4-13　轨迹预测模型

二、汽车行为决策理论

行为决策理论是一个多学科交叉的研究领域，其主要内容就是以决策者的决策行为作为出发点，研究决策者的认知过程，揭示决策者的判断和选择的原理解释，而非对决策对错的评价；从认知原理学的角度，研究决策者做决策过程中的信息处理机制及其所受的内外部环境影响。简单说来，行为决策理论是探讨"人们实际是怎样进行决策的"及"为什么会这样决策"的理论。

行为决策算法制订安全的行驶策略供下层模块使用并生成安全可行轨迹。在复杂和高度动态化的交通环境中，智能网联汽车需要考虑交通规则、周围交通参与者和道路状况，以做出安全可靠的决策。针对这种高复杂度的动态环境，部分可观测马尔可夫决策过程（POMDP）提供一个理想、严格的模型处理交互性和不确定性，因此适合自动驾驶的决策。研究人员对其建模进行求解，求解算法主要包括基于规则的决策算法、基于监督学习的决策算法和基于强化学习的决策算法。

无人驾驶行为决策技术需要在环境感知技术的基础上，结合自身任务需求等合理决策出当前车辆的行为。无人驾驶行为决策方法目前主要分为基于规则的决策方法、基于监督学习的决策方法和基于强化学习的决策方法。

1. 基于规则的决策方法

自动驾驶是一种复杂的系统，需要决策算法来实现其实时控制。基于规则的决策方法是较为常用的方法，即根据道路环境特征将实际路面分为若干行驶场景，然后基于交通法规、经验等建立行为规则库，依据规则逻辑确定不同场景下智能网联汽车的行为，如图 4-14 所示。这种算法透明可预测，易于扩展和优化。然而，它缺乏灵活性，只能处理已经预定义好的情况，难以处理异常情况。增加规则在某种程度上会增加复杂性，维护成本相对较高。这些规则往往无法自我学习和优化，需要手动进行调整和修改等。同时，基于规则的智能网联汽车行为是确定的，但在某些突发状况下违反行车规则的行为可能是较好的选择。随着人工智能技术的发展以及深度学习技术等的广泛应用，也有研究者将学习算法应用于无人驾驶决策。将基于规则的决策算法与其他算法结合，可以提高系统的性能和鲁棒性，从而实现更加安全、高效和智能的自动驾驶系统。

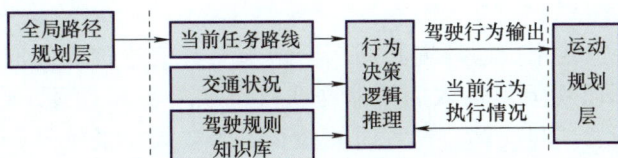

图 4-14　基于规则的驾驶行为决策

2. 基于监督学习的决策方法

随着人工智能和机器学习的快速发展，模仿学习针对已有专家数据对智能体进行训练，能够使其具备更多的智慧属性，应对基于规则的传统算法在行为决策层的巨大挑战。人类驾驶的演示数据容易被大规模收集，模仿学习使用收集到的数据训练模型，该模型可以通过感知输入直接生成控制车辆运动的命令。

基于监督学习的自动驾驶决策算法利用历史数据训练模型，能够自动做出决策。在训练数据足够丰富时，可以获得很高的准确性。随着不断收集和整理的数据量的增加，可以不断优化和扩展该模型，使其逐渐适应更广泛的场景和情况。然而，基于监督学习的算法需要大量标注数据以训练模型，数据的质量和数量对模型性能有重要影响，对数据的依赖性太强。如果模型过于复杂或训练数据不够多样化，容易导致模型过拟合，对新数据的泛化能力较差。相反，当模型面对没有见过的情况时，决策能力也会受到影响。

3. 基于强化学习的决策方法

随着强化学习的兴起，智能体的自主学习能力能够较好地应对不同路况而做出最适合的安全决策，并具备强大的智能性和普适性。

传统强化学习本身的设计没有过多考虑安全性问题，因此学者们引入安全强化学习（Safe Reinforcement Learning）的概念。安全强化学习定义为：智能体在部署或者学习过程中，考虑其本身和周围环境的损坏指标、安全状态的概率以及在与环境交互中得到的损失反馈等不等式约束，最大化目标函数，求解满足安全约束的最优策略。

安全强化学习一般通过 CMDP（Constrained Markov Decision Process）建模，使用七元组图片表示，即状态、动作、状态转移概率、奖励、代价、代价阈值和折扣因子。CMDP 结构如图 4-15 所示。

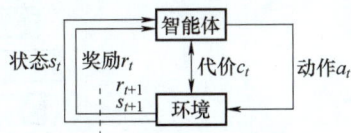

图 4-15　CMDP 结构

CMDP 是对智能体施加额外约束的马尔科夫决策过程（Markov Decision Process，MDP），目标是使智能体不仅通过长远奖励得到最优策略，同时确保环境状态的一些指标符合约束。例如在交通管理中，在满足车辆平均延迟和特定路段的车辆通行类型的限制下，智能体最大化车流量。CMDP 通过最优化满足安全下的奖励目标函数，可较好地平衡奖励和安全约束。因此，安全强化学习适用于自动驾驶系统，在保证一定安全性的同时，可求解特定驾驶任务中的最优策略。

尽管强化学习类方法发展十分迅猛，但其仍有不足之处。

首先，端到端决策模型主要是使用单个网络充当传统自动驾驶系统中的多个模块，输出连续性的低维控制命令，如转向盘转角和节气门、踏板等，其状态空间的庞大性和动作空间的连续性，往往需要更多的优秀动作序列以训练模型，大幅降低学习速率。此外，使用单个网络充当整个自动驾驶系统，较难捕捉作为中间规划者的行为决策，很有可能使网络学会有限的战术决策，如路径跟踪。

其次，强化学习一般使用交通环境和周围交通参与者信息构成的向量作为输入，尽量避开高维视觉输入，但不以视觉为输入的智能网联汽车缺乏实际意义，难以真正地自动驾驶。而且，智能体需要不断尝试和反馈，训练时间较长，需要大量的计算资源和时间。同时，学习过程不可解释，无法直观理解模型的决策过程。另外，不同的初始策略可能导致不同的学习结果。因此，安全强化学习还有很大的提升空间。

三、决策规划模块

1. 决策规划简述

自动驾驶系统作为一个涉及软硬件交互的复杂系统，如图 4-16 所示，需要通过计算硬件、传感器集成、感知、交通预测、运动规划与控制等不同的模块相互合作来保证无人驾驶的安全性和可靠性。其中的车辆规划与控制框架中包含了一种中间状态的预测与路径规划模块，该模块主要负责对感知模块检测到的周围环境车辆及自身车辆的未来行为进行预测，其输出的预测轨迹是下层的规划与控制模块的输入，此时的路径规划模块是指基于高精度地图道路划分的道路级别路径规划，这一规划的结果给出了到达终点所要经过的一系列道路在高精度地图上的位置。所以路径规划的基础是对自身车辆当前位置的准确定位，这就不得不依赖于自动驾驶中一个重要的定位元素——高精度地图。由于需要考虑到智能网联汽车会承担对于环境变化因素的影响，所以一般的规划、交通预测、行为预测、运动规划和反馈控制则带有更多的主观色彩。其中，不同研发者的预测规划算法设计会对结果产生不同的影响。

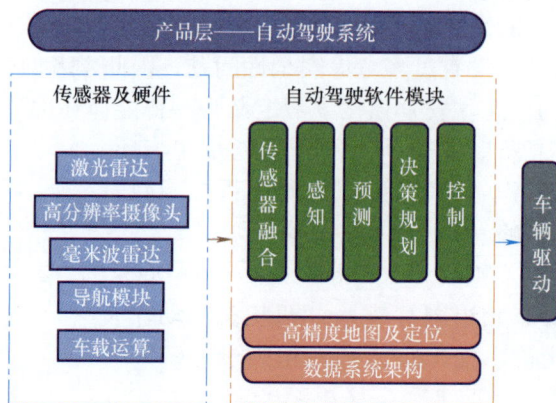

图 4-16 自动驾驶系统概览

　　决策规划模块的输入信息有地图（路网），导航路线（全局规划），障碍物及其预测行为，交通信号灯状态，定位、车辆状态等。输出信息为汽车的未来运动轨迹，即位置关于时间的函数。决策的内容包含抢行还是让行、是否要冲黄灯、在哪两辆车之间变道或并线、是否要主动变道、是从左还是右绕行前方障碍物等。

2. 决策规划的挑战

与上下游模块的耦合如下：

　　1）与上游模块的耦合——感知。感知并不是非黑即白的，现实中往往有诸多干扰因素，如红绿灯被遮挡、盲区（包括追踪丢失）、时滞与平滑的权衡、语义理解等。

　　2）与上游模块的耦合——预测。预测与决策规划的本质问题是类似的，即在给定周围环境的情况下，决策规划解决自车怎么开的问题，预测解决其他车怎么开的问题。

　　3）与下游模块的耦合——控制。规划和控制模块之间的接口解决汽车未来运动的轨迹。规划的要求：轨迹应当是可实现的；控制的目标：应当以尽可能小的误差跟随轨迹。

【学习小结】

　　1. 行为决策模块相当于无人驾驶系统的大脑，保障智能网联汽车的行车安全，同时也要理解和遵守交通规则。

　　2. 无人驾驶行为决策方法目前主要分为基于规则的决策方法、基于监督学习的决策方法和基于强化学习的决策方法。

　　3. 主动安全技术主要是指利用计算机视觉、机器视觉等技术判断得出目前驾驶人处于高危状况，避免事故发生车辆所采取的对应措施。

　　4. 汽车在进行决策时，会从环境感知模块获取环境信息，然后根据这些信息对环境的动态障碍物进行行为预测。

　　5. 优秀的行为预测能力对于智能网联汽车来说十分重要，它是连接感知模块与决策控制模块的桥梁。

　　6. 自动驾驶系统作为一个涉及软硬件交互的复杂系统，需要通过计算硬件、传感器集成、感知、交通预测、运动规划与控制等不同的模块相互合作来保证无人驾驶的安全性和可靠性。

【知识巩固】

一、填空题

　　1. 行人轨迹预测属于_____动安全技术。

　　2. 在自动驾驶中，轨迹预测一般位于感知模块的_____端，规化控制模块的_____端。

　　3. 优秀的行为预测能力能通过周围环境障碍物的历史运动，预测出障碍物未来可能的行为，如_____预测、_____行为预测等。

　　4. ADAS需要对周围环境信息有一定认知能力，最基本的水平是要_____环境，再上一层需要_____环境，而再上一层需要对环境进行预测。

　　5. _____动安全技术主要是指利用计算机视觉、机器视觉等技术判断得出目前驾驶人处于高危状况，避免事故发生车辆所采取的对应措施。

6. 根据调研，轨迹预测是一个极为复杂的问题，预测方法可分为基于_____模型和基于深度学习。

二、选择题

1. 以下（　　）是连接感知模块与决策控制模块的桥梁。

A. 行人轨迹预测模块　　　　　　　　B. 车辆轨迹预测模块

C. 行为决策模块　　　　　　　　　　D. 环境感知模块

2. 车辆轨迹预测的意义主要体现在（　　）方面。

A. 提高车辆行为预先评估及规划系统的安全性和高效性

B. 减少交通事故的发生

C. 保障行人的生命安全

D. A 和 B

3. 以下（　　）因素是导致行人轨迹预测不准确的难点之一。

A. 行人的运动方式缺乏灵活性

B. 行人运动方式灵活多变

C. 行人之间的交互关系简单明了

D. 行人的运动方式容易被建模

4. 行为预测属于汽车的（　　）。

A. 环境感知层　　　　　　　　　　　B. 决策规划层

C. 控制层　　　　　　　　　　　　　D. 以上都不是

5. 决策的内容包含（　　）。

A. 抢行还是让行　　　　　　　　　　B. 是否要冲黄灯

C. 在哪两辆车之间变道或并线　　　　D. 以上都是

6. 决策规划模块的输入信息有（　　）。

A. 地图（路网）　　　　　　　　　　B. 导航路线（全局规划）

C. 障碍物及其预测行为　　　　　　　D. 以上都是

7. 自动驾驶系统作为一个涉及软硬件（　　）的复杂系统。

A. 独立　　　　　　　　　　　　　　B. 交互

C. 无关　　　　　　　　　　　　　　D. 以上都不是

三、简答题

1. 简述行人轨迹预测的难点。

2. 简述哪种算法需要大量标注数据以训练模型。

3. 简述行为决策方法是较为常用的方法。

4. 简述决策规划算法在自动驾驶系统中的位置。

5. 简述决策规划的主要内容。

学习领域五

汽车通信技术

在创新驱动发展的战略指导下，智能网联汽车是展示国家科技实力、引领产业变革的重要窗口。智能网联汽车的通信系统是实现智能交通系统的关键技术，它保证了汽车各模块、汽车和其他物体之间信息交流的高动态、低延时的传递。根据通信所覆盖的范围，通信系统可以分为车内通信、车际通信和广域通信。车内通信主要包括蓝牙、WiFi、以太网通信、局部互联协议（LIN）、CAN通信、高速容错网络协议（FlexRay）等，主要实现人机交互和对车辆的控制。车际通信主要存在专用短程通信技术（DSRC）和长期演进技术（LTE-V）两种，前者技术较为成熟，后者主要面向智能交通和车联网的应用。广域通信则利用现有的移动互联网技术，实现车辆和周边环境、控制中心以及云端等大范围的通信，获取实时路况、道路信息和行人信息等一系列交通信息，使智能网联汽车做出更好的驾驶决策。通过车联网，可以像观察周围环境一样，通过在线聊天设备获取更丰富的信息，例如导航想要去的地方、路况、道路信息和行人信息等，突破自身局限，在超出人的能力范围下更好地了解周围环境。

在当前国际形势下，发展智能网联汽车通信技术不仅是科技创新的需要，也是国家战略的需要。智能网联汽车通信技术涉及国家信息安全、交通安全、节能减排等重要领域，对于提升国家综合实力和国际竞争力具有重要意义。

学习单元一 车内通信网络

【知识链接】

随着汽车技术的不断发展，汽车上采用的处理器数量越来越多，多个处理器之间相互连接、协调工作并共享信息构成了汽车车载计算机网络系统，简称车内通信网络，也叫作车载网络。车载网络运用多路传输技术，采用多条不同速率的总线分别连接不同类型的节点，并使用网关服务器来实现整车的信息共享和网络管理。

一、车载网络的分类

美国汽车工程师学会（SAE）提出将车载网络划分为五种类型，分别为A类低速网络、B类中速总线、C类高速网络、D类多媒体网络和E类安全应用网络，见表5-1。不同类型的车载网络需要通过网关进行信号的解析交换，使不同的网络类型能够相互协调，保证车辆各系统正常运转。

表5-1 车载网络分类

类别	类型	传输速率/（bit/s）	电缆类型
A类	LIN	19.2k	双绞线
B类	CAN	500k	单线
C类	FlexRay	10M	两根或四根
D类	MOST	24.8M	光纤
E类	Ethernet	100M	一对或多对双绞线

1. A 类网络

A 类网络是应用在控制模块与智能传感器或智能执行器之间的通信网络（子总线），例如，在大众迈腾轿车上面就运用了几个 A 类网络，用来控制智能刮水器和自动空调等系统，其特点是低传输位速率、低成本。目前，还在应用的主要是 LIN 协议、TTP/A 协议和丰田专用 BEAN 协议等。

2. B 类总线

从目前来看，主要应用的 B 类总线标准有低速 CAN、J1850 和 VAN 三种。低速 CAN 是 B 类总线的国际标准，以往广泛适用于美国车型的 J1850 正逐步被基于 CAN 总线的标准和协议所取代。

3. C 类网络

由于高速总线系统主要用于与汽车安全相关，以及实时性要求比较高的地方，如动力系统等，所以其有高传输速率，通常在 125k ~ Mbit/s 范围内，支持实时的周期性的参数传输，高速网络主要用于动力控制系统和电子制动系统等。CAN 协议仍为 C 类网络协议的主流，但随着汽车中引进 X-by-Wire 系统，FlexRay 将显示出优势。

FlexRay 应用于 X-by-Wire 系统，X-by-Wire 最初是用在飞机控制系统中，称为电传控制，现在已经在飞机控制中得到广泛应用。由于目前对汽车容错能力和通信系统高可靠性的需求日益增长，X-by-Wire 系统开始应用于汽车电子控制领域。X-by-Wire 技术将使传统的汽车机械系统（如制动和驾驶系统）变成通过高速容错通信总线与高性能 CPU 相连的电气系统。

4. D 类网络

汽车信息娱乐和远程信息设备，特别是汽车导航系统，需要功能强大的操作系统和连接能力。汽车多媒体网络和协议分为三种类型，分别是低速、高速和无线，对应 SAE 的分类相应为 IDB-C、IDB-M 和 IDB-W，其传输速率为 250k ~ 100Mbit/s。低速用于远程通信、诊断及通用信息传送，IDB-C 按 CAN 总线的格式以 250kbit/s 的位速率进行信息传送。由于其低成本的特性，早期的汽车多媒体网络多采用该模式，但一般不传输媒体信息，主要完成操作指令的传输。高速主要用于实时的音频和视频通信，如 MP3、DVD 和 CD 等的播放，所使用的传输介质是光纤，这一类里主要有 D2B、MOST 和 IEEE1394。

5. E 类网络

安全总线主要用于安全气囊系统，以连接安全气囊控制单元、加速度计、安全传感器等装置，为被动安全提供最佳保障。

典型的安全总线标准如宝马公司的 Byteflight。Byteflight 协议是由宝马、摩托罗拉、Elmos 和英飞凌等公司共同开发的，试图用于安全保障系统。此协议基于灵活的时分多路 TDMA 协议，以 10Mbit/s 的速率传送数据，光纤可长达 43m。其结构能够保证以一段固定的等待时间专门用于来自安全元件的高优先级信息，而允许低优先级信息使用其余的时段。这种决定性的措施对安全是至关重要的。

二、CAN 总线

1. CAN 系统的概述

随着汽车新技术的飞速发展，车辆动力、安全和舒适系统的不断完善，用于车辆中的电气设备越来越多。许多汽车上都采用了 CAN 数据总线传输技术，使车上的各个控制单元都能进行数据交流，形成车载网络系统。

一辆汽车不管有多少块电子控制单元，不管信息容量有多大，每块电子控制单元都只需引出两条线共同接在两个节点上，这两条导线就称作数据总线，也称为 BUS 线。整个网络则称为 CAN，CAN 是 Controller Area Network（控制器局域网络）的缩写。

CAN 数据传输系统的优点如下：

1）将传感器信号线减至最少，使更多的传感器信号进行高速数据传递。

2）电子控制单元和电子控制单元插脚最小化应用，节省电子控制单元的有限空间。

3）如果系统需要增加新的功能，仅需软件升级即可。

4）各电子控制单元的监测对所连接的 CAN 总线进行实时监测，如出现故障，该电子控制单元会储存故障码，如图 5-1 所示。

5）CAN 数据总线符合国际标准，以便于一辆车上不同厂家的电子控制单元间进行数据交换。

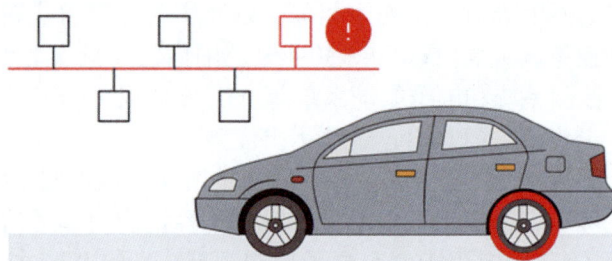

图 5-1　CAN 总线故障监控

2. CAN 系统的数据传输

为避免通信信号被干扰，CAN-H 和 CAN-L 线相互缠绕在一起，构成一个封闭的数据传输通道。如图 5-2 所示，CAN-BUS 两条线上的电位是相反的，如果一条线的电压是 5V，另一条线就是 0，两条线的电压和总等于常值。通过该种力法，CAN 总线得到保护而免受外界电磁场干扰，同时 CAN 总线向外辐射也保持中性，即无辐射。

图 5-2　CAN-BUS 线缆

CAN 数据总线中的数据传递就像一个电话会议一个电话用户（控制单元）将数据"讲入"网络中，其他用户通过网络"接听"这个数据。对这个数据感兴趣的用户就会利用数据，而其他用户选择忽略。在数据传输的终端，布置一个电阻器的作用是避免数据传输终了反射回来，产生反射波而使数据遭到破坏。

3. CAN 系统的网关

网关相当于翻译转换器。由于不同系统 CAN 总线的数据传输速率不同（动力 CAN500kbit/s，舒适 CAN100kbit/s），为了实现不同系统的数据交换，以及车辆与诊断仪器（自诊断 K 线的读取速率分别为 9600/10400bps）的自诊断通信，需要网关（Gate-way）系统进行数据转换。

三、LIN 总线

LIN（Local Interconnect Network）是面向汽车低端分布式应用的低成本（0.5 美元）、低速串行通信总线。它的目标是为现有汽车网络提供辅助功能，在不需要 CAN 总线的带宽和多功能的场合使用，降低成本。

LIN 是由摩托罗拉与奥迪（Audi）等知名企业联手推出的一种新型低成本的开放式串行通信协议，主要用于车内分布式电控系统，尤其是面向智能传感器或执行器的数字化通信场合，主要应用于电动门窗、座椅调节和灯光照明等控制。

LIN 网络在汽车中一般不独立存在，通常会与上层 CAN 网络相连，形成 CAN-LIN 网关节点，如图 5-3 和图 5-4 所示。LIN 总线拓扑为单线总线，应用于一主多从。总线电平为 12V，速率最高为 20kbit/s。由于物理层限制，一个 LIN 网络最多可连接 16 个节点，通常不超过 12 个，主节点有且仅有一个。主节点包含主机任务和从机任务，从节点只包含从机任务。所有节点都包含一个被分解为发送和接收任务的从属通信任务，而主节点还包含一个附加的发送任务。在实时 LIN 中，通信总是由主节点任务发起的。

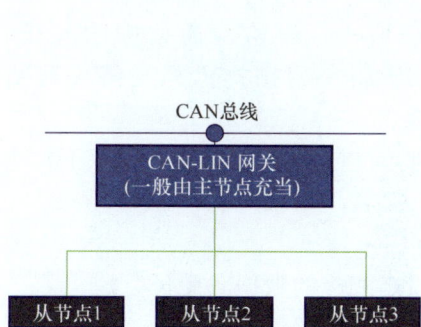

图 5-3　CAN-LIN 总线

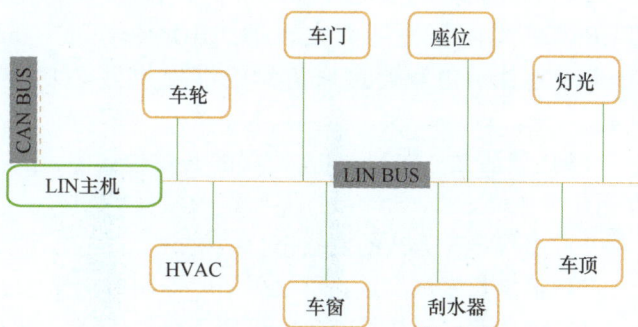

图 5-4　LIN 总线

典型的 LIN 网络的节点数可以达到 12 个。以门窗控制为例，在车门上有门锁、车窗玻璃开关、车窗升降电机、操作按钮等，只需要 1 个 LIN 网络就可以把它们连为一体。而通过 CAN 网关，LIN 网络还可以和汽车其他系统进行信息交换，实现更丰富的功能。目前，LIN 已经成为国际标准，被大多数汽车制造商和零部件生产商所接受。

LIN 相对于 CAN 的成本节省主要是由于采用单线传输、硅片中硬件或软件的低实现成本和无须在从节点中使用石英或陶瓷谐振器。这些优点是以较低的带宽和受局限的单宿主总线访问方法为代价的。

LIN 总线的特点如下：

1) 网络由一个主节点与若干个从节点构成。

2) 可以大幅度削减成本。

3) 传输具有确定性，传播时间可以提前计算。

4) LIN 具有可预测的 EMC（电磁兼容性）性能，为了限制 EMC 的强度，LIN 协议规定最大传输速率为 20kbit/s。

5) LIN 总线提供信号的配置、处理、识别和诊断功能。

四、FlexRay

随着汽车电子技术的不断发展和系统的集成化，不用传统的机械传递控制信号，而是通过电子手段来驾驶汽车，这一电子手段即 X-By-Wire（X 代表汽车中的各个系统，By-Wire 可称为电子线控）、如线控转向（Steering-By-Wire）、线控制动（Brake-By-Wire），线控技术主要应用在主动安全等关键系统中，这些场合都对信息的实时性和安全性有很高的要求。

FlexRay 提供了传统车内通信协议不具备的特性，包括：

(1) 高传输速率 FlexRay 支持双通道，每个信道具有 10Mbit/s 带宽。它不仅可以像 CAN 和 LIN 网络这样的单信道系统一样运行，还可以作为一个双信道系统运行，因此可以达到 20Mbit/s 的最大传输速率，是当前 CAN 最高运行速率的 20 倍。

(2) 同步时基 FlexRay 中使用的访问方法是基于同步时基的。该时基通过协议自动建立和同步，并提供给应用。时基的精确度介于 0.5μs 和 10μs 之间（通常为 1~2μs）。

(3) 确定性 通信是在不断循环的周期中进行的，特定消息在通信周期中拥有固定位置，因此接收器已经提前知道了消息到达的时间。到达时间的临时偏差幅度会非常小，并能得到保证。

(4) 高容错 强大的错误检测性能和容错功能是 FlexRay 设计时考虑的重要方面。FlexRay 总线使用循环冗余校验 CRC（Cyclic redundancy cheek）来检验通信中的差错。FlexRay 总线通过双通道通信，能够提供冗余功能，并且使用星型拓扑可完全解决容错问题。

(5) 灵活性 在 FlexRay 协议的开发过程中，关注的主要问题是灵活性，反映在以下几个方面：

1）支持多种方式的网络拓扑结构。

2）消息长度可配置：可根据实际控制应用需求，为其设定相应的数据载荷长度。

3）使用双通道拓扑时，既可用于增加带宽，也可用于传输冗余的消息。

4）周期内静态、动态消息传输部分的时间都可随具体应用而定。

FlexRay 已开始在单通道高速动力传动、驾驶辅助和提高舒适程度的汽车电子应用中大展身手，如图 5-5 所示。在宝马 X5 中，FlexRay 用于悬架控制。FlexRay 虽然是一种功能强大的网络，但成本和复杂度制约了其发展，且推广力度不大。

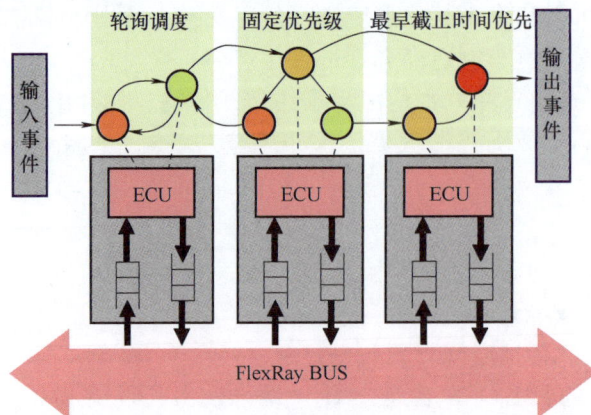

图 5-5　FlexRay 总线

五、MOST总线

随着汽车智能化和电子化程度升高，车内CAN总线越来越难以满足电子系统的需求。因此，新一代网络技术以太网、FlexRay、MOST网络应运而生。特别是汽车主动安全系统将不仅是独立存在的，其还将结合V2X技术与其他车辆或道路通信基站建立联系，这给CAN总线带来了巨大压力。

相对于传统的信号传输方式，MOST总线光学传输具有导线少、质量小、传输速度快（可达20Mbit/s）、不会产生电磁干扰，同时对电磁干扰也不敏感等优点。

MOST总线通过一个环形结构在信息娱乐控制单元之间实现数据交换，信息的传输是通过光缆实现的，它可提供约为24.8Mbit/s的集合带宽，在传输速度上，基本保证了现有车载娱乐系统的需求，环内的传输只能向一个方向进行。也就是说，MOST系统中的控制单元是按照一定的顺序进行安装的，且顺序不能随意调换，这种按照一定顺序安装在MOST中的控制单元称为MOST环形结构的标准配置，这种配置保存在主机和中央网关模块内。当环形结构闭合且功能良好时，才能在MOST环形结构中传送信息。而在环形结构断开时，根据不同的车型不同的配置，诊断只能与主机通信。

基于MOST总线的结构特征，一旦隶属于MOST总线结构中的任何一个部件出现故障，都将导致整个娱乐系统的瘫痪，无形中增加了整个系统的故障概率。

如图5-6所示，对于奥迪A6L（C7）不带后座娱乐系统的MOST网络系统，主要MOST控制单元包括信息电子控制单元1（J794）、DVD换碟机（R161）、组合仪表控制单元（J285）、TV调谐器（R78）、收音机（R）、数字音响控制单元（J525）以及数据总线诊断接口（J533）。对于奥迪A6L（C7）带后座娱乐系统的MOST网络系统，除了以上控制单元外，还包括信息电子控制单元2（J829），MMI显示屏J685通过LIN总线与信息电子控制单元1（J794）相连。

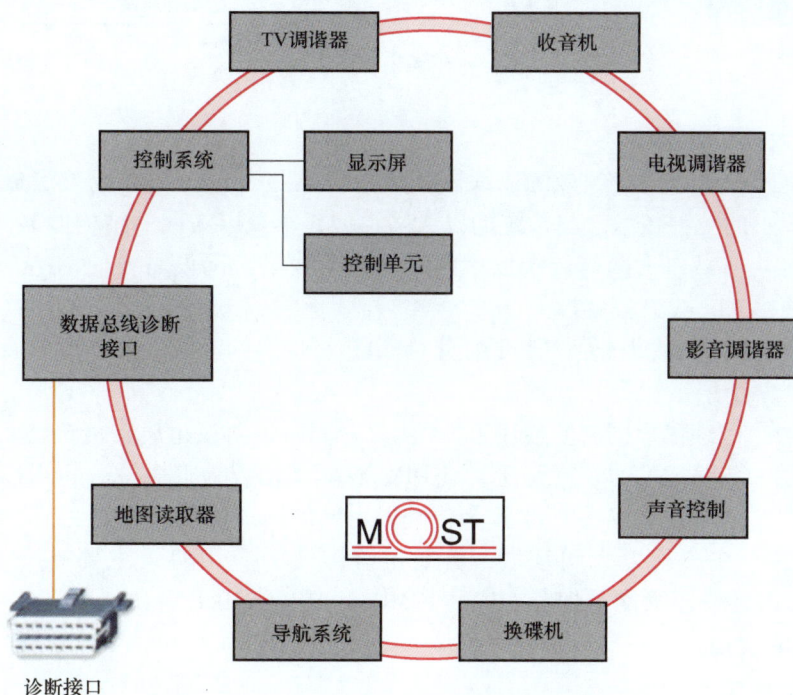

图5-6 奥迪A6L MOST 网络系统

六、以太网（Ethernet）

车载以太网是一种连接车内电子控制单元的新型局域网技术，在单对非屏蔽双绞线上可实现 100Mbit/s 甚至 1Gbit/s 的数据传输速率，同时满足汽车行业高可靠性、低电磁辐射、低功耗、带宽分配、低延迟以及同步实时性等方面的要求。

车载以太网不仅具备了适应 ADAS、影音娱乐、汽车网联化等所需要的带宽，而且还具备了支持未来更高性能的潜力（如自动驾驶时代所需要的更大数据传输），如图 5-7 所示。它将成为实现多层面高速通信的基石，相对于 20 世纪 90 年代的控制器局域网（CAN）革命，它的规模将更大，意义将更深远。

图 5-7 某车载以太网

1. 车载以太网的架构

车载以太网技术是在消费领域的以太网技术上发展过来的，是在物理层进行了优化，以适应汽车电子要求的一种技术。与传统的以太网类似，车载以太网的结构如下：

（1）物理层 车载以太网与传统以太网相比，车载以太网仅需要使用一对双绞线，而传统以太网则需要多对，线束较多。

（2）数据链路层 数据链路层可细分为 LLC（Logic Link Control）以及 MAC（Media Access Control）两个层级。

（3）网络层 车载以太网主要使用 IPV4 协议，同时该协议也属于传统以太网范畴。

（4）传输层 传输层的协议就是 TCP/UDP，这两者协议彼此独立，也可以同时存在，看具体使用场景需求。TCP/UDP 同时也作为传统以太网的标准协议。

（5）应用层 在车载以太网领域，目前主流涉及的应用协议主要有 UDP-NM、DOIP、Some/IP、SD 以及传统以太网需配合支持的 ICMP、ARP、DHCP 等协议。

2. 以太网的优点

以太网的优点如下：

1）传输速率高，100Mbit/s（或 1Gbit/s）。

2）利用以太网可简化车载网络的构成，从而削减成本。

3）能削减线缆成本。

4）即插即用，扩展性强。

5）满足汽车的 EMC、EMI、ESD、BCI 要求。

在车载电子系统连接和通信、自动驾驶和 ADAS 方面，车载以太网与传统汽车串行总线相比具有明显优势。汽车电子体系结构正变得越来越复杂，其中包含的传感器、控制器和接口越来越多，并且需要更高的带宽、更多的计算机和通信链路。连接这些系统的线束无论是重量还是成本都排在目前汽车所有零部件中的第三位。现在，汽车制造商使用多种不同的专有标准来提供通信功能，大部分元器件都使用一条专用线路或电缆。车载以太网是支持所有通信的统一标准。在信息娱乐系统，以太网总线技术由于其通信速率和成本优势，将逐渐替代 MOST 总线。

【学习小结】

1. 美国汽车工程师学会（SAE）提出将车载网络划分为五种类型，分别为 A 类低速网络、B 类中速总线、C 类高速网络、D 类多媒体网络和 E 类安全应用网络。

2. 一辆汽车不管有多少块电子控制单元，不管信息容量有多大，每块电子控制单元都只需引出两条线共同接在两个节点上，这两条导线就称作数据总线，也称为 BUS 线。

3. 为避免通信信号被干扰，CAN-H 和 CAN-L 线相互缠绕在一起，构成一个封闭的数据传输通道。

4. LIN（Local Interconnect Network）是面向汽车低端分布式应用的低成本（0.5 美元）、低速串行通信总线。

5. FlexRay 已开始在单通道高速动力传动、驾驶辅助和提高舒适程度的汽车电子应用中大展身手。

6. 车载以太网是一种连接车内电子控制单元的新型局域网技术，在单对非屏蔽双绞线上可实现 100Mbit/s 甚至 1Gbit/s 的数据传输速率，同时满足汽车行业高可靠性、低电磁辐射、低功耗、带宽分配、低延迟以及同步实时性等方面的要求。

【知识巩固】

一、填空题

1. SAE 提出将车载网络划分为_____种类型。

2. 在 CAN 通信中，为避免通信信号被干扰，_____和_____线相互缠绕在一起，构成一个封闭的数据传输通道。

3. CAN-BUS 两条线上的电位是相_____的。

4. LIN 网络的主节点包含_____任务和_____任务。

5. FlexRay 虽然是一种功能强大的网络，但_____制约了其发展，且推广力度不大。

6. 在信息娱乐系统，_____总线技术由于其通信速率和成本优势，将逐渐替代 MOST 总线。

二、选择题

1. 传输速率最快的车载网络类型为（　　　）。

A. A 类　　　　　　B. B 类　　　　　　C. C 类　　　　　　D. E 类

2. LIN 总线的优点是（　　　）。

A. 成本低　　　　　　　　　　　B. 传输速率快

C. 响应快　　　　　　　　　　　D. 以上都不是

3. LIN 总线的从节点数不超过（　　　）个。

A. 13　　　　　　　　　　　　　B. 14

C. 15　　　　　　　　　　　　　D. 16

4. FlexRay 的特点是（　　　）。

A. 成本低　　　　　　　　　　　B. 复杂度低

C. 高容错　　　　　　　　　　　D. 以上都不是

5. MOST 总线光学传输具有（　　　）等优点。

A. 导线少　　　　　　　　　　　B. 质量小

C. 传输速度快　　　　　　　　　D. 以上都是

6. 以太网的优点是（　　　）。

A. 传输速率高，100Mbit/s（或 1Gbit/s）

B. 利用以太网可简化车载网络的构成

C. 即插即用，扩展性强

D. 以上都是

7. 在信息娱乐系统，（　　　）总线即将成为主流。

A. 以太网　　　　　　　　　　　B. CAN

C. LIN　　　　　　　　　　　　　D. MOST

三、简答题

1. 简述 CAN 总线与 LIN 总线的特点。

2. 简述 FlexRay 的优点。

3. 简述 MOST 总线的缺点。

4. 简述车载以太网的优点。

5. 简述车载以太网在汽车上的应用。

学习单元二　车际无线通信网络

【知识链接】

　　V2X 早期主要是基于 DSRC，全称是 Dedicated Short Range Communication，专用短程通信技术。DSRC 在美国已经经过多年开发测试，后期随着蜂窝移动通信技术的发展才出现了

C-V2X（Cellular V2X，即以蜂窝通信技术为基础的 V2X）技术。

一、专用短程通信技术

专用短程通信，即 DSRC 技术是一种高效、专用的车辆无线通信技术，以 IEEE802.1 1p 为基础的标准。DSRC 物理层技术实际是 WiFi 的扩展，其 MAC 层与 WiFi 相同，同样采用载波监听多路访问/碰撞避免 CSMA/CA（Carrier Sense Multiple Access/Collision Avoidance）技术控制移动节点接入网络。

DSRC 的基本原理是，装有收发模块的两台设备之间可以直接进行高效的直连通信，无须任何中间设施，如图 5-8 所示。这项技术的出现，对汽车产业来说是具有突破性意义的，尤其是在缺乏通信基础设施的偏远地区，这项技术显得尤为重要。由于没有中间设施的参与，DSRC 通信时延非常低。

图 5-8　车间 DSRC 通信

DSRC 与 C-V2X 关键性能指标见表 5-2。

表 5-2　DSRC 与 C-V2X 关键性能指标

性能指标	DSRC	C-V2X
时延	小于 10ms	20～100ms
传输速率	6Mbit/s	30Mbit/s
传输距离	300m	大于 300m
设计来源	WiFi	LTE
制定者	IEEE	3GPP
部署成本	路测部署密度高，成本高	路测部署密度低，成本低
技术成熟度	已经过充分的规模化验证，且自 2015 年开始已装上车进入商用	正在进行示范区先导区内规模化部署以及矿区、机场、公交等垂直领域商用试水，各厂家之间互联互通性持续验证，一些高阶场景用例尚未标准化，规模化商用尚需时日

DSRC 支持车速 200km/h、反应时间 100ms、数据传输速率平均 12Mbit/s（最大 27Mbit/s）、传输范围 1km。需要注意的是，不停车收费系统 ETC（Electronic Toll Collection）并非为基于 DSRC 技术实现的，实际上 ETC 使用的是基于射频的电子标签识别 RFID（Radio Frequency Identification）技术，参照的是《GB/T 20851 电子收费　专用短程通信》标准。然而，国际上提出的 DSRC 技术特指的是采用电气和电子工程师协会 IEEE（Institute of Electrical and Electronics Engineers）制定的 802.1 1p、1609.x 协议，是 802.1 1 系列的扩充，属于 WiFi 范畴。

因此，ETC 系统采用的 RFID 通信方式严格意义上来说与 DSRC 的 WiFi 通信方式是两套不同的技术体系。

二、C-V2X

1. 概述

V2X（Vehicle to Everything），其希望实现车辆与一切可能影响车辆的实体实现信息交互，目的是减少事故发生，缓解交通拥堵，降低环境污染以及提供其他信息服务。V2X 主要包含 Vehicle-to-Vehicle（V2V）、Vehicle-to-Infrastructure（V2I）、Vehicle-to-Network（V2N）以及 Vehicle-to-Pedestrian（V2P）。

C-V2X，是基于 LTE-R14 技术为基础，通过 LTE-V-D 和 LTE-V-Cell 两大技术支持包括 V2I、V2V、V2P 等各种应用，如图 5-9 所示。

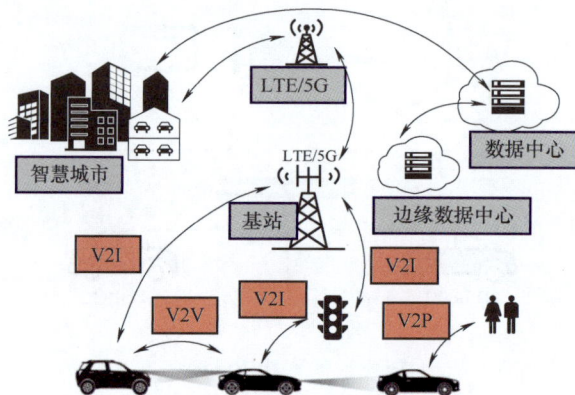

图 5-9　C-V2X 示意图

相比于 802.11p 的 DSRC，C-V2X 的优势比较明显：

1）基于蜂窝网络，与目前的 4G 和未来的 5G 网络可以复用，部署成本低。

2）网络覆盖广，网络运营盈利模式清晰。

3）3GPP 标准制定，全球通用，使用单一 LTE 芯片组，模块成本大幅降低。

4）C-V2X 作为 5G 的重要组成部分持续演进。

从我国拥有全球最大的 LTE 网络现状和 C-V2X 演进的技术优势来看，C-V2X 应该是国内 V2X 技术标准的首选。

2. C-V2X 的技术特点

1）C-V2X 是一项优越的现代无线通信技术。随着调制和编码的改进，以及更好的接收器和 LTE 带动的整体技术进步，C-V2X 具备增强的通信范围。与 DSRC 和 ITS-G5 所使用的 IEEE802.11p 无线电技术相比，C-V2X 具有更好的视线范围、更高的可靠性、更大的容量，以及在密集的环境中更好的拥塞控制。C-V2X 在不同的场景下（例如不同的道路、交通条件和车辆速度）为当今的安全驾驶和未来的自动驾驶带来了卓越的性能。

2）C-V2X 是唯一向 5G 演进路线清晰且向后/向前兼容的 V2X 技术。C-V2X Rel-14 最终向 5GNR-based C-V2X 演进。C-V2X 进化将包含 5GNR 功能，为自主驾驶和高级驾驶用例提供高吞吐量、宽带载波支持、超低延迟和高可靠性（如高吞吐量传感器共享、意图共享信息和 3D 高清地图更新）。C-V2X 技术平台，从 Rel-14 到 5GNR-based C-V2X，比前一代技术更安全、更健壮、更可靠。此外，它可以提供更丰富、差异化的体验。

3）C-V2X 比其他 V2X 技术更节省成本。C-V2X 预计可在汽车上使用手机调制解调器技术，有利于汽车制造商的经济成本——降低系统的复杂性，并使 C-V2X 实现成本降低。此外，通过利用现有的蜂窝网络通信基础设施（V2N），V2X 可以结合路边单元（RSUs）和蜂窝网络的功能，帮助提高安全性和自主性（例如提供本地和广域路况信息和实时地图更新）。RSU 和蜂窝基础设施的组合可以降低部署成本，从而带来重要的经济效益。

4）C-V2X 是一种性能可估的安全技术。3GPP 定义了严格的最低性能要求，确保了可预测的、均衡的和有保障的现场体验，以支持道路安全等关键应用。例如，3GPP 定义了块错误率（BLER）的最低要求，以保证不同信道条件下的可靠通信，速度可达 500km/h。与基于 IEEE802.11p 的技术不同，每个 C-V2X 收发机/芯片组供应商都必须遵守这些规范，从而在该领域实现可评估和一致的性能。

5）C-V2X 在多路频谱通信以保障安全。C-V2X 定义了两种互补的通信模式，它们共同支持广泛的用例。为了主动安全，C-V2X 直接通信使用专用频谱，使车辆之间可以直接通信（V2V），车与行人（V2P）、车与道路基础设施（V2I）直接通信。对于娱乐信息和延迟的信息用例（例如前方 1km 的道路事故），C-V2X 还允许车辆通过蜂窝频谱上的移动网络（V2N）与云进行通信。而要求低延迟传输的安全信息（例如道路危险警告）直接在全球统一的 5.9GHz ITS 频段发送，不受远程信息和信息娱乐应用的商用蜂窝频谱通信的影响。

6）C-V2X 的低延迟直接通信不依赖蜂窝网。V2X 直接通信能够提供更广的覆盖范围和更高的可靠性，而无须蜂窝网络援助或覆盖。它支持 V2V、V2I 和 V2P 交换实时安全消息，而不需要任何形式的蜂窝订阅。

7）C-V2X 是为高速汽车用例而设计的。从最早的实现开始，蜂窝网就被设计为支持高速。随着远程信息技术的发展和标准化部署，3GPPC-V2XR-14 进一步增强了高速车辆用例，以支持车辆在不同路况下最高 500km/h 的相对速度。

8）C-V2X 即使在没有 GNSS 的情况下也具有健壮的同步特性。C-V2X 具有健壮的机制，即使在没有 GNSS 的情况下，也能够实现经济有效的同步。事实上，所有 V2X 技术都依赖于 GNSS 获取位置信息，这是其安全应用运行所必需的。由于时序对多路径误差具有鲁棒性，与从 GNSS 中获取定位信息相比，获取微秒级定时要可靠得多。此外，计时可以用一颗卫星跟踪，这允许在隧道和地下停车场接收定时。目前，该领域的数亿 LTE 设备证明，蜂窝技术能够以一种低成本、高效率的方式满足同步需求。

9）C-V2X 的设计重点是安全性。安全通信对于任何 V2X 应用程序都非常重要。C-V2X 得益于汽车标准社区，包括国际标准化组织（ISO）、欧洲电信标准协会（ETSI）和电气和电子工程师协会（IEEE1609 工作组）定义的安全和传输层及应用层协议。

自 2015 年以来，国务院、国家发展和改革委员会、工业和信息化部、交通运输部等部门都陆续印发了支持、规范车联网行业的发展政策。这些政策的出台体现了中国政府对于推动科技创新、促进经济社会发展的决心和战略规划。2018 年 11 月，工业和信息化部无线电管理局正式发布《车联网（智能网联汽车）直连通信使用 5905-5925MHz 频段的管理规定（暂行）》，规划 5905~5925MHz 频段作为基于 LTE-V2X 技术的车联网（智能网联汽车）直连通信的工作频段，标志着中国 LTE-V2X 正式进入产业化阶段。

三、C-V2X 技术应用：智能公交实现车路云协同

以长沙智能驾驶研究院（CIDI）在 2018 年开放的全国首条智慧交通公交示范线为例，其

实现了车辆自动启停、红绿灯路口转弯、停靠等一系列功能，不仅做到了单车智能，更是实现了人、车、路的一体化运行监测，实现车路云协同。

CIDI 采用整套自主设计和研发的城市区域车路协同解决方案，对公交示范线沿线道路进行网联化改造，通过 CIDI OBU2.0 车载单元、CIDI RSU2.0 路侧单元、智能网联数据管理云平台之间的信息传递与交互，达到辅助驾驶目的，诠释出智慧公交车路云一体化的精髓。

1. 一体化车内体验终端

智能公交车作为车路协同信息的接收载体，为了高效、精准、实时地显示路侧信息和自身车路协同决策结果，给驾驶人及乘客带来直观的智能化体验，CIDI 在智慧公交车体内有多块高清显示屏，分别作为智能网联预警显示和智能网联管理显示以及相关自动驾驶数据。

1) 智能网联预警显示可将路侧数据（信号灯状态、人行道等提示）和车身数据（速度等信息）收集、处理和决策后的结果进行反馈，如图 5-10 所示。

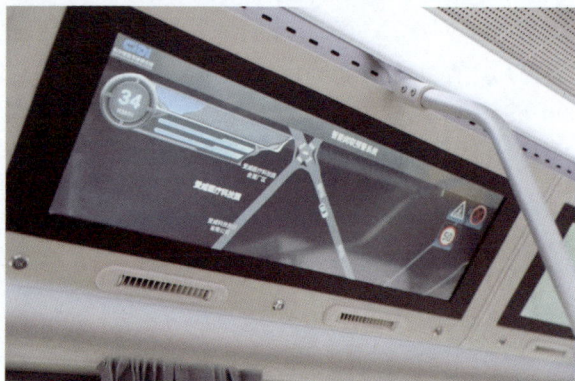

图 5-10　智能网联预警显示屏

2) 智能网联管理显示终端可让乘客在车内直观了解到整条公交线路的车路协同概况，具体包括路侧设备的分布和工作情况、网联设备的上行和下行流量实况、车路协同实时数据，如图 5-11 所示。

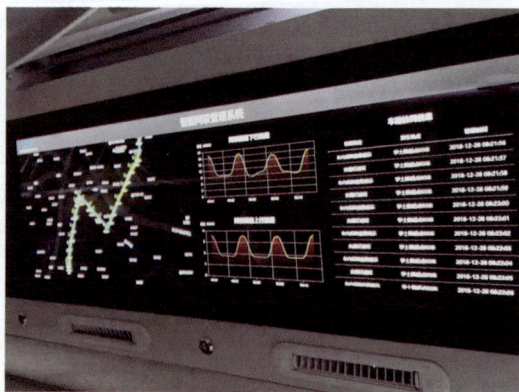

图 5-11　智能网联管理显示屏

3) 高清显示屏在驾驶人后侧区域，驾驶人对于车辆实时运行情况无法了解，CIDI 将网联数据嵌入至车体内部中控屏幕，让驾驶人在驾驶行为中也能实时获取路侧信息提示，实现智能网联辅助驾驶模式，如图 5-12 所示。

图 5-12　智慧公交车中控屏幕

2. 动态路况感知及多模态信息发布系统

要保障智能网联汽车上路安全，就需达到车路协同。基于路侧单元 RSU2.0 的路况感知能力，动态路况感知及多模态信息发布系统能够在已有的局部车道级静态地图中将感知到的红绿灯信息、标牌信息、限速信息、人行道信息进行添加，形成可供车辆接收并使用的局部动态地图，如图 5-13 所示。

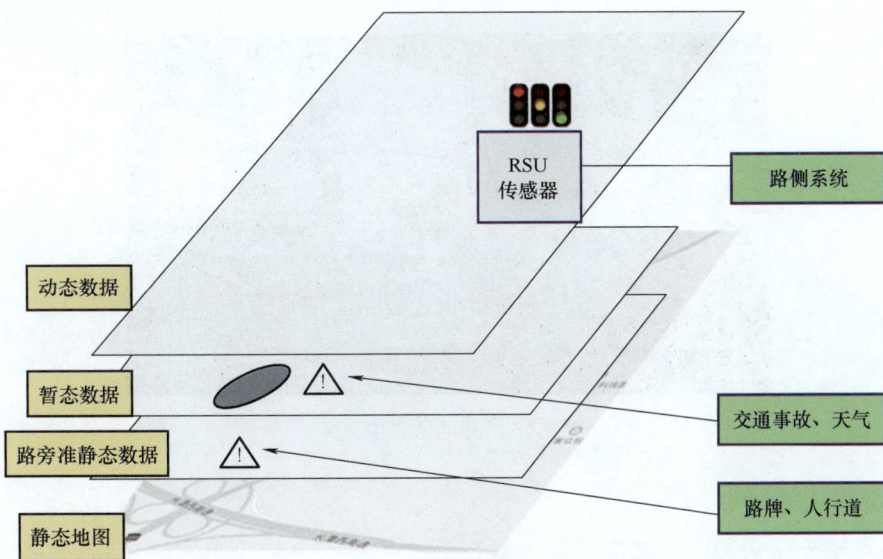

图 5-13　局部动态地图

局部动态地图生成后，RSU 通过自身模块将该地图以固定频段发出。为保证产品的兼容性和多样性，路侧部分可以选择以 LTE-V、DSRC 和 5G 的一种或多种方式进行广播。同时，通过路侧单元的 LTE 模块可以实现 I2N 的双向通信。

3. 实时调度指挥中心

1）公交线路状态的云存储和云计算系统。为了体现车路云一体化的车联网概念，CIDI 将车端和路侧的数据通过固定的通信协议和数据交互方式与云端进行上下行数据传输。调度指挥中心通过云端系统，对智能网联汽车进行实时视频监控。同时，通过云端系统的云计算和云存储，将当前时刻所有网联车辆的情况（如触发主动安全告警的地点和时间、车载设备动态流量统计等）和路侧状态（如路侧单元实时监控、红绿灯相位状态监控、危险路段统计等）进行全面展示，如图 5-14 所示。

图 5-14　红绿灯相位状态监控

2）5G 低时延双路监控视频传输系统。为了对车辆状况进行实时监控，CIDI 开发了针对驾驶舱和车体前方情况的双路监控视频传输系统，该系统基于 5G 技术，能够低延时地将 1080P 视频数据显示于监控大厅屏幕，且该系统具备实时查看、视频网络存储回看和动态网络带宽自适应等功能，如图 5-15 所示。

图 5-15　云平台监控大屏

4. C-V2X 场景应用

（1）主动安全告警判断及路侧信息提醒系统　主动安全保障是 V2V 部分的核心，车载单元通过射频模块（LTE/LTE-V/DSRC）进行数据的收发，接收到对方车辆的数据包后，由 MCU 完成数据包解包、数据整合和场景预警判断。最终，实现前方碰撞预警、紧急制动预警、变更车道预警、盲区预警、紧急车辆提醒和异常车辆提醒等场景，帮助驾驶人规避危险，提升驾驶效率。路侧信息提醒系统将路侧信息与自身车辆信息数据进行分析处理，当计算出车辆有闯红灯危险、超速威胁等情况时，将以警告或提醒的方式对驾驶人进行告知。

（2）实时交通状态共享系统　传统意义上的车路协同是智能网联汽车和路侧单元之间的通信，智能网联汽车通过前装或后装的 V2X 设备即可享受到车路协同带来的主动安全与交通效率的提升。为贯穿整个公交线的"智慧出行"理念，为此 CIDI 研发了实时交通状态共享系统。实时交通状态共享系统以 CIDI 车路协同 APP 及公交尾屏两种方式将车路协同信息呈现给普通社会车辆。目前，CIDI 开放了该 APP 部分功能给行驶在公交示范线路段所有社会车辆，驾驶人可以通过手机 APP 或者前方的智能公交车就能实时知道前方红绿灯状态以及时长信息，如图 5-16 所示。

图 5-16　智慧公交车尾部 LED 屏

CIDI 在智能公交车尾部安装的定制 LED 屏可根据智能公交车实时位置实时显示路况数据，如前方信号灯情况和车道信息。当车道标志被前方车辆遮挡时，后方社会车辆可以根据后屏中车道标线信息完成提前变道；当信号灯被前方车辆遮挡时，后方社会车辆也可以根据后屏显示的信号灯信息完成提前减速或自行估计出适宜的通行速度，以达到舒适出行的目的。

APP 方式则需驾驶人提前安装由 CIDI 开发的智能网联应用程序，该手机应用通过手机实时信息数据包，云端可以判断出驾驶人即将经过的交叉路口和所在路段信息，并从云数据中调取相关路段及路口信息进行下发，APP 获取云端数据后即可完成 HMI（人机界面）显示，从而辅助驾驶人在提前完成红绿灯感知，降低因前方遮挡或视线模糊造成的事故概率，如图 5-17 所示。

图 5-17　APP 获取实时交通信息

【学习小结】

1. DSRC 的基本原理是，装有收发模块的两台设备之间可以直接进行高效的直连通信，无须任何中间设施。

2. V2X 主要包含 Vehicle-to-Vehicle（V2V）、Vehicle-to-Infrastructure（V2I）、Vehicle-to-Network（V2N）以及 Vehicle-to-Pedestrian（V2P）。

3. 从我国拥有全球最大的 LTE 网络现状和 C-V2X 演进的技术优势来看，C-V2X 应该是国内 V2X 技术标准的首选。

4. C-V2X 具有更好的视线范围、更高的可靠性、更大的容量，以及在密集的环境中更好的拥塞控制。

5. C-V2X 比其他 V2X 技术更节省成本，大多数新车将具备嵌入式蜂窝网络连接功能，一些汽车制造商打算让几乎所有的汽车都能使用蜂窝调制解调器。

6. C-V2X 的设计重点是安全性。安全通信对于任何 V2X 应用程序都非常重要。

【知识巩固】

一、填空题

1. DSRC 通信时延非常_____。
2. DSRC 的传输距离_____ 300m。
3. DSRC 的设计来源于_____。
4. C-V2X 是一项优越的现代_____线通信技术。
5. C-V2X 是为_____用例而设计的。
6. C-V2X 即使在没有 GNSS 的情况下也具有健壮的_____特性。

二、选择题

1. DSRC 比 C-V2X（   ）。

A. 时延高   B. 传输距离远

C. 传输速率低   D. 以上都不是

2. V2X 主要包含（   ）。

A. V2P   B. V2V

C. V2I   D. 以上都是

3. 与 DSRC 相比，C-V2X 具有（   ）。

A. 更好的视线范围   B. 更高的可靠性

C. 更大的容量   D. 以上都是

4. C-V2X 的设计重点是（   ）。

A. 安全性   B. 实时性

C. 经济性   D. 以上都不是

5. C-V2X 为自主驾驶和高级驾驶用例提供（   ）。

A. 高吞吐量   B. 宽带载波支持

C. 超低延迟和高可靠性   D. 以上都是

6. C-V2X 是为高速汽车用例而设计的，最高支持（   ）相对速度。

A. 200km/h   B. 300km/h

C. 400km/h   D. 500km/h

7. V2P 是指（   ）。

A. 汽车与行人   B. 汽车与汽车

C. 汽车与基础设施   D. 以上都不是

三、简答题

1. 简述 DSRC 的原理。

2. 简述 DSRC 的特点。

3. 简述 C-V2X 的技术特点。

4. 简述 C-V2X 相比于 DSRC 的优点。

5. 简述 C-V2X 场景应用。

学习领域六

高级辅助驾驶系统

【情景导入】

研究表明，近80%的碰撞是由于驾驶人事发前3s的疏忽造成的。因此，智能辅助驾驶系统成为大势所趋。该系统通过在车上搭载传感器，感知周围环境，并利用算法实现人类经验难以比拟的判断速度与精度，可以有效减少驾驶失误，降低交通事故率，最终实现无人驾驶。

在建设安全文明的社会目标中，智能辅助驾驶系统是保障人民群众生命财产安全、提升社会治理水平的重要手段。

学习单元一　ADAS 预警类辅助驾驶功能

【知识链接】

预警类辅助驾驶以提醒驾驶人为主要任务，主要包含驾驶人疲劳预警系统、前方碰撞预警系统、车道偏离预警系统、行人保护系统、盲区监测系统与夜视系统。

一、预警类功能简述

1. 驾驶人疲劳预警系统

驾驶人疲劳预警（Driver Fatigue Monitor System，DFMS）系统主要是通过摄像头获取的图像，通过视觉跟踪、目标检测、动作识别等技术对驾驶人的驾驶行为及生理状态进行检测，当驾驶人发生疲劳、分心、打电话、抽烟等危险情况时在系统设定时间内报警，以避免事故发生。驾驶人疲劳预警系统能有效规范驾驶人的驾驶行为，大大降低交通事故发生的概率。

（1）驾驶人疲劳预警系统的组成　驾驶人疲劳预警系统主要由信息采集单元、电子控制单元（ECU）和预警显示单元三部分组成。常见的驾驶人疲劳预警系统是通过车载摄像头对驾驶人面部、眼部、头部的信息及驾驶状态进行监测，如对转向盘控制的频率、握力变化等信息，推断驾驶人的疲劳状态，ECU 接收信息采集单元发送的信号，进行运算分析，判断驾驶人疲劳状态。如果经过分析发现驾驶人处于一定程度的疲劳状态，则向预警显示单元发出信号，预警显示单元根据 ECU 传递的信息，通过语音提示、智能提醒、电脉冲警示等方式，对驾驶人进行预警，让驾驶人可以对驾驶状态做出调整，并在必要时找到地方进行休息。

驾驶人疲劳预警系统对于需要在道路上长时间驾驶的驾驶人来说非常重要，如长途货车驾驶人，需要在道路上长期行驶，尤其是在夜间的出行，更容易产生驾驶疲劳，对于他们来说，驾驶人疲劳预警系统可以很好地辅助他们驾驶，在出现疲劳驾驶时可以及时得到提醒，从而调整驾驶的状态，避免危险的发生。

（2）驾驶人疲劳预警系统的检测原理　驾驶人疲劳检测的原理，主要是基于驾驶人自身特征，包括生理指标和生理反应的检测、车辆行驶状态的检测以及多特征信息融合的检测等，如图6-1所示。

1）基于生理指标检测。驾驶人在疲劳状态下的一些生理指标，如脑电、心电、肌电、脉搏、呼吸等，都会偏离正常的状态，因此可以通过生理传感器检测驾驶人这些生理指标，来判断驾驶人是否处于疲劳状态。

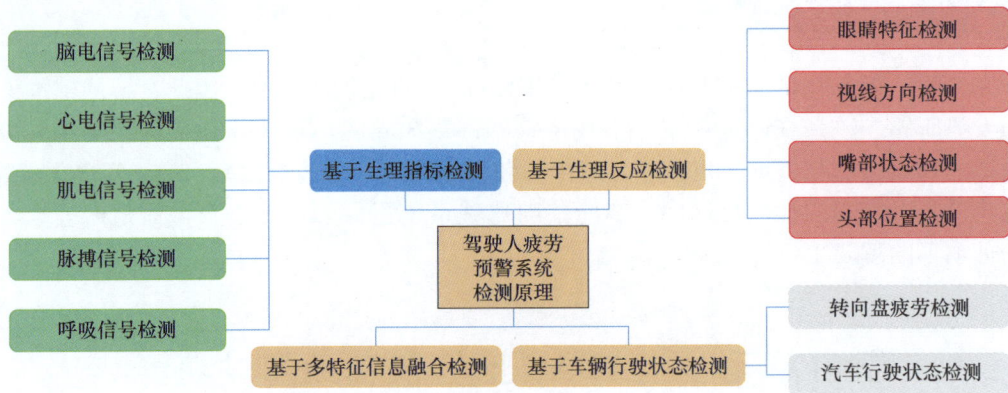

图 6-1　驾驶人疲劳预警系统检测原理分类

第一是脑电信号的检测，脑电信号是人脑技能的宏观反应，利用脑电信号能够反映出人体的疲劳状态，客观并且准确。脑电信号被誉为疲劳检测中的金标准。人在疲劳状态下，慢波增加，快波减少，利用脑电信号检测驾驶疲劳状况判定的准确率较高，但其操作复杂，不适合车载实时检测。

第二是心电信号检测。心电图指标主要包括心率和心率变异性等。其中，心率信号综合反映了人体的疲劳程度和任务与情绪的关系，心率变异性是心脏神经活动的紧张度和均衡度的综合体现。心电信号是判定驾驶疲劳的有效特征，准确度高。但是，利用心电信号检测人体疲劳状况，需要将电极和人身体相接触，会对驾驶人的正常驾驶带来不便。

第三是肌电信号检测。通过肌电信号的分析，反映人体的疲劳程度。肌电图的频率，随着疲劳的产生和疲劳程度的加深，呈现出下降的趋势，而肌电图的幅值增大表明疲劳程度的增长，该方法测试简单，结论也较明确。

第四是脉搏信号检测。根据人体精神状态的不同，心脏活动和血液循环也会有差异，脉搏实际上反映的就是心脏和血液的循环。因此，利用脉搏波检测驾驶人的疲劳状态，是具有可行性的。

第五是呼吸信号的检测。人体疲劳状态的一个重要表现就是呼吸频率的降低，呼吸变得平稳。在正常驾驶过程中，驾驶人精神集中，呼吸的频率相对较高；如果驾驶期间和他人交谈，呼吸波的频率则变得更高。当驾驶人疲劳驾驶时，注意力集中程度也会降低，此时呼吸也变得平缓。因此，通过检测驾驶人的呼吸状况来判定是否疲劳驾驶，也成为研究驾驶人疲劳预警系统的一个重要维度。

基于驾驶人生理指标的检测方法，客观性强，准确性高，但与检测仪器强相关。这些检测方法基本都是接触性的检测，会干扰到驾驶人的正常操作，影响行车安全。另外，由于不同人的生理信号特征有所不同，并且和心理活动的关联较大，在实际用于驾驶人疲劳检测的时候，存在很大的局限性。

2）基于生理反应检测。基于驾驶人生理反应特征的检测方法，一般采用非介入式的检测途径，利用机器视觉技术，检测驾驶人面部的生理反应特征，如眼睛特征、视线方向、嘴部状态、头部位置等，判断驾驶人的疲劳状态，如图 6-2 所示。

第一是眼睛特征的检测。驾驶人眼球的运动和眨眼信息被认为是反应疲劳的重要特征，眨眼的幅度、频率以及平均闭合的时间，都可以直接用于检测疲劳。目前，被认为最有应用前景的实时疲劳检测方法是 PERCLOSE，即 Percentage of Eyelid Closure Over the Pupil Over Time，它是指一定时间内眼睛闭合时所占的时间比例，类似占空比的概念。通常按照 p80 的标准检测，即单位时间内眼睛闭合程度超过 80% 的时间，占总时间的百分比，它和驾驶疲劳程度的相关性最准确。为了提高疲劳检测的准确率，可以综合检测平均睁眼的程度、最长闭眼时间的特征作为疲劳指标，达到较高的疲劳检测准确率。通过眼睛特征检测驾驶人的疲劳程度，不会对驾驶人的行为带来任何的干扰，因此成为这一领域现行研究的热点。

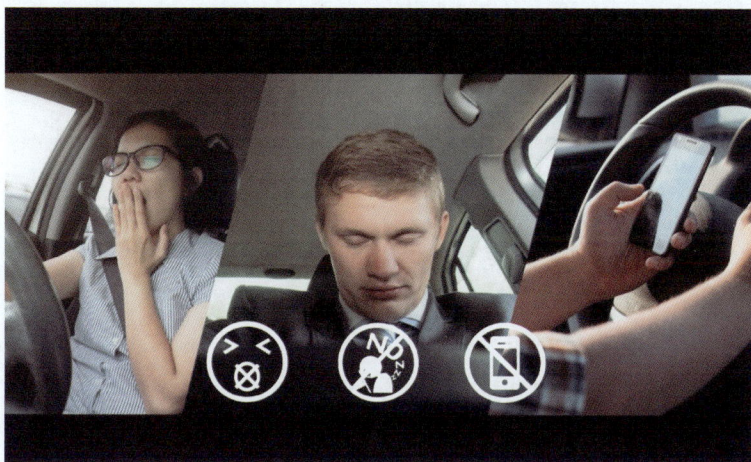

图 6-2　驾驶人生理反应特征

第二是视线方向的检测。把眼球中心与眼球表面亮点的连线定为驾驶人的视线方向，正常状态下驾驶人正视车辆的运动前方，同时视线方向移动速度比较快；疲劳时，驾驶人视线方向的移动速度会变慢，表现出迟钝的现象，并且视线轴会偏离正常的位置。通过摄像头获取眼睛的图像，对眼球建模，把视线是否偏离正常范围，作为判别驾驶人是否疲劳驾驶的标准。

第三是嘴部状态的检测。人在疲劳时往往有频繁打哈欠的动作，如果检测到哈欠的频率超过预定的阈值，可判断驾驶人已经处于疲劳状态，基于此原理可以完成对驾驶人的疲劳检测。

第四是头部位置的检测。驾驶人在正常驾驶和疲劳驾驶时，其头部位置是不同的。可以利用驾驶人头部位置的变化，检测疲劳程度，利用头部位置传感器对驾驶人的头部位置进行实时的跟踪，并根据头部位置的变化规律，判定驾驶人是否疲劳。

基于驾驶人生理反应特征的检测方法，优点是表征疲劳的特征直观明显，并可实现非接触测量，缺点是检测识别的算法复杂，疲劳特征提取困难，且检测结果受光线变化和个体生理状况的变化影响较大，对技术的要求很高。

3）基于车辆行驶状态检测。基于车辆行驶状态的疲劳检测方法，不是从驾驶人本人出发去研究，而是从驾驶人对汽车的操纵情况，间接判断驾驶人是否疲劳。该种检测方法主要利用 CCD 摄像头和车载传感器来检测汽车行驶状态，从而推测出驾驶人的疲劳状态。

首先是基于转向盘的疲劳检测，包括转向盘转角信号检测和力矩信号检测，驾驶人疲劳时对汽车的控制能力下降，转向盘转角左右摆动的幅度会变大，同时操纵转向盘的频率会下降。通过对转向盘转角时域和频域分析，转向盘转角的方差或平方差，可以作为疲劳驾驶的评价指标。目前，通过转向盘的转角变化情况来检测驾驶人的疲劳情况，是驾驶人疲劳预警系统研究的热点。这种方法数据准确，算法简单，并且信号与驾驶人疲劳状况联系紧密，结果可信度高。另外，驾驶人疲劳时，对转向盘的握力会逐渐减小。通过传感器实时检测驾驶人施加在转向盘的力，可以判断驾驶人的疲劳程度。驾驶人对于转向盘的操纵特征，能够间接、实时地反映驾驶人的疲劳程度，这种方法具有可靠性高、无接触的优点。但由于传感器技术的限制，其准确度有待提高。

其次是汽车的行驶状态。通过实时检测汽车的行驶速度，判断汽车是处于有效的控制状态，或是处于失控的状态，从而间接地判断出驾驶人是否疲劳。另外，驾驶人疲劳驾驶时，由于注意力分散，反应迟钝，汽车可能偏离车道。

基于汽车行驶状态的检测方法，优点是非接触检测信号容易提取，不会对驾驶人造成干扰，基于车辆当前的硬件，只需增加少量的硬件，就具有很高的实用价值。缺点是受到车辆的具体情况、道路的具体情况以及驾驶人的驾驶习惯经验和条件等限制，测量的准确性并不高。

4）基于多特征信息融合检测。基于多特征信息融合的检测方法，通过信息融合技术，将驾驶人生理特征、驾驶行为及车辆行驶状态相结合，是理想的检测方法，大大降低了采用单一方法造成的误检和漏检率。信息融合技术的应用，让疲劳检测技术得到更进一步的发展和提高，能够客观、实时、快捷、准确地判断出驾驶人的疲劳状态，避免疲劳驾驶所引起的交通事故，这也是疲劳检测技术的发展趋势。

2. 前方碰撞预警系统（FCWS）

前方碰撞预警系统（Forward Collision Warning System）的核心功能：提醒车主前方存在碰撞到车辆的危险。注意，这里是前方车辆，只是碰撞前方车辆时才会预警，其他的立体障碍物是不会预警的，其与倒车雷达不一样，倒车雷达一般实用的是毫米波雷达，所以倒车车库的短距离范围内的障碍物均会被识别到，并给予报警。前方碰撞预警系统是针对车辆的碰撞预警，这取决于使用的传感器和算法，一般的摄像头是不能获得深度信息的，如果不使用特殊的算法是检测不到一般障碍物的。前方碰撞预警对车辆能够检测，是因为车辆是一类相似的东西，差别不是很大，具有明显的轮廓特征，前方碰撞预警就是只针对车辆的特征进行提取。前方碰撞预警除了检测还要建立距离模型，在判断预警方面，技术已比较成熟。前方碰撞预警的准确率影响着高级辅助驾驶系统主动安全产品的客户体验感，如果预警模型和车辆检测效果差，那么频繁报警会干扰驾驶人的正常驾驶。

前方碰撞预警系统主要是基于智能视频分析处理的一种高级辅助驾驶系统，其原理是，通过动态视频摄像技术、计算机图像处理技术来监测并辨别车辆周围道路环境，可以用来监测车距预防追尾、前车碰撞预警、导航和黑匣子等功能，如图6-3所示。前方碰撞预警系统主要由信号采集系统、数据处理系统及执行机构等构成。信号采集系统主要是应用毫米波雷达、激光、声呐、红外线、摄像头等技术监测车辆速度、车辆与前车距离等数据；数据处理系统是软件接收到信息采集系统采集的数据后，对数据进行处理，判断驾驶车辆与前车是否保持在安全距离内，如果车距及速度小于安全设定值，数据处理系统就会发出指令，并让执行机构做出反应；执行机构就是负责对数据处理系统的指令进行执行，如当发现驾驶车辆与前车距离过近时，就通过声音和振动等方式提醒驾驶人注意保持安全距离。

3. 车道偏离预警（LDW）系统

车道偏离预警（Lane Departure Warning）系统的核心功能：车道保持，避免正常驾驶时

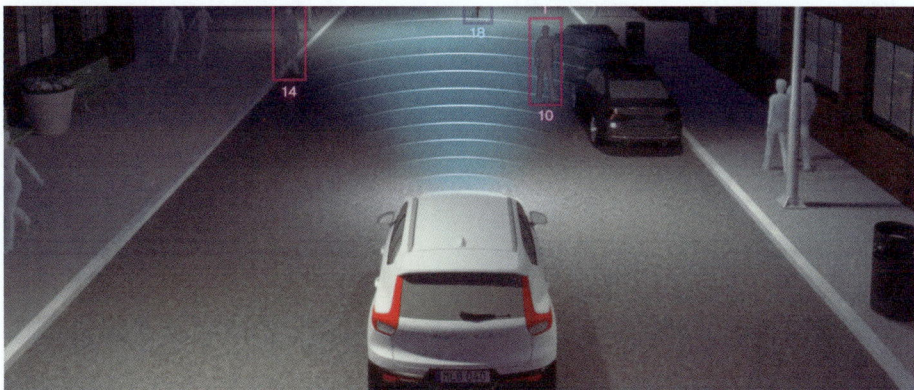

图 6-3　前方碰撞预警

压车道线，即识别车道线自动调整行驶位置的系统。车道偏离在汽车行业的规范中有明确的规定，在偏离预警的过程中有预警等级的，对于车道线的弯道也是有识别距离的。

车道偏离预警系统主要由 HUD（抬头显示器）、摄像头、控制器以及传感器组成。当车道偏离预警系统开启时，摄像头（一般安置在车身侧面或后视镜位置）会时刻采集行驶车道的标志线，通过图像处理获得汽车在当前车道中的位置参数。当检测到汽车偏离车道时，传感器会及时收集车辆数据和驾驶人的操作状态，之后由控制器发出警报信号，整个过程约在 0.5s 完成，为驾驶人提供更多的反应时间。而如果驾驶人打开转向灯，正常进行变线行驶，那么车道偏离预警系统不会做出任何提示，如图 6-4 所示。

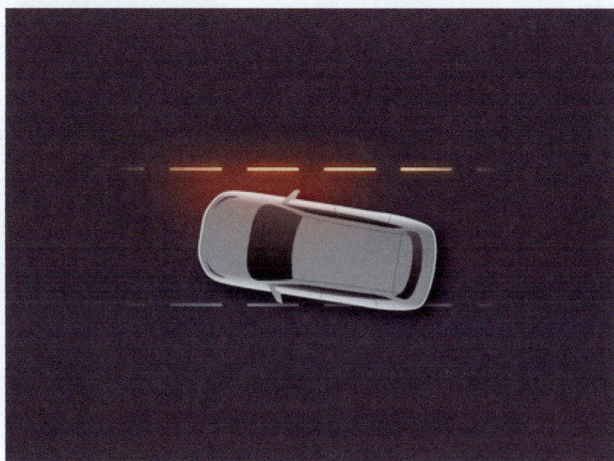

图 6-4　车道偏离预警

4. 行人保护系统（PPS）

行人保护系统（Pedestrian Protection System）主要针对路面上的行人进行侦测识别，测算距离，避免碰撞行人，如图 6-5 所示。由于人活动的不确定性比较大，参与道路交通的方式比较多，比如骑自行车、摩托车、蹬三轮等，再加之行人本身的多态，高矮、胖瘦、着装等参差不齐，造成行人识别使用一般的方法的准确率都不高，误检测和识别比较多。传统使用的检测方法是 hog 特征+SVM，深度学习的效果比较好。

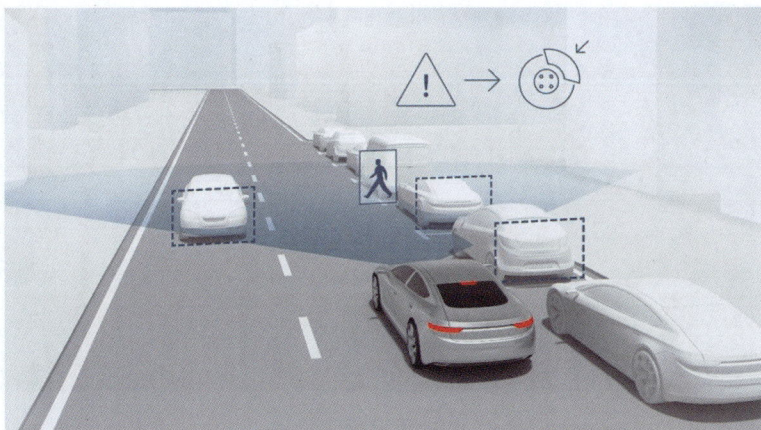

图 6-5　行人保护

5. 盲区监测（BSD）

盲区监测（Blind Spot Detection）针对的是车辆两侧后方 A 柱遮挡的部分进行的车辆监测，避免驾驶人无法看到视线盲区的车辆而造成误判变道，通过盲区检测可以帮助驾驶人更好地观察车辆两侧后方的车辆状态，如图 6-6 所示。

6. 夜视系统（Night Vision）

为了确保汽车在各种天候状态、不同照明条件下都采集外界信息，车厂一般会选择通过增加夜视系统来进一步确保行车安全。目前来看，这一系统

图 6-6　盲区监测

软硬件成本较高，因此主要还是出现在一些豪华车型上，比如奔驰、宝马、奥迪、保时捷、凯迪拉克等。在宝马汽车上使用的夜视技术，不仅能识别行人并单独照射行人，还加入动物识别的功能。夜视系统能够自动识别前方物体，并在仪表盘、HUD 中发出警示。现有的夜视辅助系统可以做到识别超出远光灯范围的行人，对危险进行提前预知。

二、驾驶人疲劳监测系统

1. Attention Assist

Attention Assist 是德系车驾驶人疲劳状态监测系统的代表，属于间接监测，如图 6-7 所示，它依据驾驶人驾驶行为、基于车辆状态参数检测驾驶人状态，例如车速、发动机转速、横摆角速度、侧向加速度、转向盘角速度和角加速度等及各信号的后处理参数，综合考虑以上因素进行分析计算得到驾驶人状态监测结果；Attention Assist 除覆盖正常行驶工况外，还考虑外部干扰对疲劳监测的影响，例如侧风、路面凸起和斜坡等不均匀工况，使其适用范围更广、精度更高；Attention Assist 有效车速区间 80～180km/h，在监测到驾驶人疲劳时会主动报警并在仪表盘上显示提示信息，已于 2011 年应用于梅赛德斯-奔驰 B 级车上。

此外，Attention Assist 顺利通过欧盟新车安全评鉴协会（Euro-pean New Car Assessment Programme，Euro NCAP）评审证明该系统也适用于其他车型，例如奔驰 C 级、E 级、M 级车型。

车辆状态信息	
车速	发动机转速
转向盘转角/角速度	侧向加速度
	横摆角速度
车辆侧向位置	……
信号后处理	
均值	标准差
均方差	…
车辆行驶工况	
正常工况	侧风
凸起	斜坡 …

车辆状态参数 → Attention Assist → 系统响应

疲劳信息提示	
语音提示	仪表盘提示
蜂鸣声报警	……

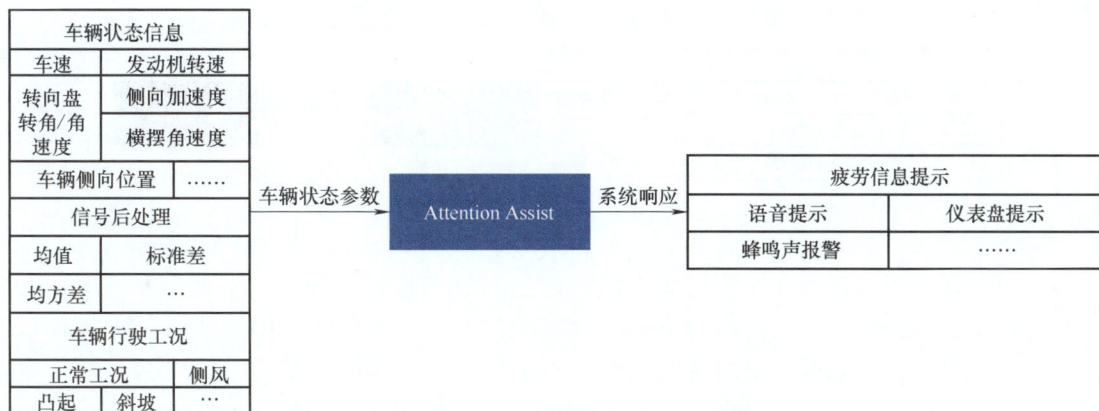

图 6-7　Attention Assist 的工作原理图

2. Driver Alert System

不同于德系车辆仅基于驾驶人驾驶行为来监测驾驶人的疲劳状态，福特公司采用了一种直接监测和间接监测相融合的方法。这种方法从车辆运动状态、驾驶行为、周围环境和驾驶人生理信息四个维度出发，依靠大而全的数据源使监测算法的准确性得到较大提高。但是，大量数据运算时需要占用较大内存，一般很难集成到某一电子控制系统的控制器里，需要额外增加一个控制器，用于 Driver Alert System 的数据运算。Driver Alert System 在后视镜的后方安装一个前置摄像头，以获取车辆运动轨迹信息。福克斯、S-MAX 和 Galaxy 系列车型都配备 Driver Alert System，在监测到驾驶人疲劳时提供报警功能，Driver Alert System 的工作原理图如图 6-8 所示。

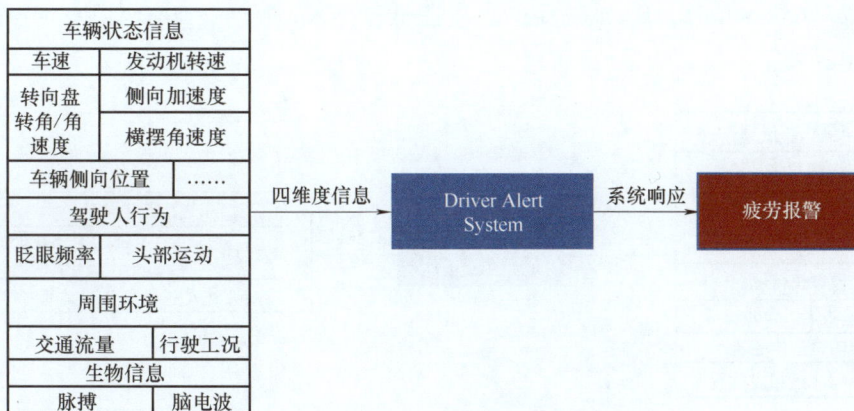

车辆状态信息	
车速	发动机转速
转向盘转角/角速度	侧向加速度
	横摆角速度
车辆侧向位置	……
驾驶人行为	
眨眼频率	头部运动
周围环境	
交通流量	行驶工况
生物信息	
脉搏	脑电波

四维度信息 → Driver Alert System → 系统响应 → 疲劳报警

图 6-8　Driver Alert System 的工作原理图

3. Driver Monitor

丰田公司在雷克萨斯和商用车上配备的 Driver Monitor 由电装株式会社提供，属于直接监测方法，利用摄像头获取驾驶人面部状态信号和眼睛运动信号，结合红外传感器获得的驾驶人头部位置和运动信息来识别驾驶人状态；当发现驾驶人处于疲劳状态时，车辆会发出警报提醒驾驶人，Driver Monitor 的工作原理图如图 6-9 所示。Driver Monitor 识别驾驶人疲劳状态的精度相当高，但是需要车辆额外安装一个摄像头和红外传感器，硬件成本较高。随着车辆高级辅助驾驶系统和生物识别技术的普及，Driver Monitor 应用范围会越来越广。

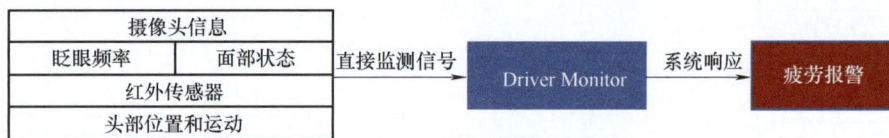

摄像头信息	
眨眼频率	面部状态
红外传感器	
头部位置和运动	

图 6-9　Driver Monitor 的工作原理图

与丰田公司不同，日产公司使用间接监测方法，原理是当驾驶人处于疲劳状态时，转向操纵行为与正常驾驶情况下的转向操纵行为存在较大差异，例如疲劳时驾驶人转向操作可能逐渐变缓甚至停下，因此可以根据驾驶人转向行为信号监测驾驶人状态。日产公司利用电动助力转向（Electric Power Steering，EPS）系统的转向盘转角与角速度、转向盘力矩信号，结合车辆状态信号和车内环境信息（例如车速、侧向加速度、横摆角速度、车内温度、刮水器、空调控制等）信号，判断驾驶人是否疲劳。当监测到驾驶人处于疲劳状态时，会在仪表盘上显示警告信息"Take a Break?"（休息一下？）。现在已经应用在日产楼兰和 Maxima 轿跑上。

4. Driver Alert Control

DAC（Driver Alert Control）是沃尔沃公司开发的驾驶人安全警告系统，其除了监测驾驶人疲劳状态外，还能监测驾驶人注意力是否分散。DAC 硬件包括摄像头、各种车辆状态传感器、车辆轨迹传感器和控制器，控制器综合分析驾驶人头部位置和角度、眼睛运动、车辆与车道的相对位置、转向盘操纵等数据，判断当前的驾驶状态，并与内置于控制器中记录器里驾驶人正常的驾驶状态对比，判断驾驶人是否处于疲劳或注意力分散状态；如果是，则发出声音信号提醒驾驶人，并在仪表盘上显示提示信息。DAC 还可以与其他驾驶辅助系统（如车道保持、自适应巡航、碰撞预警等）集成，除警报提醒外，还能主动对车辆运动进行有效干预。当车速高于 65km/h 时，DAC 激活；当车速低于 60km/h 时，DAC 休眠。DAC 的工作原理图如图 6-10 所示。

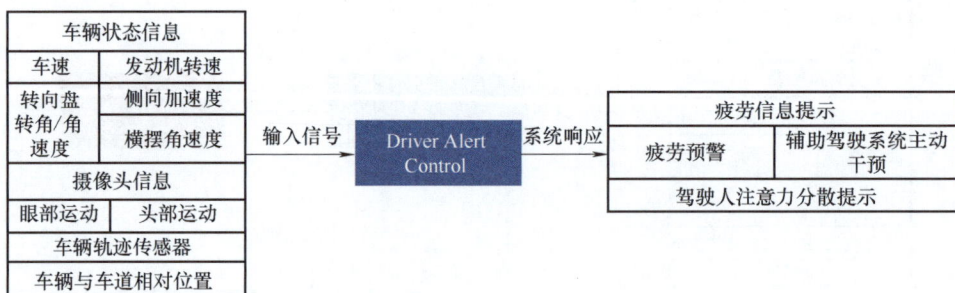

图 6-10　DAC 的工作原理图

5. Driver Monitor System

DMS（Driver Monitor System）是捷豹 F-Type 在转向盘里内置的一种驾驶人状态监测系统，由澳大利亚 Seeing Machines 公司提供，采集驾驶人面部运动和眼睛运动信息，监测驾驶人状态和注意力集中情况，控制器选择英特尔酷睿 i7 处理器 DMS 与紧急制动系统集成，如果判断出驾驶人处于疲劳状态或注意力分散状态，并有可能发生碰撞事故时，将主动制动，以确保行车安全。

6. Driver Drowsiness Detection System

DDDS（Driver Drowsiness Detection System）是博世公司研发的驾驶人疲劳状态间接监测系统，其与德系车的疲劳状态监测系统原理基本一致，博世的 DDDS 集成性好，可以和电子稳定控制系统、CAN 网关、FlexRay 网关等集成，应用载体不受限于制造商。

三、盲区监测系统

1. 盲区监测系统的工作原理

盲区监测系统主要由感知单元、ECU 及执行单元组成，感知单元包括摄像头、探测雷达、超声波传感器，执行单元为声光报警器，如图 6-11 所示。感知单元主要用来监测车辆侧后方盲区中是否存在车辆或行人，并将感知信息传递给 ECU；ECU 将感知单元获取的信息进行处理及判断，并将处理后的信号输出给执行单元；执行单元的主要作用是执行 ECU 的指令，如果盲区存在车辆或行人，声光报警器会通过图像或者声音的方式，给驾驶人进行提示，让驾驶人得到更好的驾驶预判。

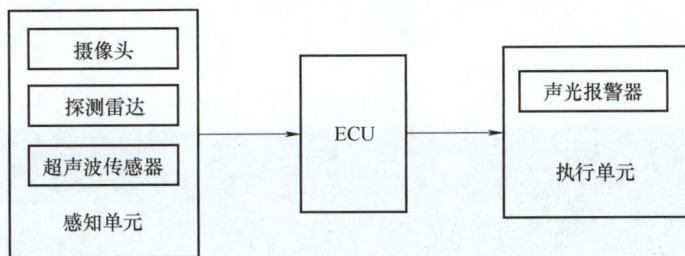

图 6-11　盲区监测系统的工作原理图

盲区监测系统从技术上主要分为影像和雷达两种，两种技术路线各有优劣。

（1）影像　影像顾名思义就是通过在车辆上加装摄像头的方式，对车辆盲区进行监测，摄像头主要加装在两侧后视镜和车尾，以影像方式监控车辆后方是否有来车，但采用影像的技术方式，在恶劣天气（大雨、大雾等）时就会表现不佳，极易产生误判。

（2）雷达　盲区监测系统使用的主要为 24GHz 和 77GHz 的短波雷达，将雷达安装于车辆侧方或后保险杠处，通过发出微波侦测车辆两侧及车尾来车。在车辆行驶速度超过 10km/h 时自动启动，实时向左右 3m 后方 8m 范围发出探测微波信号，系统对反射回的微波信号进行分析处理，即可知后面车辆距离、速度和运动方向等信息，通过系统算法，排除固定物体和远离的物体，当探测到盲区内有车辆靠近时，指示灯闪烁，此时驾驶人看不到盲区内的车辆，但是也能通过指示灯知道后方有车辆驶来，变道有碰撞的危险，如果此时驾驶人仍然没有注意到指示灯闪烁，打了转向灯，准备变道，那么系统就会发出"哔哔哔"的语音警报声，再次提醒驾驶人此时变道有危险，不宜变道。通过整个行车过程中，不间断地探测和提醒，防止行车过程中因恶劣天气、驾驶人疏忽、后视镜盲区、新手上路等潜在危险而造成交通安全事故。相较于采用影像的技术方式，雷达的方案不受天气的影响，且微波不依赖于空气传送，因此，微波的侦测能力和车辆的行驶速度也没有关联。

2. 高级别智能网联汽车中的盲区监测系统

在 L4 级别自动驾驶时，车辆虽然可以实现自主驾驶的功能，但还是需要安全员来辅助识别路况，在出现必要状况时，还是需要安全员来接管车辆，此时盲区监测系统将会和现在一样发挥自身作用，当车辆盲区出现车辆或行人时，依旧会通过声光来提醒安全员，从而确保车辆驾驶的安全。

当自动驾驶技术达到 L5 级别时，安全员的角色也不再需要，此时盲区监测系统将会转变为道路监测系统，不断进行道路状况的监测，给车辆提供更完善的道路状况，声光提醒也将消失，车辆将自主实现车辆两侧及后方来车的识别，给系统进行路况数据采集，以便让系统做好驾驶预判，给乘客提供完善的自动驾驶服务。高级辅助驾驶系统的发展将是逐渐递进的，现有的高级辅助驾驶系统更多是辅助驾驶人安全行驶，随着自动驾驶技术的提升，这些辅助驾驶人行驶的高级辅助驾驶系统也将得到技术的提升，转变为自动驾驶技术中另一种技术方向。

四、夜视系统

汽车夜视系统是一项源自军用技术的高级驾驶辅助系统（ADAS），主要作用为在夜间或其他弱光行驶环境中为驾驶人提供视觉辅助或警告信息，如图 6-12 所示。根据工作原理的不同，目前夜视技术可以分为微光夜视、主动红外夜视和被动红外夜视三大类，汽车用夜视系统主要为主动红外夜视与被动红外夜视。

图 6-12　夜视系统

1. 微光夜视技术

在影视剧上出现的绿色夜视效果，就是微光夜视技术，它的原理就是在可见光和近红外波段范围内，增强放大微弱的光照图像亮度，将其转变为人眼可见的图像。如果遇到强光源照射，可能会导致微光夜视设备失灵。

2. 主动红外夜视技术

主动红外夜视技术可见于奔驰等车型上，其工作原理为：采用自身携带的红外探照灯，主动照射被探测的景物，由带有红外热像管的接收模块进行探测处理，并将其转换为可见光图像，显示在仪表、车机或 HUD 设备上。

主动红外夜视系统的红外发出装置隐藏在前照灯内侧，前照灯玻璃的特殊设计将仅允许780~1100 纳米的红外线通过，这样可以避免驾驶人看到的光线颜色发红。主动红外夜视系统的接收摄像头位于前风窗玻璃上，它可识别红外反射波，并将其转换成图像显示在仪表板屏幕上。

3. 被动红外夜视技术

温度高于绝对零度的物体都要向外辐射能量，温度越低的物体，辐射的波长越长。一般物体处于室温时，辐射出的为红外线；当温度达到 800℃ 左右时，辐射出的为可见光。

被动红外夜视技术也称为热成像技术，可见于宝马等车型上，其工作原理为：系统基于安装在车辆前方的 CMOS 传感器从物体上获取热信号，并输出显示在仪表、车机或 HUD 设备上，物体辐射出的热量越多，其在图像中的亮度也就越强。

4. 性能指标对比

主动红外夜视系统和被动红外夜视系统性能指标对比见表 6-1。

表 6-1　主动红外夜视系统和被动红外夜视系统性能指标对比

	主动红外夜视系统	被动红外夜视系统
是否需要光源	是	否
探测距离	≤100m	>200m
穿透烟雾、沙尘能力	较弱	较强
受强光及光学突变影响	较弱	较强

【学习小结】

1. 驾驶人疲劳预警系统主要是通过摄像头获取的图像，通过视觉跟踪、目标检测、动作识别等技术对驾驶人的驾驶行为及生理状态进行检测，当驾驶人发生疲劳、分心、打电话、抽烟等危险情况时在系统设定时间内报警，以避免事故发生。

2. 前方碰撞预警系统主要是基于智能视频分析处理的一种高级辅助驾驶系统，其原理是，通过动态视频摄像技术、计算机图像处理技术来监测并辨别车辆周围道路环境，可以用来监测车距预防追尾、前车碰撞预警、导航和黑匣子等功能。

3. 车道偏离预警系统主要由 HUD（抬头显示器）、摄像头、控制器以及传感器组成。当车道偏离预警系统开启时，摄像头（一般安置在车身侧面或后视镜位置）会时刻采集行驶车道的标志线，通过图像处理获得汽车在当前车道中的位置参数。

4. 行人保护系统（Pedestrian Protection System）主要针对路面上的行人进行侦测识别，测算距离，避免碰撞行人。

5. 盲区监测（Blind Spot Detection）针对的是车辆两侧后方 A 柱遮挡的部分进行的车辆检测，避免驾驶人因为视觉盲区无法看到盲区的车辆而造成误判变道，通过盲区监测可以帮助驾驶人更好地观察车辆两侧后方的车辆状态。

6. 夜视系统能够自动识别前方物体，并在仪表盘、HUD 中发出警示。现有的夜视辅助系统可以做到识别超出远光灯范围的行人，对危险进行提前预知。

【知识巩固】

一、填空题

1. 驾驶人疲劳预警系统主要由_____、电子控制单元和预警显示单元三部分组成。

2. 驾驶人在疲劳状态下的一些生理指标，如_____电、心电、肌电、脉搏、呼吸等，都会偏离正常的状态。

3. 基于驾驶人生理指标的检测方法，客观性强，准确性高，但与检测仪器_____相关。

4. 前方碰撞预警系统（Forward Collision Warning System）的核心功能：提醒车主_____方存在碰撞到车辆的危险。

5. 盲区监测（Blind Spot Detection）针对的是车辆两侧后方_____柱遮挡的部分进行的车辆检测。

6. 为了确保汽车在各种天候状态、不同照明条件下都采集外界信息，车厂一般会选择通过增加_____系统来进一步确保行车安全。

二、选择题

1. 驾驶人疲劳预警系统主要是通过摄像头获取的图像，通过（　　）等技术对驾驶人的驾驶行为及生理状态进行检测。

A. 视觉跟踪　　　　　　　　　　　　B. 目标检测

C. 动作识别　　　　　　　　　　　　D. 以上都是

2. 常见的驾驶人疲劳预警系统是通过车载摄像头对驾驶人（　　）的信息及驾驶状态进行监测。

A. 面部　　　　　　　　　　　　　　B. 眼部

C. 头部　　　　　　　　　　　　　　D. 以上都是

3. 人体疲劳状态的一个重要表现就是呼吸频率的降低，呼吸变得（　　）。

A. 平稳　　　　　　　　　　　　　　B. 急促

C. 频繁　　　　　　　　　　　　　　D. 以上都不是

4. 基于驾驶人生理反应特征的检测方法，利用（　　）技术，检测驾驶人面部的生理反应特征。

A. 雷达　　　　　　　　　　　　　　B. 机器视觉

C. 医学检测　　　　　　　　　　　　D. 以上都不是

5. 实时疲劳检测方法 PERCLOSE，通常按照（　　）的标准检测，即单位时间内眼睛闭合程度超过 80% 的时间，占总时间的百分比。

A. p80　　　　　　　　　　　　　　B. p70

C. p60　　　　　　　　　　　　　　D. 以上都不是

6. 前方碰撞预警系统在碰撞到除汽车以外的其他障碍物时（　　）触发警报。

A. 不会　　　　　　　　　　　　　　B. 会

C. 不确定　　　　　　　　　　　　　D. 有时会

7. 一般的摄像头是（　　）获得深度信息的。

A. 能　　　　　　　　　　　　　　　B. 不能

C. 不确定　　　　　　　　　　　　　D. 有时能

三、简答题

1. 简述驾驶人疲劳预警系统的监测方法。

2. 简述前方碰撞预警的工作原理。

3. 简述车道偏离预警的工作原理。

4. 简述行人保护与盲区监测的基本原理。

5. 简述主动夜视系统与被动夜视系统的区别。

学习单元二　ADAS 控制类辅助驾驶功能

【知识链接】

控制类辅助驾驶主要目的是辅助驾驶人应对汽车面临的危险，主要包括自适应巡航控制系统、自动泊车系统、车道保持系统、自适应灯光控制和自动紧急制动系统。

一、控制类功能简述

1. 自适应巡航控制系统

自适应巡航控制系统（Adaptive Cruise Control，ACC）是一个允许车辆巡航控制系统调整速度以适应交通状况的控制系统。安装在车顶的雷达能够探测前方物体的距离，通过一系列算法来识别路上的潜在威胁，如图 6-13 所示。

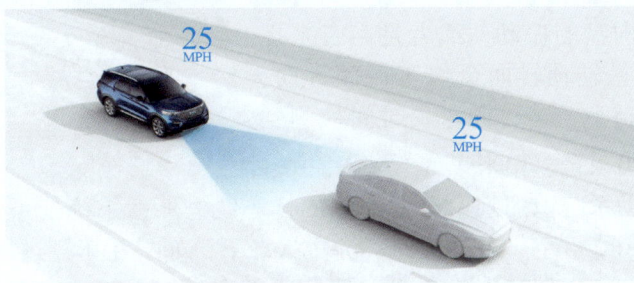

图 6-13　自适应巡航控制系统

自适应巡航控制系统与全速自适应巡航控制系统：很多自适应巡航功能要求车速在 30km/h 以上才能工作，而全速自适应巡航控制系统通常可以在 0~150km/h 起作用。

2. 自动泊车系统

自动泊车系统（Automatic Parking，AP）就是不用人工干预，自动停车入位的系统。自动泊车系统可以使汽车自动地以正确的停靠位泊车，该系统包括环境数据采集系统、中央处理器和车辆策略控制系统，环境数据采集系统包括图像采集系统和车载距离探测系统。

其原理是：遍布车辆周围的雷达传感器测量自身与周围物体之间的距离和角度，然后通过车载微处理器计算出操作流程配合车速调整转向盘的转动，驾驶人只需要控制车速即可，如图 6-14 所示。可采集图像数据及周围物体距车身的距离数据，并通过数据线传输给中央处理器；中央处理器可将采集到的数据分析处理后，得出汽车的当前位置、目标位置以及周围的环境参数，依据上述参数做出自动泊车策略，并将其转换成电信号；车辆策略控制系统接收电信号后，依据指令控制汽车的行驶，如角度、方向及动力支援方面的操控。

图 6-14　自动泊车系统

3. 车道保持系统

车道保持系统（Lane Keeping System，LKS）是智能辅助驾驶系统中的一种。它可以在车道偏离预警系统的基础上，对制动的控制协调装置进行控制，借助一个摄像头识别行驶车道的标志线，同时检测本车在车道内的位置，并可自动调整转向，使本车保持在车道内行驶，如图 6-15 所示。

如果车辆接近识别到的标志线并可能脱离行驶车道，那么会通过转向盘的振动，或者是声音来提醒驾驶人注意，并轻微转动转向盘修正行驶方向，使车辆处于正确的车道上，若转向盘长时间检测到

图 6-15　车道保持系统

无人主动干预，则发出报警，用来提醒驾驶人。

如果车道保持辅助系统识别到本车道两侧的标志线，那么系统处于待命状态，这通过组合仪表盘中的绿色指示灯显示。当系统处于待命状态下，如果在车辆过标志线前打了转向灯，警告信号就会被屏蔽，认定驾驶人为有意识地换道。该系统主要应用于结构化的道路上，如高速公路和路面条件较好（车道线清晰）的公路上行驶。当车速达到 65km/h 或以上才开始运行。

（1）车道保持系统的硬件结构　车道保持系统借助了车辆其他系统上的许多传感器、执行器和控制单元，来实现其功能，涉及的辅助系统包括：

1）电控机械式转向助力系统。

2）仪表电子装置和转向柱电子装置。

3）制动系统。

4）发动机管理系统。

5）巡航控制系统。

6）其他部件。

（2）车道保持系统的工作原理　车道保持系统基本结构分为识别、分析、决策系统和控制执行系统。

1）识别、分析、决策系统。通过对摄像头画面的处理，得出当前车辆相对车道线的位置、偏离的方向和速度，当车辆靠近识别出的边界线且要驶离该车道时，系统会通过声音和

图像对驾驶人进行提醒。其控制策略如下：

①如果车辆压过车道边界线之前，操纵了转向拨杆（转向灯亮了），那么就不会出现警告信号。这时该系统认为，是驾驶人的正常车道变换驾驶。

②在车辆靠近车道边界线，系统会出现一次警告信号。

③在第一次警告出现后，车辆前轮远离对应的车道边界线，随后后轮也靠近边界线时，系统就会发出第二次警报。这样，就可防止车辆在与车道边界线平行行驶时持续出现这种警告。

④系统在发出警告信号的同时，发出辅助控制（纠偏）命令是有前提条件的，即驾驶人没有打转向灯并且没有操作转向盘的情况下，车辆发生了车道偏离且车辆速度达到一定规定（乘用车一般为65km/h）时。

2）控制执行系统。接到决策系统的辅助控制命令时，由ESP系统或电机输出转向助力，使车辆保持在道路内行驶。控制执行系统的控制策略如下：

①车道保持系统是用于高速公路和路况良好的普通公路，因此该系统只有在车速超过65km/h时才开始工作（如果用户有要求，按用户设定，比如公交公司最高限速是50km/h）。

②如果车道被雪覆盖着、道路过窄或者道路边界线不清晰的情况下，车道保持系统会自动关闭。

（3）车道保持系统的激活条件

1）最低速度：65km/h。

2）车道宽度：2.45~4.6m。

3）摄像头必须视线畅通。

4）摄像头必须能够识别车道线。

（4）车道保持系统的局限

1）能见度影响，识别不出车道标志线。

2）恶劣天气和光照条件不佳，导致识别不出车道标志线。

3）车道边缘识别不清。

4）有脏物的风窗玻璃。

5）结雾的风窗玻璃。

6）临时标志线的施工路段。

7）光学错觉。

4. 自适应灯光控制

自适应灯光控制（Adaptive Light Control，ALC）是一种智能灯光调节系统。通过感知驾驶人操作、车辆行驶状态、路面变化以及天气环境等信息，ALC自动控制前照灯实时进行上下、左右照明角度的调整，为驾驶人提供最佳道路照明效果。

自适应前照灯系统共由传感器、ECU、车灯控制系统和前照灯四部分组成。汽车车速传感器和转向盘转角传感器不断地把检测到的信号传递给ECU，ECU根据传感器检测到的信号进行处理，把处理完后的数据进行判断，输出前照灯转角指令，使前照灯转过相应的角度。

汽车在转弯时，重点是要提前看到所转方向的障碍物，根据现实驾驶的经验，车灯一般只需转过0°~15°即可，只需所转方向侧的那只前照灯实现智能转向就可以，另一侧前照灯还是保持原来的方向，如图6-16所示。虽然简化了控制，仍然能够达到预期的效果。它可以通过控制系统能够显著改善各种路况下的照明效果，提高行车安全。

5. 自动紧急制动系统

自动紧急制动（Automatic Emergency Braking，AEB）是一种汽车主动安全技术，主要由三大模块构成，其中，测距模块的核心包括微波雷达、激光雷达和视频系统等，它可以提供前方道路安全、准确、实时的图像和路况信息。

自动紧急制动系统采用雷达测出与前车或者障碍物的距离，然后利用数据分析模块将测出的距离与警报距离、安全距离进行比较，小于警报距离时就进行警报提示，而小于安全距离时即使在驾驶人没有来得及踩制动踏板的情况下，自动紧急制动系统也会启动，使汽车自动制动，从而为安全出行保驾护航，如图 6-17 所示。

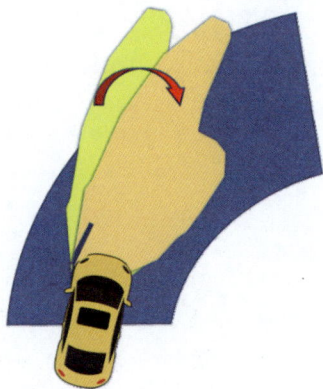

图 6-16　自适应灯光控制

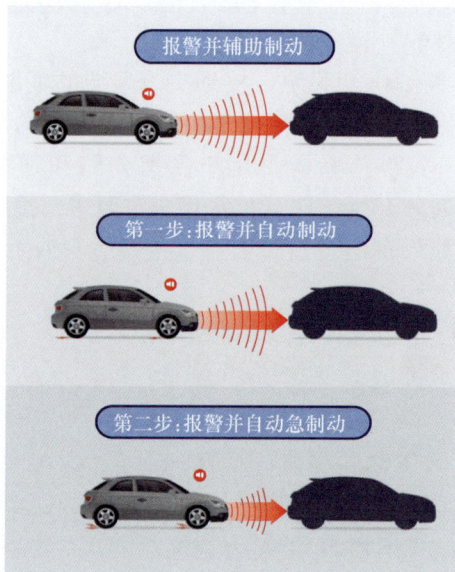

图 6-17　自动紧急制动

二、自适应巡航控制系统

1. 自适应巡航的工作原理

A 车驾驶人已经激活自适应巡航控制系统，并选定了巡航车速 v 和巡航车距 D_W，A 车已经加速到了选定巡航车速，如图 6-18 所示。

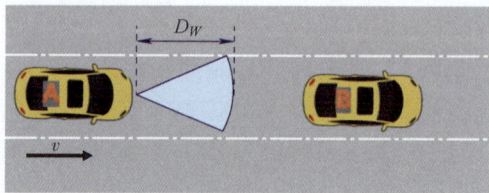

图 6-18　激活自适应巡航控制系统

A 车识别出前面的 B 车与自己行驶在同一条车道上，于是 A 车通过减速，必要时也会施加制动来减速，直至两车之间的距离达到设定的巡航距离，如图 6-19 所示。

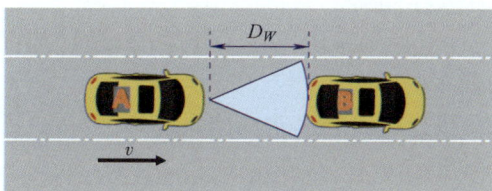

图 6-19　减速

如果这时有另一辆车（摩托车）闯入 A、B 两车之间，那么自适应巡航控制系统施加的制动就不足以使 A 车和摩托车之间的距离达到设定的巡航车距，于是就有声、光报警信号来提醒驾驶人应踩下制动踏板施加制动，如图 6-20 所示。

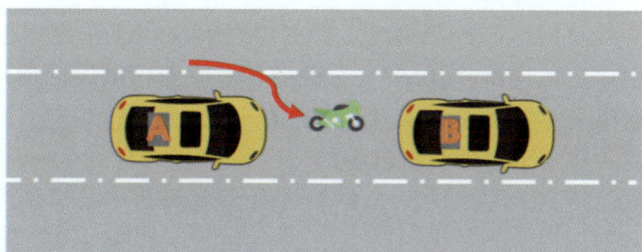

图 6-20　插入摩托车

如果前车驶离车道，那么雷达传感器会侦测到这一情况，于是 A 车又开始加速，直至达到设定的巡航车速，如图 6-21 所示。

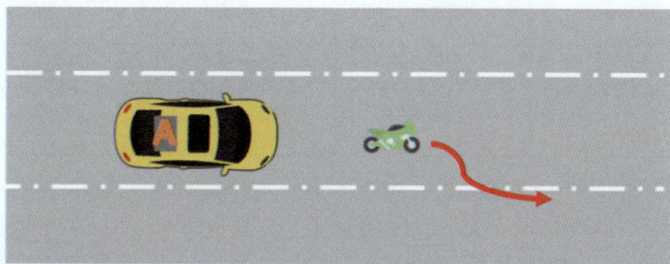

图 6-21　加速

2. 自适应巡航控制系统的功能

（1）操纵和显示　奥迪 A8 的主动巡航控制系统共有三个显示区：

1）所有重要信息总是显示在转速表的中央。

2）与系统有关的重要信息（由于很少出现，因而就不需要长久地显示出来）显示在仪表板中央显示屏上。

3）辅助信息（用于详细说明系统功能的）可由驾驶人在一个附加显示屏上调出。按下刮水器拨杆下方的 RESET 按钮就可完成这个操作。

奥迪 A8 的主动巡航控制系统一共有以下四种不同的系统状态（模式）：

1）ACC AUS（自适应巡航控制系统关闭）：这时系统已被关闭，无法进行任何操作。

2）ACC BEREIT（自适应巡航控制系统已准备完毕）：这个模式表示一种"待机"状态，这时该系统仍然处于接通状态，但并未真正进行调节，如果先前自适应巡航控制系统曾经工作过，那么所要求的车速会存入存储器。

3）ACC AKTIV（自适应巡航控制系统正在工作）：自适应巡航控制系统以设定好的车速行驶（在公路上）或调节与前车的车距。

4）ACC UBERTRETEN（超越自适应巡航控制系统）：驾驶人踩下加速踏板使车速超过了自适应巡航控制系统设定的车速。

（2）系统的接通/关闭 操纵杆有两个位置，接通系统只需将该操纵杆向驾驶人方向推至自适应巡航控制系统的 ON 位置即可。关闭系统只需将操纵杆推至自适应巡航控制系统的 OFF 位置即可。

（3）设定巡航车速 巡航车速就是在公路上行驶时，自适应巡航控制系统所能调节的最高车速（取决于巡航车速控制系统的功能），按下 SET 按键就可以将当前的车速作为所要求的巡航车速储存起来。

（4）识别前车 在自适应巡航控制系统工作的过程中（车速在 30~200km/h 时），驾驶人可以向上推操纵杆（增速）或向下推操纵杆（减速）来改变已设定的巡航车速，已经改变了的巡航车速由转速表上相应的 LED 指示出来。向+和−方向拨动操纵杆，每拨一次，设定的巡航车速就变动一次，变动量为车速表刻度盘上的一个格。

（5）设定巡航车距（与前车的距离） 本车与前车之间的车距可由驾驶人设定为四个级别，如图 6-22 所示。

距离等级 1	距离等级 2	距离等级 3	距离等级 4
🚗 🚗	🚗 🚗	🚗 🚗	🚗 🚗
时间间隔 1s	时间间隔 1.3s	时间间隔 1.8s	时间间隔 2.3s
动力学特性 运动型	动力学特性 标准型	动力学特性 标准型	动力学特性 舒适型
适用于 车辆呈密集队列 缓慢前进和急速 起步	适用于 车辆队列自由移 动和急速起步	适用于 车辆队列自由移 动和舒适跟行	适用于 乡村道路带驻车 模式

图 6-22 两车车距的四个级别

（6）驾驶人接管请求 如果系统识别出施加的制动不足以使车辆达到规定的车距，那么就会响起一个声音信号（锣声）。另外，车速表上会出现红色显示，这个显示内容以 0.5Hz 的频率在闪动，这就提醒驾驶人应主动施加制动。

（7）将车速提高到超过设定的巡航车速 如果驾驶人加速使车速超过了巡航车速，那么车速表上的那个符号就会消失，若驾驶人启动了辅助显示屏，该屏幕上会显示出该状态。

（8）关闭自适应巡航控制系统（BEREIT 模式） 向车的行驶方向轻触操纵杆就关闭了自适应巡航控制系统，这时的模式就从 AKTIV 切换到 BEREIT。用于显示巡航车速的发光二极管仍在工作，松开后拨杆又自动回到 ON 位置。

（9）激活自适应巡航控制系统（Resume） 如果自适应巡航控制系统已经被关闭且处于BEREIT 模式，那么向驾驶人方向拉拨杆就可以激活自适应巡航控制系统。

（10）故障显示/关闭

1）严重故障。

2）一般故障。

3）驾驶人主动进行制动。

4）ESP-/ABS-/ASR-/MSR-控制。

5）电子机械式驻车制动器正在工作。

6）无效操作。

7）变速杆位置无效。

8）脱离车速范围。

9）车距调节传感器没有发现前车目标。

3. 系统的局限性

1）作为一个驾驶人辅助系统，绝不可以将其看成安全系统，它也不是全自动驾驶系统。

2）系统在车速为 30～200km/h 时才工作。

3）系统对固定不动的目标无法做出反应。

4）雨水、浮沫以及雪泥水会影响雷达的工作效果。

5）在转弯半径很小时，由于雷达视野受到限制，所以会影响系统的功能。

6）每个人驾驶习惯不同，自适应巡航控制系统在高速使用时，由于境况不同，敏感程度也会不同，在雷达粘上污物时可能会影响行车安全，在加速或减速时，可能会产生有不适感，在瞬时油耗会加大。

三、自动泊车系统

1. 自动泊车系统的组成

（1）泊车辅助转向传感器

信号作用：该信号是泊车辅助转向功能专用的，它们被用于测量空闲的停车位，并且在泊车过程中监测前部末端的侧向空位。

失效影响：泊车辅助转向传感器具有自诊断能力，如果该传感器有故障，泊车辅助转向功能（PA）将不能使用，但是停车辅助功能（PDC）仍然有效。

（2）泊车辅助传感器

信号作用：泊车辅助传感器用于测量车辆与附近障碍物的距离，可用于停车距离控制和泊车辅助转向。

失效影响：全部八个传感器具有自诊断功能，其中一个传感器失效将导致泊车辅助和泊车辅助转向功能都失效。

（3）泊车辅助转向控制单元　泊车辅助转向控制单元位于转向柱的左侧，中央电器控制单元的上方，包含泊车辅助转向功能和泊车辅助功能。如果车辆装备了泊车辅助转向系统，则不必装备泊车辅助控制单元。如果车辆只装备泊车辅助控制单元，则无法实现泊车辅助转向功能。

（4）泊车辅助按钮

信号作用：手动操作按钮开启前部停车距离控制（泊车辅助）。

失效影响：如果停车距离控制因相关元件的技术故障而失效，则会通过警告灯闪烁进行报警提示。

（5）泊车转向辅助按钮

信号作用：通过手动操作此开关激活泊车辅助的泊车转向功能。

失效影响：如果停车辅助由于相关元件的技术故障而无法激活，则会通过警告灯闪烁进行报警提示。

2. 自动泊车过程

使用泊车辅助倒入停车空位的过程被分为下列四个阶段：

(1) 阶段 1：激活泊车辅助转向系统 每次开始停车前，都必须重新激活泊车辅助转向系统，只有当车速低于 30km/h 时，泊车辅助转向系统才能激活。

(2) 阶段 2：寻找合适的停车空位 泊车辅助转向系统寻找道路左右两侧的空车位，驾驶人信息系统显示已经找到了一个足够大的空车位。

1）当 $v<30$km/h，并按下泊车辅助转向系统按键时，泊车辅助转向系统被激活（泊车辅助转向系统指示灯亮起），在驾驶人信息系统中，显示"寻找合适的空车位"图形。

2）当 30km/h$<v<45$km/h，并按下泊车辅助转向系统按键时，泊车辅助转向系统处于待机状态（泊车辅助转向系统指示灯亮起），驾驶人信息系统将显示"车速过高"信号。

3）当 $v>45$km/h，并按下泊车辅助转向系统按键时，泊车辅助转向系统无法被激活（泊车辅助转向系统指示灯熄灭），驾驶人信息系统将显示"车速过高"信号。

(3) 阶段 3：借助泊车辅助转向系统 泊车汽车停止时挂上倒车档后，开始停车过程，泊车辅助转向系统把汽车转向空车位，驾驶人必须负责制动和踩加速踏板，步骤如下：

1）挂入倒车档后，控制单元计算出一条理论的倒车运动轨迹。

2）汽车在倒车过程中，根据车的实际位置不断变化，控制单元不断地向外输出理论转向角值。

3）控制单元不断从转向角传感器接收到实际转向角值，并结合车速测算出汽车的当前位置。

4）如果汽车偏离理论的轨迹，则控制单元调节向外输出的理论转向角值，使汽车实际运动轨迹和理论曲线相重合。

5）如果在辅助停车过程结束时，控制单元识别到变速杆从倒车档位置移出时，那么前轮会向适合完成停车过程的位置转动。

6）接着，出现报告"辅助功能关闭"。

7）驾驶人自行调节车辆位置，使车停在空位中央。

(4) 阶段 4：泊车辅助转向过程完成 停车完成后，泊车辅助转向系统通过驾驶人信息系统显示出来，关闭泊车辅助转向功能，并关闭停车辅助按键上的警告灯。

3. 自动泊车过程中断条件

满足下列条件之一，泊车辅助将被关闭：

① 在向后倒停车时，驾驶人将车速提高到 7km/h 以上。

② 停车过程未在挂入倒车档后的 180s 内完成。

③ 在转向过程中，驾驶人作用在转向盘上的转向力矩大于 5N·mm。

④ 在停车过程中，倒车档被挂入，ESP 被关闭。

⑤ 在停车过程中，ESP 介入。

⑥ 在停车过程中，按下了驻车转向辅助系统按键 E581，关闭了驻车转向辅助系统。

四、自适应远光灯控制

远光灯控制信号可以采用两种不同的模式：自动远光灯（AHB）模式，它提供二进制开/关控制；自适应驱动光束（ADB）模式，可精确控制各个远光 LED 阵列，以创建无炫光区域（GFZ）。

1. AHB 模式

在 AHB 模式下，车辆的远光灯将在夜间照明不佳的情况下自动打开。但是当检测到行驶中的车辆进入视野范围时，远光灯会自动关闭并切换为近光灯。车辆远离后，远光灯将自动重新打开，如图 6-23 所示。

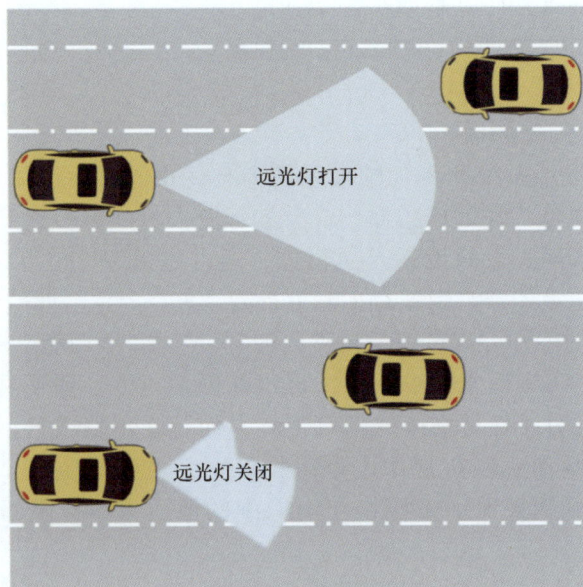

远光灯打开

远光灯关闭

图 6-23　AHB 模式

2. ADB 模式

ADB 是远光灯控制的新标准。如图 6-24 所示，在 ADB 模式下，车辆通过使远光灯 LED 阵列前照灯中的各个 LED 变暗来防止给远处行驶车辆中的驾驶人造成炫光。这种选择性调光可根据交通模式的需要创建无炫光区域。

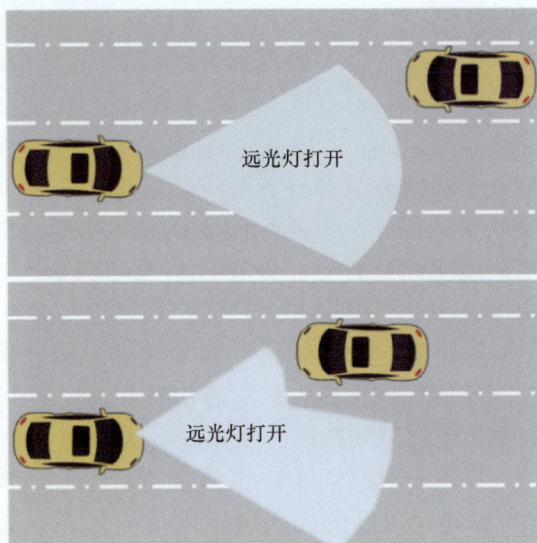

远光灯打开

远光灯打开

图 6-24　ADB 模式

与 AHB 模式相似，在车辆离开检测范围后，变暗的区域将自动变回全亮度状态。因此，在 ADB 模式下始终可以保持远光灯开启，以提高夜间行驶的安全性，同时也不会引起其他道路使用者炫光。ADB 模式已于 2016 年在欧洲被允许采用。

3. 无炫光区域

在 ADB 模式下，无炫光区域是一种数据结构，旨在表示在摄像头可感知的帧中应完全避免使用远光灯或使用减弱远光灯以避免发生反射的区域。

五、自动紧急制动

1. 自动紧急制动的工作原理

自动紧急制动（AEB）系统和其他辅助系统一样，由感知、决策和执行三大部分组成，具体来说就是由雷达和摄像头作为传感器构成感知部分，传感器内置 ECU 或独立的外置 ECU 完成决策，并将制动请求通过总线发送至执行器，通常是 ESP，也可以是其他装置，例如线控制动系统或独立的高压蓄能器控制器对车辆进行制动。

（1）感知层　常见的感知方案有以下三种：

1）视觉摄像头。摄像头就像人眼一样，可跟踪识别行人、障碍物等，感知距离大概在 120m 左右，但是不能精确计算与物体的相对距离，而且受不良天气的影响，因此单独采用摄像头方案的自动紧急制动系统非常少。障碍物识别，主流的主机厂一般使用 Mobileye 的成熟算法，测距主要是利用被识别障碍物在图像中的像素大小以及短时间差内的图像障碍物视差来实现的。

2）毫米波雷达。毫米波雷达的感知距离大概在 150m 以上，但是因为天线和尺寸的特性，雷达的角度分辨率也有限，较难识别行人等障碍物，而且雷达存在二次反射问题，容易出现误识别，因此单独采用雷达的自动紧急制动方案也非常少。通过多普勒效应计算距离/差速。

3）视觉摄像头融合毫米波雷达。为了能做出更可靠的自动紧急制动方案，大部分车厂将毫米波雷达与视觉摄像头结合起来，两者优势互补，视觉摄像头识别目标类型，用雷达较好的角度分辨率感知距离，判断与障碍物距离信息，然后相互确认，大幅度降低误判断。

（2）决策层　决策就是用汽车的大脑（ECU）做判断，ECU 能够根据传感器信息，然后按照设定的逻辑计算，得出执行命令，最后将执行命令发送给执行机构。这里要提到一个词——碰撞时间（Time-To-Collision，TTC）。海沃德将 TTC 定义为："如果两个车辆以现在的速度和相同的路径继续碰撞，则需要碰撞的时间。"在交通冲突技术的研究中，TTC 已被证明是衡量交通冲突严重程度和区分关键行为与正常行为的有效手段。一些研究的结果指出，直接使用 TTC 作为交通决策的线索。车辆之间未来相互作用的预测涉及为受试车辆以及所有可能发生相互作用的车辆创建预测轨迹，以查看是否可能发生碰撞。TTC 是针对每两辆相互足够接近车辆来计算相互时间长。根据其老位置、新速度矢量和新加速度矢量计算车辆的新坐标。它的新速度矢量同样是从它的旧速度和新加速度矢量计算出来的。通过对期望轨迹、道路几何形状、交通控制（例如停止标志、交通信号和速度限制）以及邻近车辆的接近程度来确定加速度矢量。如果不引起任何碰撞，加速度被认为是可接受的。

在车辆行驶时，实时地计算出本车与前车在当前运动状态下，继续运动直到发生碰撞所需的时间（即 TTC），来与事先设定好的阈值进行比较：当 TTC 值小于前方碰撞预警阈值时，系统采用视觉、听觉或触觉向驾驶人报警；当 TTC 小于自动紧急制动阈值时，系统以一定的减速度采取紧急制动。

（3）执行层　执行可以简单地理解为教练帮驾驶人踩制动踏板。执行机构，通常是通过 ESP 或其他装置，例如独立的高压蓄能器控制器——对车辆制动系统进行控制制动。但是在执行制动之前，一般都会有碰撞预警系统做提示，让驾驶人自己处理危险，或者有心理准备。

按照汽车与障碍物的距离，可以分为以下四个阶段，如图 6-25 所示：

图 6-25　汽车与障碍物距离的四个阶段

1）提醒阶段。主要是通过声学和光学的方式提醒驾驶人对车辆即将可能发生的碰撞进行接管，并对制动系统进行提前减压。同时，还会根据车辆实际的配置对一些功能进行调节，比如可变悬架。

2）预制动阶段。这时自动紧急制动系统首先会试图通过短促的制动来唤醒驾驶人，同时车辆也会对安全带进行预紧。此时，制动系统开始对制动盘施加制动力，但通常只有全部制动能力的 30%。此阶段仍然可以通过驾驶人的干涉来完全避免碰撞。

3）部分制动阶段。这时自动紧急制动系统开始使用 50% 的制动力来为车辆减速，同时配备自动车窗和天窗的车辆会开始主动关闭，避免驾驶人在接下来可能发生的碰撞中被抛出窗外，在进入部分制动时，自动紧急制动系统也会打开双闪警告灯提醒后车。此时如果驾驶人进行干预，仍然有可能避免发生碰撞。

4）全力制动阶段。在这一阶段，自动紧急制动系统将会放弃依靠驾驶人的制动行为，并通过执行器进行 100% 制动力度的制动。与此同时，车辆也会收到信号开始着手为接下来可能存在的碰撞风险做好准备，比如将安全带收紧等。

整个执行过程的持续时间通常只有 2~3s，甚至很难通过身体的感受来区分第二和第三阶段的区别。通常来说，自动紧急制动系统会根据危险等级依次进入四个阶段，但也有一些情况会跳过其中某个或某几个阶段。比如面对突然出现的行人，或是前方障碍物与当前车辆的距离迅速缩短。

2. 自动紧急制动的工作条件

（1）车辆识别　当汽车车速在 40km/h 以内，可以做到避免与静止车辆碰撞；在与前方运动的速度差小于 40km/h 以内，可以做到避免碰撞；如果运动时速与前车大于 40km/h 时，降低事故损伤程度。

（2）行人识别　行人识别目前只能探测到身高 80cm 以上的人。当汽车的速度在 30km/h 以内，可避免与行人发生碰撞；速度在 30~90km/h 范围内，有可能会撞上，但是可以降低损伤事故程度；速度超过 90km/h，行人识别功能关闭。

最后，当汽车车速过低（小于 5km/h 时），自动紧急制动系统不工作，速度太高（大于 150km/h 时），自动紧急制动系统也不工作，目前的自动紧急制动系统并不是任何车速下都能制动。除了速度范围，一般车型的自动紧急制动系统也只能识别车辆和行人两种，虽然部分自动紧急制动系统带有骑行识别功能，但识别率很低。

📁 【学习小结】 ▶▶▶

1. 自适应巡航控制系统（Adaptive Cruise Control，ACC）是一个允许车辆巡航控制系统调整速度以适应交通状况的控制系统。

2. 自动泊车系统（Automatic Parking，AP）就是不用人工干预，自动停车入位的系统。

3. 车道保持系统（Lane Keeping System，LKS）是智能辅助驾驶系统中的一种。它可以在车道偏离预警系统的基础上对制动的控制协调装置进行控制。

4. 自适应灯光控制（Adaptive Light Control，ALC）是一种智能灯光调节系统。通过感知驾驶人操作、车辆行驶状态、路面变化以及天气环境等信息，自适应灯光控制自动控制前照灯实时进行上下、左右照明角度的调整，为驾驶人提供最佳道路照明效果。

5. 自动紧急制动（Automatic Emergency Braking，AEB）是一种汽车主动安全技术，它可以提供前方道路安全、准确、实时的图像和路况信息。

6. 自动紧急制动（AEB）系统和其他辅助系统一样，由感知、决策和执行三大部分组成，具体来说就是由雷达和摄像头作为传感器构成感知部分，传感器内置 ECU 或独立的外置 ECU 完成决策，并将制动请求通过总线发送至执行器，通常是 ESP，也可以是其他装置。

📝 【知识巩固】 ▶▶▶

一、填空题

1. 大多数自适应巡航功能要求车速在_____ km/h 以上才能工作。

2. 自动泊车系统可以使汽车自动地以正确的停靠位泊车，该系统包括环境数据_____、中央处理器和车辆策略控制系统。

3. 车道保持系统可以在车道偏离预警系统的基础上对_____的控制协调装置进行控制。

4. 车道保持系统在车速达到_____ km/h 或以上才开始运行。

5. 自适应前照灯系统共由_____、ECU、车灯控制系统和前照灯四部分组成。

6. 自动紧急制动是一种汽车_____安全技术。

二、选择题

1. 车道保持系统借助了（　　）来实现其功能。

A. 车道保持系统控制单元　　　　　　　B. 车道保持系统指示
C. 风窗玻璃加热器　　　　　　　　　　D. 以上都是

2. 车道保持系统的激活条件（　　）。

A. 最低速度：65km/h　　　　　　　　B. 车道宽度：2.45～4.6m
C. 摄像头必须视线畅通　　　　　　　　D. 以上都是

3. 车道保持系统的局限（　　）。

A. 能见度影响，识别不出车道标志线

B. 恶劣天气和光照条件不佳，导致识别不出车道标志线

C. 车道边缘识别不清

D. 以上都是

4. 自动紧急制动可以提供（　　）。

A. 前方道路安全　　　　　　　　　　　B. 准确、实时的图像

C. 准确、实时的路况信息　　　　　　　D. 以上都是

5. 自适应巡航控制系统的局限性（　　）。

A. 系统在车速为 30~200km/h 时才工作

B. 系统对固定不动的目标无法做出反应

C. 雨水、浮沫以及雪泥水会影响雷达的工作效果

D. 以上都是

6. 自动泊车过程中断条件（　　）。

A. 在向后倒停车时，驾驶人将车速提高到 7km/h 以上

B. 停车过程未在挂入倒车档后的 180s 内完成

C. 在转向过程中，驾驶人作用在转向盘上的转向力矩大于 5N·mm

D. 以上都是

7. 自动紧急制动常见的感知方案有三种，包含（　　）。

A. 视觉摄像头　　　　　　　　　　　　B. 毫米波雷达

C. 视觉摄像头融合毫米波雷达　　　　　D. 以上都是

三、简答题

1. 简述自适应巡航的工作原理及条件。

2. 简述车道保持系统涉及的汽车零部件。

3. 简述自动泊车系统的工作步骤。

4. 简述自动紧急制动的四个阶段。

5. 简述自适应灯光控制的两种模式。

汽车电子电气架构

　　随着现代汽车功能不断增加，ECU 数量大幅上升，一般车型上已经达到了 70～80 个，代码行数达到了亿级，复杂度超过了安卓系统。在传统供应链中，不同的 ECU 来自不同的供应商，软硬件各异，架构分布式，软件升级几乎与车使用寿命同步，这影响了用户体验。为了加速软件创新，人们从分布式架构演变到了集中式架构，并引入了"域"的概念。单一的 ECU 已不再是主流，更加注重系统方案和软件集成。

　　OTA（Over-the-Air Technology）是指通过无线网络对汽车的软件进行远程升级和更新，以提高汽车的安全性、稳定性和用户体验。软件定义汽车和 OTA 是汽车行业的重要创新，也是实现国家新型工业化、信息化的重要支撑。通过软件定义汽车和 OTA，可以降低汽车的生产成本和维护成本，提高汽车的能效和环保性，满足消费者的个性化需求，促进汽车产业的转型升级，为构建新发展格局和实现高质量发展做出贡献。作为新时代的青年人，应该积极学习和掌握软件定义汽车和 OTA 的相关知识和技能，为推动我国汽车产业的创新发展贡献力量。

学习单元一　汽车电子电气架构概述

![知识链接图标]【知识链接】

　　在数字化重塑的浪潮下，一场深刻的汽车电子电气（E/E）构架变革正在酝酿，从分布式架构到域集中架构，从域集中到跨域融合，从跨域融合再到最终的中央计算平台，本学习单元就域控制器的优点和四大支柱做阐述。

一、汽车电子电气架构概述

1. 域控制器

　　传统汽车的 E/E 架构（图 7-1 和图 7-2 所示），是由多个厂商提供 ECU 组成的电子电气架构，过去 10 多年的汽车智能化和信息化发展产生了一个显著结果，就是 ECU 芯片使用量越来越多。从传统的发动机控制系统、安全气囊、防抱死制动系统、电动助力转向、车身电子稳定系统；再到智能仪表、娱乐影音系统、辅助驾驶系统；还有电动汽车上的电驱控制、动蓄电池管理系统、车载充电系统，以及蓬勃发展的车载网关、T-BOX 和自动驾驶系统等。正是因为硬件和软件功能都被切割成很多块分布在不同厂家提供的 ECU 里，使软件 OTA（空中升级技术）的难度非常

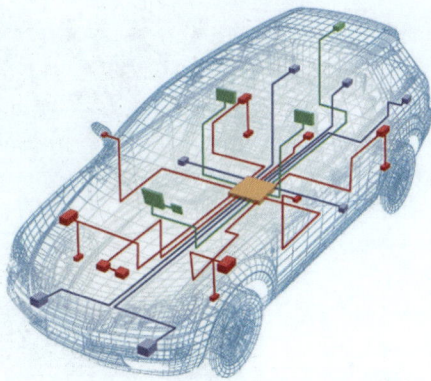

图 7-1　传统的 E/E 架构

大。这使很多型号的汽车从出厂到最终报废，软件功能都没有升级过，都没有迭代，又何谈智能？

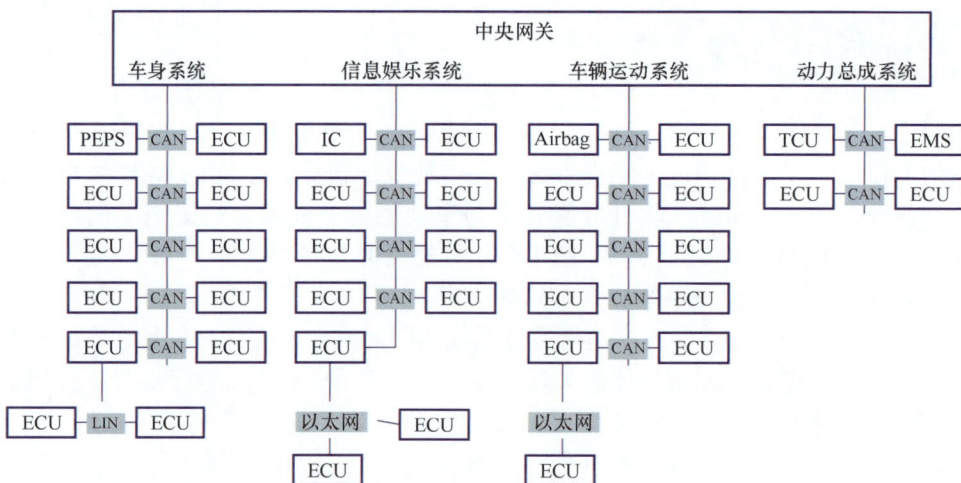

图 7-2　传统汽车的分布式 E/E 架构

　　显而易见，汽车如果要能像手机一样持续根据数据和用户反馈进行软件迭代，现有的 E/E 架构必然是要进行大变革的。软件和硬件必须解耦，算力必须从分布走向集中，特斯拉的 Model 3 率先由分布式架构转向了分域的集中式架构，这是其智能化水平遥遥领先于许多车厂的主要原因。汽车厂商开始逐渐把很多功能相似、分离的 ECU 功能集成整合到一个比 ECU 性能更强的处理器硬件平台上，这就是汽车"域控制器（Domain Control Unit，DCU）"。域控制器的出现是汽车 E/E 架构从 ECU 分布式 E/E 架构演进到域集中式 E/E 架构的一个重要标志。

　　域控制器是汽车每一个功能域的核心，它主要由域主控处理器、操作系统和应用软件及算法三部分组成。平台化、高集成度、高性能和良好的兼容性是域控制器的主要核心设计思想。依托高性能的域主控处理器、丰富的硬件接口资源以及强大的软件功能特性，域控制器能将原本需要很多颗 ECU 实现的核心功能集成进来，极大提高系统功能集成度，再加上数据交互的标准化接口，因此能极大降低这部分的开发和制造成本，如图 7-3 和图 7-4 所示。

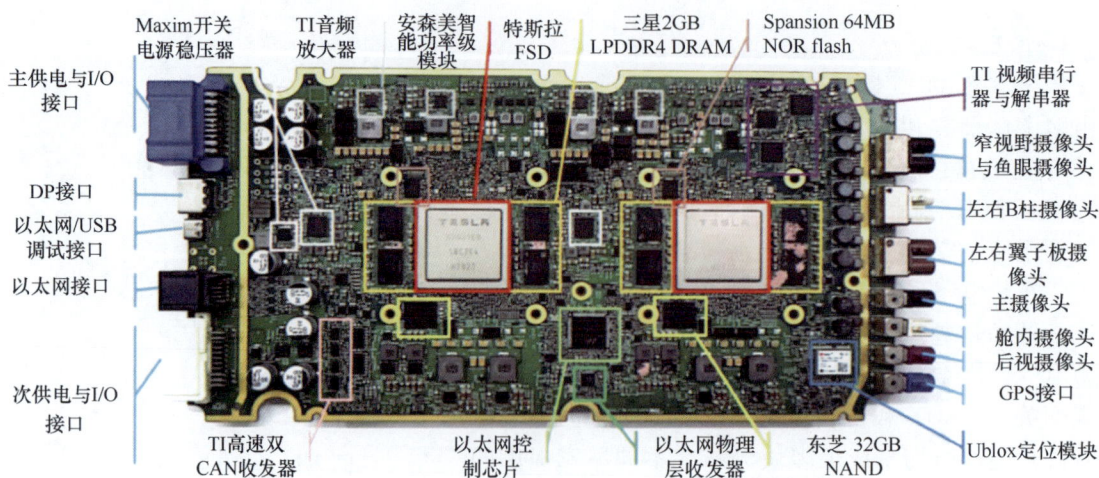

图 7-3　特斯拉 Model 3 自动驾驶域控制器电路板正面

　　对于功能域的具体划分，各汽车主机厂家会根据自身的设计理念而划分成几个不同的域，

图 7-4　特斯拉 Model 3 自动驾驶域控制器电路板背面

比如博世划分为动力域（Power Train）、底盘域（Chassis）、车身域（Body/Comfort）、座舱域（Cockpit/Infotainment）、自动驾驶域（ADAS）五个域，这也是最经典的五域集中式 EEA。有的厂家则在五域集中式架构基础上进一步融合，把原本的动力域、底盘域和车身域融合为整车控制域，从而形成了三域集中式 EEA，即车控域控制器（Vehicle Domain Controller，VDC）、智能驾驶域控制器（ADAS/AD Domain Controller，ADC）、智能座舱域控制器（Cockpit Domain Controller，CDC），大众的 MEB 平台以及华为的 CC 架构都属于这种三域集中式 E/E。

（1）使用域控制器集成化架构的原因　采用域控制器集成化架构代替以前的多 ECU 分散式架构主要有以下原因：

1）汽车功能数量的逐渐增加与复杂化。目前，汽车的电子架构在每个独立的控制单元中集成了一个或多个功能特性，这不仅增加了控制单元和分布式软件功能的数量，同时也使单元之间的通信连接变得复杂。当汽车需要增加新功能时，以往的解决方案往往是额外增加一个负责相应功能的 ECU 模块与电路线束。如今，随着汽车电子化程度越来越高，尤其是自动驾驶、主动安全等功能的增加，汽车的 ECU 数量急速增加，一辆汽车里的 ECU 数量平均会达到 50~70 个，一些功能更加复杂的豪华轿车，ECU 数量早就已经破百。如此多的 ECU 错综交错，不仅带来了十分复杂的线束设计，逻辑控制也十分混杂。通过不断增加 ECU 数量来为汽车增加新功能的方法已不可持续。

2）未来汽车对高速数据处理和复杂软件算法的需求。域控制器技术是未来汽车发展不可抗拒的趋势，也是未来汽车能够顺应各种技术潮流的硬件基础。随着汽车对面向安全、娱乐等复杂功能的需求正在以前所未有的速度增加，未来汽车必须拥有更高的数据处理和运算能力。传统的 ECU 分布式架构已经无法支持汽车对高速数据交换和复杂软件算法的需求，同时，没有足够的计算能力来满足运算数据不断增长的要求，车载网络也无法支持高速的数据传输需求。相较于手机、平板等设备，汽车的使用周期长得多，随着各大车企推出功能越来越丰富的汽车，买家们往往也会希望自己所购买的汽车能够拥有像智能手机那样的升级能力，而不是像以往那样，在汽车的整个使用周期里汽车的功能和特性基本保持不变。基于 ECU 的分散式电子架构汽车中的所有特性和功能都必须在车辆推出前设计和实现，未来将无法满足消费者对汽车功能快速更新的需求。

3）在"软件定义汽车"的大趋势下，智能网联汽车更多地依赖于硬核的高配置硬件和强大的软实力软件，来满足一辆智能网联汽车所需要的软硬结合部分。现今的 OTA 空中下载技术正是对汽车软硬件功能的一种远程升级技术，OTA 更新可以用来提供新的汽车功能，优化汽车软件系统，修补汽车功能漏洞，提升整体的驾驶体验，如图 7-5 所示。OTA 具备减少召回成本、快速响应安全需求、提升用户体验，是未来智能化汽车时代的必然选择。为了实现这些目标，需要更高的计算能力、嵌入式内存容量和连接带宽，而只有使用域控制器架构的汽车才能满足所需的硬件要求。

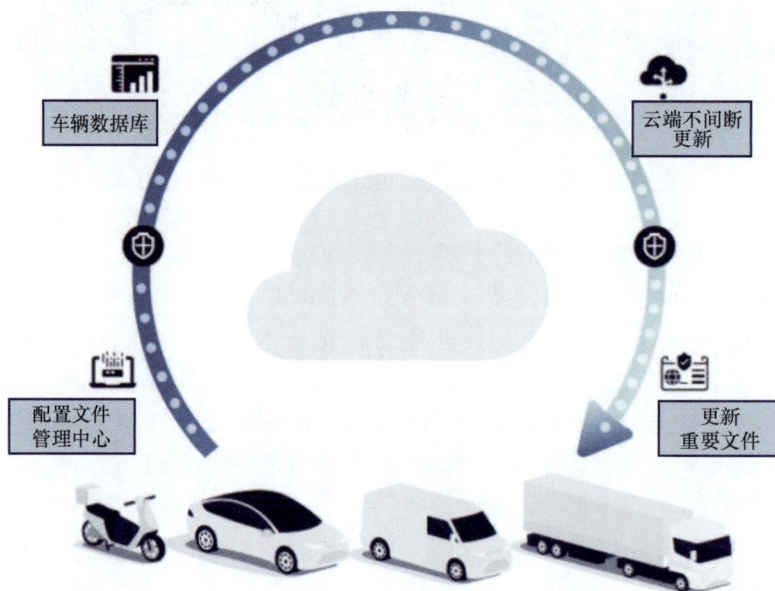

图 7-5 OTA 流程图

4）车载 SoC 成本的降低。在电子产业摩尔定律的影响下，高性能的汽车 SoC 芯片的价格随着技术进步和大规模量产将会进一步下降。随着汽车智能化的推进，英伟达、高通、MTK 等手机芯片厂商也开始进入车用市场，汽车 SoC 的成本在急剧下降，越来越接近传统 MCU 的价格，这也是汽车制造商使用具有集成功能的域控制器的原因之一。

（2）使用域控制器集成化架构的优点 与传统的 ECU 分布式架构相比，域控制器架构有以下优点：

1）轻量化，高效率。在传统 ECU 架构下，每个额外的新功能都会带来相应的 ECU 和线束，导致错综复杂的线束成了汽车中仅次于发动机的第二重的部件。这种设计思想不符合汽车设计中的轻量化规则，会降低汽车的能源效率和行驶里程。采用域控制器，集成了 ECU，车辆能够去掉多个 MCU、电源、外壳和铜线，大大简化了汽车电子结构，实现集成和制造自动化，减轻了电子部件重量，提高了行驶效率。以汽车驾驶舱域控制器为例，通过集成取代了传统的仪表盘、信息娱乐系统和 HUD 显示器，整个系统的重量可以减轻 30% 以上。

2）成本降低。为新功能额外增加一个 ECU 模块是不可持续的，新 ECU 模块所对应的专用 MCU、存储器、电源、PCB 和其他电子元件将大大增加生产制造的成本。随着具有强大计算能力的车载 SoC 芯片的价格持续下降，以集成驾驶舱解决方案为例，每辆车至少可以节省约 70 美元。随着域控制器的大规模量产和出货量爆发，汽车的生产成本将会进一步降低。

3）数据延时。智能网联汽车往往装载有多个传感器用于感知外界环境，出于安全的原因，车辆需要能够接收和及时处理来自自身传感器、外界其他车辆或基础设施（V2X）的大量数据，所有数据都必须能够以实时或非常接近实时的速度进行处理，这样才能保证行驶过程的安全。对大量数据的实时处理，保证较低的数据延时需要高性能的计算能力和高带宽的网络通信。在具有高性能计算能力的域控制器中，数据只需要被处理一次，并可以在不同的内核中进行共享。而在使用大量 ECU 模块的架构中，数据需要在不同网络中多次进行通信传输，并进行多次运算，传统的 ECU 架构会导致运算效率低，数据的延迟性高，无法保证汽车在面对各种紧急情况时的快速反应能力，安全性不够高。

4）可升级性。随着汽车从机械产品向数字化电子产品的不断发展，软件水平越发成为汽车的核心竞争力。10 年前，一辆汽车仅包含约 1000 万行软件代码。现如今，一辆汽车拥有约 1 亿行软件代码。在未来，智能网联汽车的软件代码量将达到 3 亿~5 亿行。汽车软件的代码量正在呈指数级别地增加，由于代码的不断累加，出现的安全漏洞更需要及时修补，对汽车的功能维护和复杂软件升级将变得更加重要。相较于传统的分布式 ECU 架构，域控制器具备的算力可扩展、更灵活的整车 OTA 以及软件比重的加大，使汽车制造商有能力为用户提供不断迭代升级的功能体验。也就是说，车企可以在不增加额外 ECU 的情况下，仅仅通过对软件算法进行更新就可以实现汽车功能的升级。

5）万物互联。由于域控制器具有高性能计算能力和高带宽通信，驾驶人可以通过数字平台和 5G 网络与周围的外部环境相连接。V2X 技术将允许车辆与其他车辆以及道路基础设施进行联络通信，以获得环境信息。所有这些数据必须进行实时通信和处理，这需要高带宽的通信和高性能的车载计算能力。很明显，传统的分立式 MCU 难以支持高速的通信和计算能力。

2. 域控制器的发展趋势

域控制器的兴起对传统的汽车 MCU 厂商带来了极大的挑战，因为 MCU 使用量将大大减少，传统的 MCU 产品其演进路线将不复存在。

在分布式 ECU 时代，计算和控制的核心是 MCU 芯片，如图 7-6 所示，传输的基础核心是基于传统的 CAN、LIN 和 FlexRay 等低速总线。但在域控制器时代，高性能、高集成度的异构 SoC 芯片作为域的主控处理器，将成为域控制器的计算与控制的核心芯片。而汽车 TSN（Time-Sensitive Network）以太网因为具有高带宽、实时和可靠的数据通信能力等特点，必将成为整车通信的核心基础设施，尤其是域主控处理器之间的通信主干网。

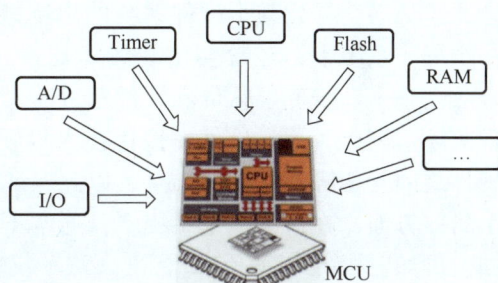

图 7-6 MCU

下面分析一下域控制器以及核心的主控处理器的一些关键技术和趋势：

（1）**高性能** 总的来说，对算力的需求提升一直是域控制器核心芯片发展的主要推动力。一方面原本由多个 ECU 完成的功能，现在需要依靠单一的域主控处理器来完成，并且还需要管理和控制所连接的各种传感器与执行器等。比如，底盘、动力传动系统和车身舒适电子系统的域主控处理器，其算力需求大约为 10000~15000DMIPS（Dhrystone Million Instructions executed Per Second，主要用于测整数计算能力）。

新的智能网联汽车，除了要更多地与人交互外，更需要大量地对环境进行感知，这就需要计算和处理海量的非结构化数据，因此，座舱域和自动驾驶域都要求高性能的 CPU，比如就座舱仪表的 CPU 算力而言，它其实跟一部高端智能手机的 CPU 算力差不多，约为

50000DMIPS。此外，为了支持L2辅助驾驶功能或者更高级别的自动驾驶功能，需要运行很多视觉深度神经网络（DNN）模型算法，这就又额外需要算力。

所以，各芯片厂商总是会尽量使用更先进的制程工艺、更先进的CPU核与NPU核来尽量提高域主控芯片的CPU核心性能与NPU性能。

（2）高异构性 伴随着AI技术在视觉领域的应用，基于视觉的自动驾驶方案逐渐兴起，这就需要在CPU的基础上加装擅长视觉算法的GPU芯片，从而形成"CPU+GPU"的解决方案。不过，"CPU+GPU"组合也并非最优解决方案，因为GPU虽然具备较强的计算能力，但成本高、功耗大，由此又逐步引入了FPGA和ASIC芯片。总体来看，单一类型的微处理器，无论是CPU、GPU、FPGA还是ASIC，都无法满足更高阶的自动驾驶需求，域控制器中的主控芯片会走向集成"CPU+xPU"的异构式SoC（xPU包括GPU/FPGA/ASIC等），从而能较好地支撑各种场景的硬件加速需求。

（3）高集成度 从功能层面上，域控制器会整合集成越来越多的功能。比如动力系统域可能把发动机的控制、电机控制、BMS（动力蓄电池管理系统）、车载充电机的控制组合在一起。有些主机厂甚至直接一步到位，将底盘、动力传动以及车身三大功能域直接整合成一个整车控制域（Vehicle Domain Controller，VDC）。要支持这些功能的整合，作为域控制器的ECU，域主控处理器SoC就需要集成尽可能多的接口类型，比如USB、以太网、I2C、SPI、CAN、LIN以及FlexRay等，从而能连接和管理各种各样的ECU、传感器和执行器。

（4）硬件虚拟化 对硬件虚拟化技术的需要主要来自以下两方面：

1）硬件资源的分区与隔离。

2）支持混合安全等级。

原本需要多个ECU实现的多个功能都整合到域控制器上后，会导致域控制器的软件更为复杂，这势必会导致整个软件系统的出错概率增加、可靠性下降。而且多个应用混合运行在同一个操作系统上，经常会出现故障传播（Failure Propagation），也就是一个应用出现问题后，会使整个系统底层软件和硬件都处于紊乱状态，从而导致其他原本正常的应用也会开始出现故障。因此，通过硬件虚拟化技术对硬件资源进行分区（Partition），使各个功能对应的软硬件之间互相隔离（Isolation），以此保证整个系统的可靠性。

另一方面，在汽车电子系统中，通常不同的应用其对实时性要求和功能安全等级要求都不同。例如，根据ISO 26262标准，汽车仪表系统与娱乐信息系统属于不同的安全等级，具有不同的处理优先级。汽车仪表系统与动力系统密切相关，要求具有高实时性、高可靠性和强安全性，要求运行在底层实时操作系统上（比如QNX）。而信息娱乐系统主要为车内人机交互提供控制平台，追求多样化的应用与服务，以Linux和Android为主。为了实现混合安全等级的应用，实现不同的操作系统运行在同一个系统上，这就需要虚拟化技术的支持。

车载硬件虚拟化技术的核心是Hypervisor，如图7-7所示，它是一种运行在物理服务器和操作系统之间的中间层软件，可以允许多个不同虚拟机上的操作系统和应用共享一套基础物理硬件。当系统启动时，首先运行Hypervisor，由它来负责给每一台虚拟机分配适量的内存、CPU、网络、存储以及其他硬件资源等（也就是对硬件资源进行分区），最后加载并启动所有虚拟机的客户操作系统。

总结一下基于Hypervisor的优点：它提供了在同一硬件平台上承载异构操作系统的灵活性，同时实现了良好的高可靠性和故障控制机制，以保证关键任务、硬实时应用程序和一般用途、不受信任的应用程序之间的安全隔离，实现了车载计算单元整合与算力共享。

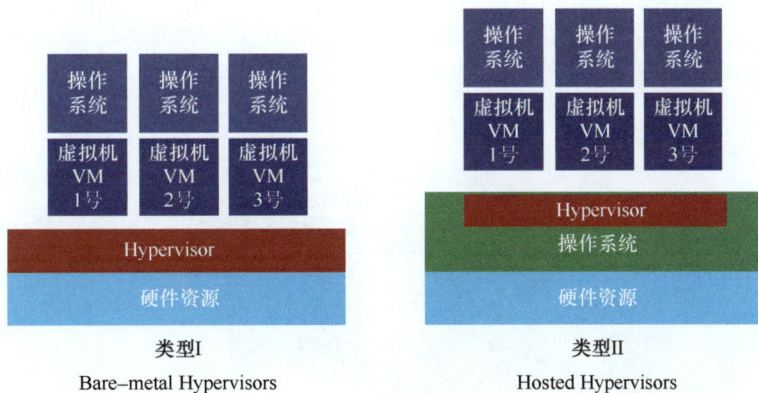

类型I
Bare–metal Hypervisors

类型II
Hosted Hypervisors

图 7-7　**Hypervisor**

（5）**ISO 26262 功能安全**　功能安全是汽车研发流程中非常关键的要素之一。随着系统复杂性的提高，来自系统失效和随机硬件失效的风险日益增加。ISO 26262 标准制定的目的就是更好地规范和标准化汽车全生命周期中的功能安全管理和要求，包括概念阶段、系统研发、硬件研发、软件研发、生产和操作过程、售后等环节。

（6）**网络卸载引擎**　汽车网络会存在多种通信总线。骨干网未来势必会基于 TSN 以太网来构建，但是从域主控处理器到 ECU 或者传感器之间的通信仍然是基于传统的车载低速总线，比如 CAN、FlexRay 等。域主控处理器作为域控制器的核心，是所有 ECU 和传感器通信的汇聚中心。因此，如果要依靠 CPU 的算力来完成不同总线间的协议转换，以及跨域通信的网络包处理，势必会占用宝贵的 CPU 算力资源。

因此，基于硬件来实现网络协议转换处理的网络卸载引擎，对于各个域（包括中央网关）的域主控处理器是非常重要的技术。

（7）**安全引擎**　连接性（Connectivity）是汽车智能化发展的一个很重要的趋势，未来的汽车一定会像今天的手机一样随时保持连接到互联网中。因此，如何阻止未经授权的网络访问，以保护汽车免于受到黑客的攻击，对未来的智能网联汽车而言就会变得极为重要。下一代硬件安全模块（Hardware Security Module，HSM）正在成为下一代车载网络通信的重要基础设施之一。HSM 对于完全的安全车载通信（Security Onboard Communication，SecOC）是必不可少的。HSM 能确保所接收到的数据的真实性，防止攻击者绕过相关的安全接口，入侵车载网络。

二、域控制器的四大支柱

域控制器的四大支柱分别是车载以太网、自适应 AutoSAR、集中式 E/E 架构和高性能处理器。

1. 车载以太网

车载以太网有两个核心，一个是车载以太网物理层，另一个是车载以太网协议栈。前者让车载以太网不同于传统 PC 以太网，使其具备较低的重量和成本、较好的 EMI 性能和简单布线。后者让车载以太网达到车规级的可确定性、高可靠性、低延迟和时钟一致。

车载以太网标准分为两部分，一部分是最底层的 PHY 标准，另一部分是链路层标准。这两个标准都以 IEEE 的标准应用最广泛。车载以太网 PHY 标准主要是制定单对双绞线标准，传统以太网与车载以太网最大不同是传统以太网需要 2~4 对线，车载以太网只需要一对，且是非屏蔽的，仅此一项，可以减少 70%~80% 的插接器成本，可以减轻 30% 的重量。汽车的车载以太网架构如图 7-8 所示。

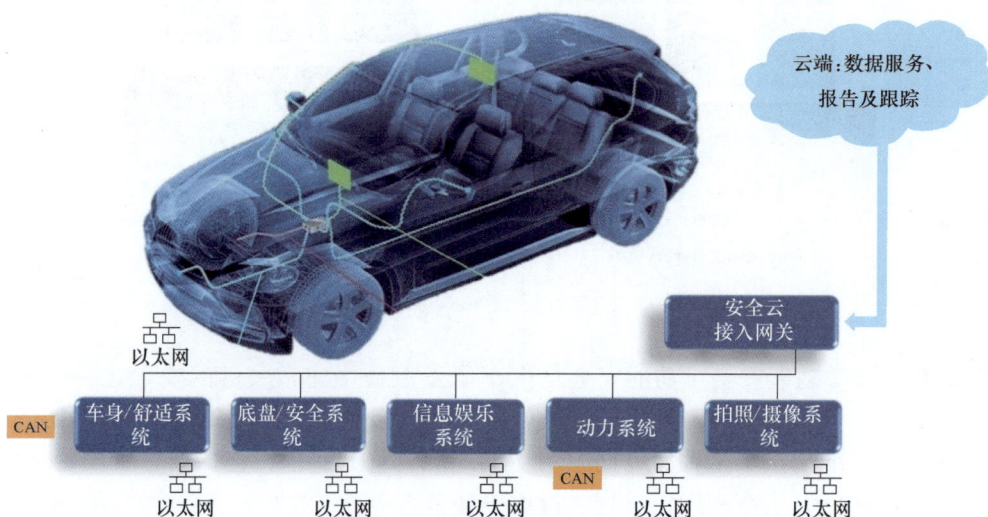

图 7-8　汽车的车载以太网架构

（1）车载以太网物理层　车载以太网物理层 IC，100Mbit/s 的约 3~4 美元，1Gbit/s 的约 15~20 美元，10Gbit/s 的约 40 美元一片。

（2）车载以太网协议栈标准集—TSN 的由来　以太网是由鲍勃梅特卡夫（Bob Metcalfe）于 1973 年提出的，以太网络使用 CSMA/CD（载波监听多路访问及冲突检测）技术，目前通常使用双绞线（UTP 线缆）进行组网。包括标准的以太网（10Mbit/s）、快速以太网（100Mbit/s）、千兆网（1Gbit/s）和 10G（10Gbit/s）以太网，它们都符合 IEEE 802.3。

（3）TSN 的关键标准

1）时间同步。TSN 工作组开发基于 IEEE1588 的时钟，并制定新的标准 IEEE802.1 ASRev。它用于实现高精度的时钟同步。对于 TSN 而言，其最为重要的不是"最快的传输"和"平均延时"，而是"最差状态下的延时"，这如同"木桶理论"，系统的能力取决于最短的那块板，即对于确定性网络而言，最差的延时才是系统的延时定义。

2）低延迟。汽车控制数据可以分为 Scheduled Traffic、Reserved Traffic、Best effort Traffic 三种，Scheduled Traffic 如底盘控制数据，没有任何的妥协余地，必须按照严格的时间要求送达，有些是只需要尽力而为的（如娱乐系统数据），可以灵活掌握。汽车行业一般要求底盘系统延迟不超过 5ms，最好是 2.5ms 或 1ms，这也是车载以太网与通用以太网最大不同之处，要求低延迟。在 TSN 标准里，数据则被分为 4 级，最高的预计延迟时间仅为 100μs。

3）可靠性。TSN 中保证高可靠性主要依靠 80 2.1 CB 标准。这也是无人驾驶必须用 TSN 的主要原因，也只有 TSN 能让整个系统达到功能安全的最高等级 ASILD 级。

2. 自适应 AutoSAR

AutoSAR 只是一个软件框架，不具备实操意义。必须购买第三方的软件系统或二次开发，全球主要有三家商业化的 AutoSAR 软件供应商，分别是 Vector、EB 和 ETAS。

为什么要用自适应 AutoSAR，因为经典 AutoSAR 只能对应复杂程度很低的嵌入式操作系统，无法适应 Linux 这样的大型操作系统，而自动驾驶和部分智能驾驶操作系统都是 Linux，因此催生了自适应 AutoSAR，自适应 AutoSAR 第一版诞生自 2017 年 3 月。

　　经典 AutoSAR 是将 MCU 硬件与软件层分离，提高软件复用率，减少工作量。自适应 AutoSAR 是将操作系统与上层 API（Application Programming Interface，应用程序编程接口）分离，让软件开发变成 APP 开发，如图 7-9 所示。

3. 集中式 E/E 架构

　　集中式 E/E 架构实际就是车载以太网和自适应 AutoSAR 的具体应用。无论是软件定义汽车还是服务架构导向，其最核心的支柱也是车载以太网和自适应 AutoSAR。

4. 高性能处理器

　　对于座舱来说，决定其功能和性能的关键是主 SoC 的算力，衡量 CPU 算力的单位主要是 DMIPS，每秒处理的百万级的机器语言指令数。基本上 SoC 高于 20000DMIPS 才能流畅地运行智能座舱的主要功能（AR 导航或云导航、360 全景、播放流媒体、AR-HUD、多操作系统虚拟机等），GPU 方面，只需要 100GFLOPS 的算力就可以支持 3 个 720P 屏幕，CPU 高于 20000DMIPS，GPU 高于 100GFLOPS 的 SoC 的座舱就是智能座舱。

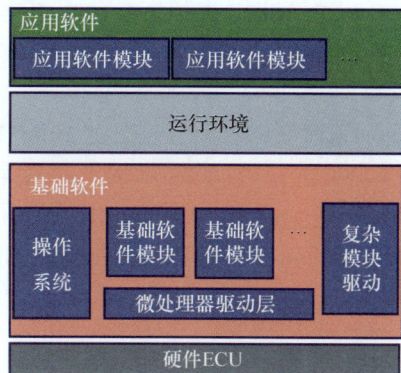

图 7-9　自适应 AutoSAR

【学习小结】

　　1. 为了解决分布式 E/E 的这些问题，人们开始逐渐把很多功能相似、分离的 ECU 功能集成整合到一个比 ECU 性能更强的处理器硬件平台上，这就是汽车"域控制器（Domain Control Unit，DCU）"。

　　2. 域控制器是汽车每一个功能域的核心，它主要由域主控处理器、操作系统和应用软件及算法三部分组成。

　　3. 博世把汽车 E/E 划分为动力域（Power Train）、底盘域（Chassis）、车身域（Body/Comfort）、座舱域（Cockpit/Infotainment）、自动驾驶域（ADAS）五个域。

　　4. 采用域控制器，集成了 ECU，车辆能够去掉多个 MCU、电源、外壳和铜线，大大简化了汽车电子结构，实现集成和制造自动化，减轻了电子部件重量，提高了行驶效率。

　　5. 在域控制器时代，高性能、高集成度的异构 SoC 芯片作为域的主控处理器，将成为域控制器的计算与控制的核心芯片。

　　6. 骨干网未来势必会基于 TSN 以太网来构建，但是从域主控处理器到 ECU 或者传感器之间的通信仍然是基于传统的车载低速总线，比如 CAN、FlexRay 等。

【知识巩固】

一、填空题

1. 当前一辆普通汽车的 ECU 多达_____十个，代码约一亿行，其复杂度已经远远超过安卓手机系统。

2. 采用域控制器，集成了 ECU，车辆能够去掉多个 MCU、电源、外壳和铜线，大大_____了汽车电子结构，实现集成和制造自动化，减轻了电子部件重量，提高了行驶效率。

3. 随着汽车从机械产品向数字化电子产品的不断发展，_____件水平越发成为了汽车的核心竞争力。

4. 域控制器具有_____性能计算能力和_____带宽通信。

5. 对_____的需求提升一直是域控制器核心芯片发展的主要推动力。

6. _____性（Connectivity）是汽车智能化发展的一个很重要的趋势，未来的汽车一定会像今天的手机一样随时保持连接到互联网中。

二、选择题

1. 新一代的汽车 E/E 架构，软件和硬件必须解耦，算力必须从分布走向（   ）。
   A. 集中   B. 分布
   C. 离散   D. 以上都不是

2. 域控制器的出现是汽车 E/E 架构从 ECU 分布式 E/E 架构演进到（   ）E/E 架构的一个重要标志。
   A. 分布式   B. 域集中式
   C. 域分布式   D. 以上都不是

3. 与传统的 ECU 分布式架构相比，域控制器架构有哪些优势？（   ）
   A. 轻量化、高效率   B. 成本低
   C. 低延时   D. 以上都是

4. 域控制器以及核心的主控处理器的一些关键技术有（   ）。
   A. 高性能   B. 高异构性
   C. 高集成度   D. 以上都是

5. TSN 的关键标准包含（   ）。
   A. 时间同步   B. 低延迟
   C. 高可靠性   D. 以上都是

6. 域控制器的四大支柱是（   ）和高性能处理器。
   A. 车载以太网   B. 自适应 AutoSAR
   C. 集中式 E/E 架构   D. 以上都是

7. 由于以太网的发明时间太早，并没有考虑（   ）的问题。
   A. 实时信息的传输   B. 稳定性
   C. 可靠性   D. 经济性

三、简答题

1. 简述传统分布式 E/E 架构的缺点。
2. 简述域集中式 E/E 架构的优点。
3. 简述域控制器的四大支柱。
4. 简述 TSN 的具体含义。
5. 简述域控制器以及核心的主控处理器的关键技术。

学习单元二　汽车电子电气架构实例

【知识链接】

作为传统汽车供应链中最核心的供应商之一，博世是最早提出域控制器概念的企业之一，其在 2016 年提出了按照功能分区的五域架构，将整车的 ECU 整合为驾驶辅助、安全、车辆运动、娱乐信息、车身电子五个域，不同域之间通过域控制器和网关进行连接。这一方案已经能够大大减少 ECU 数量，但每个域内部仍然需要较为复杂的线束连接，整车线束复杂度仍然较高。同样是域控制器，特斯拉的域控制器思路是更为领先的。

1. 车身域

特斯拉 Model 3 在 2017 年量产上市，Model 3 的域控制器架构核心直接从功能变成了位置，三个车身域控制器就集中体现了特斯拉造车的新思路。按照特斯拉的思路，每个控制器应该负责控制其附近的元器件，而非整车中的所有同类元器件，这样才能最大化降低车身布线复杂度，充分发挥当今芯片的通用性和高性能，降低汽车开发和制造成本。所以特斯拉的三个车身域控制器分别分布在前车身、左前门和右前门，实现就近控制。这样的好处是可以降低布线的复杂度，但是也要求三个车身域要实现彻底的软硬件解耦，对厂商软件能力的要求大大提高。

车身域分为前车身域、左车身域、右车身域，如图 7-10 和图 7-11 所示。

图 7-10　左车身域与右车身域

（1）前车身域　前车身域控制器的位置在前舱，这个位置从理论上来说遇到的碰撞概率要更高，因此采用铝合金的保护外壳，而左右车身域控制器由于在驾驶舱内，遇到外界碰撞的概率较低，保护外壳均采用塑料结构。

前车身域控制器功能：全车电子电气配电单元以及核心安全 ECU 连接，前车体元件控制以及主要的配电工作。该控制器离蓄电池比较近，方便取电。其主要负责三类电子电气的配电和控制：

图 7-11　前车身域

1）安全相关：i-booster、ESP（车身稳定系统）、助力转向、前向毫米波雷达。

2）热管理相关：如冷却液液压泵、五通阀、换热器、制冷剂温度压力传感器等。

3）前车身其他功能：前照灯、机油泵、刮水器等。

除此之外，它还给左右车身域控制器供电，这一功能十分重要，因为左右车身域控制器随后还将用这两个接口中的能量来驱动各自控制的车身零部件。

其具体功能实现方面，需要诸多芯片和电子元件来配合完成。核心的芯片主要完成控制和配电两方面的工作：

1）控制部分，主要由一颗意法半导体的 MCU 来执行。此外，由于涉及冷却液液压泵、制动液液压阀等各类电机控制，所以板上搭载有安森美的直流电机驱动芯片（图中橙色框 M0、M1、M2），这类芯片通常搭配一定数量的大功率 MOSFET 即可驱动电机。

2）配电功能，一方面需要实时监测各部件中电流的大小，另一方面也需要根据监测的结果对电流通断和电流大小进行控制。在电流监测方面，AMS 的双 ADC 数据采集芯片和电流传感器配套芯片（黄色框 AMS 中的芯片）可以起到重要作用。而要控制电流的状态，一方面是通过 MOSFET 的开关，另一方面也可以通过 HSD 芯片（High Side Driver，高边开关），这种芯片可以控制从电源正极流出的电流通断。

在前车身域控制器上，特斯拉已经在很大程度上用半导体元件取代了传统电气元件。

（2）左车身域　左车身域控制器功能：负责车身左侧电子电气调度。左车身域控制器位于驾驶人小腿左前方位置，贴合车体纵向放置，采用塑料壳体封装，可以在一定程度上节约成本。左车身域控制器负责管理驾驶舱及后部的左侧车身部件，充分体现了尽可能节约线束长度以控制成本的指导思想。

左车身域控制器主要负责以下电子器件的配电和控制：

1）左侧相关电子器件：包括仪表板、转向盘位置调节、照脚灯。

2）座椅和车门：左前座椅、左后座椅、前门、后排车门、座椅、尾灯等。

左车身域控制器的核心芯片主要也分为控制和配电。核心控制功能使用两颗 ST 的 32 位 MCU 以及一颗 TI 的 32 位单片机来实现。左车身的灯具和电机比较多，针对灯具类应用，特斯拉选用了一批 HSD 芯片来进行控制。针对电机类应用，特斯拉则选用了 TI 的电机控制芯片和安森美的大功率 MOSFET。

（3）右车身域　右车身域控制器功能：负责车身右侧电子电气调度右车身控制器，与左车身基本对称，接口的布局大体相同，也有一些不同点。右车身域负责超声波雷达以及空调，同时，右车身承担的尾部控制功能更多一些，包括后方的高位制动灯和后机油泵都在此控制。

特斯拉车身域的思路：彻底地软件定义汽车，用芯片替代熔丝和继电器车身域是特斯拉相比传统汽车变化最大的地方，传统汽车采用了大量 ECU，而特斯拉通过三个域实现了对整车的一个控制。虽然都是往域控制器方向走，但特斯拉没有采用博世的功能域做法，而是完全按区域来进行划分，将硬件尽量标准化，通过软件来定义汽车的思路体现得淋漓尽致。除此之外，特斯拉还将一些电气化的部件尽量芯片化，如车身域中采用了大量 HSD 芯片替代了继电器和熔丝，可靠性提高，而且可以编程，能更好实现软件定义汽车。

硬件方面的持续集成也为软件的集成和发展创造了条件。传统汽车产业链中不同功能独立性很高，各功能的 ECU 都来自不同厂商，难以协同工作。但特斯拉将大量 ECU 集成后，车身上只需保留负责各个功能的执行器，而主要的控制功能都统一在域控制器中，采用少量的 MCU，更多使用软件来完成功能控制。比如，特斯拉 Model 3 的左右车身域控制器中各有三个 MCU，数量大大减少，不同控制功能采用软件的形式进行交互，能够有更大的协同创新空间。比如，特斯拉可以协同全车空调出风口来调节车内风场，或对副驾驶人座位上的乘客进行体重检测，判断其是否属于儿童，从而灵活调整安全气囊策略，而不是像传统车企一样，只能让儿童坐在后排。而且特斯拉可以从软件控制中收集数据，并持续不断改善控制功能，改善用户体验。

2. 驾驶域

特斯拉的另一个重要特色就是智能驾驶，这部分功能是通过自动驾驶域控制器（AP）来执行的。在 Model 3 所用的 HW3.0 版本的 AP 中，配备两颗 FSD（Full Self-Driving，完全自动驾驶）芯片，每颗配置 4 个三星 2GB 内存颗粒，单 FSD 总计 8GB，同时每颗 FSD 配备一片东芝的 32GB 闪存以及一颗 Spansion 的 64MB NOR flash 用于启动。网络方面，AP 内部包含 Marvell 的以太网交换机和物理层收发器，此外，还有 TI 的高速 CAN 收发器。对于自动驾驶来说，定位也十分重要，因此配备了一个 Ublox 的 GPS 定位模块。

在外围接口方面，Model 3 整车的所有摄像头都直接连接到 AP，与这些摄像头配合的还有 TI 的视频串行器和解串器。此外，还有供电接口、以太网接口和 CAN 接口使 AP 能够正常运作。作为一款车载控制器，特斯拉的 AP 还考虑到了紧急情况，因此配备了紧急呼叫音频接口，为此搭配了 TI 的音频放大器和故障 CAN 收发器。

为了保障驾驶安全，AP 必须时刻稳定运行，因此特斯拉在 AP 中加入了相当大量的被动元件，正面有 8 颗安森美的智能功率模块，并搭配大量的电感和电容。

为了实现自动驾驶，特斯拉提出了一整套以视觉为基础、以 FSD 芯片为核心的解决方案，其外围传感器主要包含 12 个超声传感器（Valeo）、8 个摄像头（风窗玻璃顶 3 个前视，B 柱 2 个拍摄侧前方，前翼子板 2 个后视，车尾 1 个后视摄像头，以及 1 个 DMS 摄像头）、1 个毫米波雷达。其最核心的前视三目摄像头包含中间的主摄像头以及两侧的长焦镜头和广角镜头，形成不同视野范围的搭配，三个摄像头用的是相同的安森美图像传感器。

毫米波雷达放置于车头处车标附近，包含一块电路板和一块天线板。该毫米波雷达内部采用的是一颗 Freescale 控制芯片以及一颗 TI 的稳压电源管理芯片。

而整个 AP 的真正核心是 FSD 芯片，这也是特斯拉实现更高 AI 性能和更低成本的一个重点。与当前较为主流的英伟达方案不同，特斯拉 FSD 芯片内部占据最大面积的并非 CPU 和 GPU，而是 NPU。虽然此类设计完全是为神经网络算法进行优化的，通用性和灵活性相对不如英伟达的 GPU 方案，但在当前 AI 算法尚未出现根本性变化的情况下，NPU 的适用性并不会受到威胁。

NPU 单元能够对常见视觉算法中的卷积运算和矩阵乘法运算进行有效加速，因此特斯拉 FSD 芯片能够使用三星 14nm 工艺，达到 144TOPS 的 AI 算力，而面积只有约 $260mm^2$。相比而言，英伟达 Xavier 使用台积电 12nm 工艺，使用 $350mm^2$ 的芯片面积却只得到 30TOPS 的 AI 算力。这样的差距也是特斯拉从 HW2.5 版本的英伟达 Parker SoC 切换到 HW3.0 的自研 FSD 芯片的原因。因此，在算法不发生根本性变革的情况下，特斯拉 FSD 芯片能取得成本和性能的双重优势，这也构成了特斯拉自动驾驶方案的竞争力。

在 AI 算法方面，根据特斯拉官网人工智能与自动驾驶界面的描述，AutoPilot 神经网络的完整构建涉及 48 个网络，每天依据其上百万辆车产生的数据进行训练，需要训练 70000GPUh。在基础代码层面，特斯拉具备可以 OTA 的引导程序，还有自定义的 Linux 内核（具有实时性补丁），也有大量内存高效的低层级代码。

未来自动驾驶域的创新仍然会集中在芯片端，另外传感器的创新（如激光雷达、4D 毫米波雷达等）也能够很大程度上推动智能驾驶。

3. 座舱域

座舱域是用户体验的重要组成部分，特斯拉的座舱控制平台也在不断进化中。特斯拉 Model 3 2020 款采用的是第二代座舱域控制器（MCU2），如图 7-12 所示。

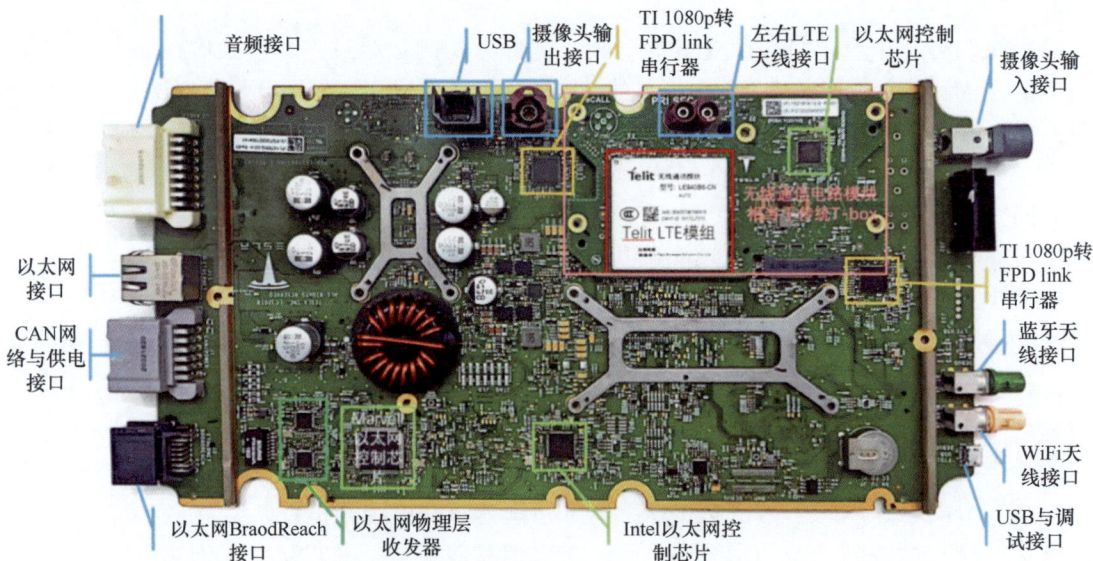

图 7-12　Model 3 座舱域控制器正面

MCU2 由两块电路板构成，一块是主板，另一块是固定在主板上的一块小型无线通信电路板。这一块通信电路板包含了 LTE 模组、以太网控制芯片、天线接口等，相当于传统汽车中用于对外无线通信的 T-box，此次将其集成在 MCU 中，能够节约空间和成本。

MCU2 的主板采用了双面 PCB 板，正面主要布局各种网络相关芯片、例如 Intel 和 Marvel 的以太网芯片、Telit 的 LTE 模组、TI 的视频串行器等。正面的另一个重要作用是提供对外接口，如蓝牙/WiFi/LTE 的天线接口、摄像头输入输出接口、音频接口、USB 接口、以太网接口等。

　　而 MCU2 的背面更为重要，其核心是一颗 Intel Atom A3950 芯片，搭配总计 4GB 的 Micron 内存和同样是 Micron 提供的 64GB eMMC 存储芯片。此外，还有 LG Innotek 提供的 WiFi/蓝牙 模块等，如图 7-13 所示。

图 7-13　Model 3 座舱域控制器背面

　　在座舱平台上，特斯拉基于开源免费的 Linux 操作系统开发了其自有的车机操作系统，由于 Linux 操作系统生态不如 Android 生态丰富，特斯拉需要自己进行一部分主流软件的开发或适配。

　　座舱域的重要作用就是信息娱乐，MCU2 在这一方面表现尚显不足。伴随 A3950 芯片低价的是其性能有限，在 MCU2 上启动腾讯视频或哔哩哔哩的时间都超过了 20s，且地图放大缩小经常卡顿。卡顿的原因是多方面的，一方面，A3950 本身算力有限，集成显卡 HD505 性能也比较弱；另一方面，速度较慢、使用寿命较短的 eMMC（embedded Multi Media Card）闪存也会拖累系统性能。eMMC 相对机械硬盘具备速度和抗振优势，但擦写寿命可能只有数百次，随着使用次数增多，坏块数量增加，eMMC 的性能将逐渐恶化，在使用周期较长的汽车上这一弊端可能会得到进一步放大，导致读写速度慢，使用卡顿。

　　2021 年发布的所有新款车型都换装 AMDCPU（zen+架构）和独立显卡（RDNA2 架构），GPU 算力提升超过 50 倍，存储也从 eMMC 换成了 SSD，读写性能和使用寿命都得到大幅改善。整体来看，相比 MCU2，MCU3 性能获得明显提升，提升幅度比第一代到第二代的跨度更大。

　　新一代的特斯拉 MCU 配置已经与当前主流游戏主机较为接近，尤其是 GPU 算力方面不输索尼 PS5 和微软 Xbox SeriesX。

　　提升的配置也让使用体验得到大幅提升。MCU3 加载哔哩哔哩的时间缩短到 9s，浏览器启动时间为 4s，地图也能够流畅操作，虽然相比手机加载速度仍然不够，但已经有明显改善。另外，MCU3 的庞大算力让其能够运行大型游戏。

　　从特斯拉车机与游戏的不断靠拢可以看到未来座舱域的发展第一个方向，即继续推进大算力与强生态。目前，除特斯拉采用×86 座舱芯片外，其他车企采用 ARM 体系较多，但同样呈现出算力快速增长的趋势，这一点从主流的高通 820A 到 8155，乃至下一代的 8295 都能够得到明显体现。

　　座舱域控制器的第二个发展方向则是可能与自动驾驶控制器的融合。首先，当前座舱域控制器的算力普遍出现了过剩，剩余的算力完全可以用于满足一些驾驶类的应用，例如自动泊车辅助等。其次，一些自动驾驶功能尤其是泊车相关功能需要较多人机交互，这正是座舱域控制器的强项。而且，座舱域控制器与自动驾驶控制器的融合还能够带来一定的资源复用和成本节约，停车期间可以将主要算力用于进行游戏娱乐，行驶期间则将算力用于保障自动驾驶功能，而且这种资源节约能够让汽车少一个域控制器，按照 MCU3 的价格，或许能够为每台车节约上百美元的成本。目前，已经出现了相当多两者融合的迹象，比如博世、电装等主流供应商纷纷在座舱域控制器中集成 ADAS 功能，未来这一趋势有望普及。

4. 电控域

(1) IGBT IGBT 全称为绝缘栅双极晶体管，相当于电力电子领域的"CPU"，属于功率器件门槛最高的赛道之一。功率半导体又称为电力电子器件，是电力电子装置实现电能转换、电路控制的核心器件，按集成度可分为功率 IC、功率模块和功率分立器件三大类，其中，功率器件又包括二极管、晶闸管、MOSFET 和 IGBT 等。

新能源汽车（含充电桩）是 IGBT 最主要的应用领域，IGBT 在汽车中主要用于三个领域，分别是电机驱动的主逆变器、充电相关的车载充电器（OBC）与直流电压转换器（DC/DC）、完成辅助应用的模块。

1）主逆变器。主逆变器是电动汽车上最大的 IGBT 应用场景，其功能是将蓄电池输出的大功率直流电流转换成交流电流，从而驱动电机的运行。

2）车载充电器与直流电压转换器（DC/DC）。车载充电器搭配外界的充电桩，共同完成车辆蓄电池的充电工作，因此车载充电器内的功率器件需要完成交-直流转换和高低压变换工作。DC/DC 变换器则是将蓄电池输出的高压电（400～500V）转换成多媒体、空调、车灯能够使用的低压电（12～48V），常用到的功率半导体为 IGBT 与 MOSFET。

3）辅助模块。汽车配备大量的辅助模块（如车载空调、天窗驱动、车窗升降、油泵等），其同样需要功率半导体完成小功率的直流/交流逆变。这些模块工作电压不高，单价也相对较低，主要用到的功率半导体为 IGBT 与 IPM。

(2) SiC 与 IGBT 类似，SiC 同样具有高电压额定值、高电流额定值以及低导通和开关损耗等特点，因此非常适合大功率应用。SiC 的工作频率可达 100kHz 以上，耐压可达 20kV，这些性能都优于传统的硅器件。其于 20 世纪 70 年代开始研发，2010 年 SiC MOSFET 开始商用，但目前并未大规模推广。

5. 动力域

Model 3 作为纯电动汽车，电能和蓄电池的管理十分重要，而负责管理蓄电池组的 BMS 是一个高难度产品，如图 7-14 所示。

BMS 最大的难点之一在于，锂电池安全高效运行的条件是十分苛刻的。当今的锂电池，无论正负极还是电解液都十分脆弱。正负极均为多孔材料，充放电时锂离子就在正极和负极的孔隙中移动，导致正负极材料膨胀或收缩，当锂电池电压过高或过低，就意味着锂离子过度集中在正负极其中之一，导致这一边的电极过度膨胀而破碎，还容易产生锂枝晶刺破蓄电池结构，而另一边的电极由于缺乏锂离子支撑，会发生结构坍塌，如此正负极都会受到永久性损害。电解液和三元正极材料都对温度比较敏感，温度过高则容易发生分解和反应，乃至燃烧、爆炸。因此，使用锂电池的前提就是确保其能工作在合适的温度和电压窗口下。如果以电压为横轴、温度为纵轴绘制一张图，这就意味着锂电池必须运行在图中一个较小的区域内。

BMS 的第二大难点在于，不同的锂电池之间必然存在不一致性。这种不一致性就导致同

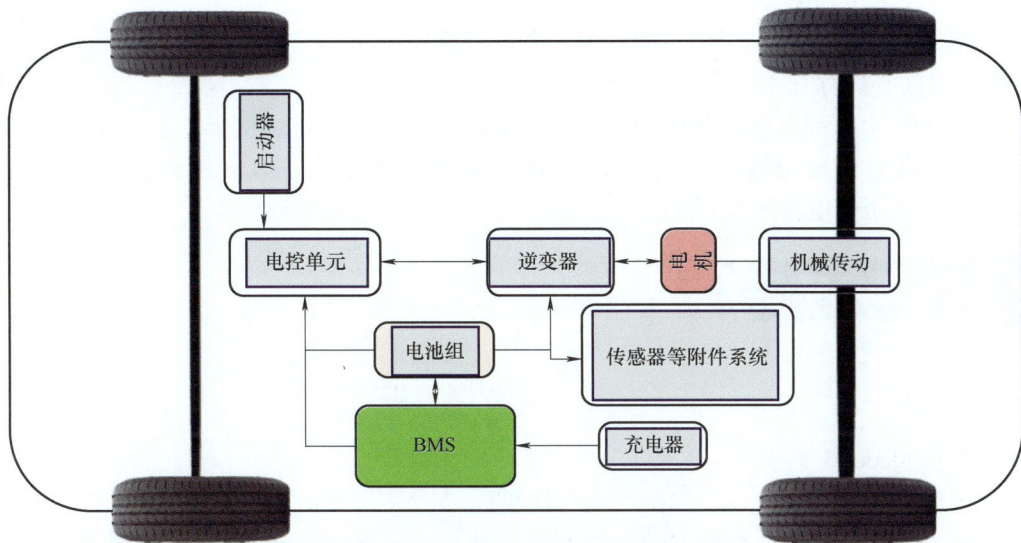

图 7-14　BMS 在电动汽车中的位置

一时间，在同一蓄电池组内，不同的蓄电池仍然工作在不同的温度、电压、电流下。如果继续用一张图来描述，就代表着不同蓄电池处在图上的不同位置。而要保证电池组的安全高效运行，就意味着诸多蓄电池所在的点位必须同时处于狭小的安全窗口内，这就导致蓄电池数量越多，管理就越困难。为了解决锂电池运行的这一难题，就必须有可靠的 BMS 来对电池组进行监控和管理，让不同蓄电池的充放电速度和温度趋于均衡。

特斯拉的 BMS 是复杂度和技术难度都较高，这主要是由于特斯拉独特的大量小圆柱电池成组设计的。

由于特斯拉一直采用数量庞大的小圆柱电池来构造电池组，导致其 BMS 的复杂度较高。在 Model S 时代，特斯拉全车使用了 7104 节电池，BMS 对其进行控制是需要一定软件水平的。根据叶磊的表述，在 Model S 中，采用每 74 节电池并联检测一次电压，每 444 节电池设置 2 个温度探测点。从朱玉龙发布的 Model S 诊断界面图也可以看出，整个电池组共有 $16 \times 6 = 96$ 个电压采样点，以及 32 个温度采样点。可以看到，采样的数据是很多的，需要管理的电池数量也为其增加了难度，最终 BMS 将依据这些数据设置合理的控制策略。

BMS 还有一个重要功能就是电能转换，包括将高压直流电转化成低压直流电来供给车内设备，或者将高压交流电转化为高压直流电用于充电等，这一部分是通过能量转换系统（PCS，也称为高压配电盒）完成的。PCS 包括两个主要部分，分别是将交流电转化成直流电的车载充电器和进行直流电压变换的 DC/DC。

【学习小结】

1. 按照特斯拉的思路，每个控制器应该负责控制其附近的元器件，而非整车中的所有同类元器件，这样才能最大化减少车身布线复杂度，充分发挥当今芯片的通用性和高性能，降低汽车开发和制造成本。

2. 特斯拉的智能驾驶功能是通过其自动驾驶域控制器（AP）来执行的。

3. 当前座舱控制器的算力普遍出现了过剩，剩余的算力完全可以用于满足一些驾驶类的应用，例如自动泊车辅助等。

4. BMS 最大的难点之一在于，锂电池安全高效运行的条件是十分苛刻的，其二在于，不同的锂电池之间必然存在不一致性。

5. BMS 的一个重要功能就是电能转换，包括将高压直流电转化成低压直流电来供给车内设备，或者将高压交流电转化为高压直流电用于充电等，这一部分是通过能量转换系统（PCS，也称为高压配电盒）完成的。

【知识巩固】

一、填空题

1. 特斯拉 Model 3 主要分为_____个域。

2. 不同域之间通过_____和网关进行连接。

3. 前车身域控制器的位置在前舱，这个位置从理论上来说遇到的碰撞概率要更高，因此采用_____的保护外壳。

4. 左车身域控制器功能：负责车身_____侧电子电气调度。

5. 为了实现自动驾驶，特斯拉提出了一整套以_____为基础、以 FSD 芯片为核心的解决方案。

6. IGBT，全称为绝缘栅双极晶体管，相当于电力电子领域的"_____"，属于功率器件门槛最高的赛道之一。

二、选择题

1. 车身域分为（　　）。
A. 前车身域　　　　　　　　　　　B. 右车身域
C. 左车身域　　　　　　　　　　　D. 以上都是

2. 前车身域控制器功能（　　）。
A. 全车电子电气配电单元以及核心安全 ECU 连接
B. 负责车身左侧电子电气调度
C. 负责车身右侧电子电气调度右车身域控制器
D. 以上都不是

3. 右车身域负责管理（　　）。
A. 前车体元件控制以及主要的配电工作
B. 超声波雷达以及空调
C. 驾驶舱及后部的左侧车身部件
D. 以上都不是

4. 统一的中央计算机虽然集成度高，但不可避免地带来了控制器和受控器件的距离（　　），从而增加线束长度，提高成本。
A. 增加　　　　　　　　　　　　　B. 减少
C. 不变　　　　　　　　　　　　　D. 不确定

5. 整个 AP 的真正核心其实就是（　　）芯片，这也是特斯拉实现更高 AI 性能和更低成本的一个重点。

  A. FSD   B. SoC

  C. HSD   D. 以上都不是

  6. 特斯拉 FSD 芯片内部占据最大面积的并非 CPU 和 GPU，而是 NPU。虽然此类设计完全是为（　　）算法进行优化的。

  A. 神经网络   B. 遗传

  C. 蚁群   D. 以上都不是

  7. 特斯拉选用难以控制的小圆柱电池，是因为（　　）。

  A. 电池不需要保护电路   B. 电池一致性较好

  C. 生产条件要求低   D. 以上都不是

三、简答题

  1. 简述车身域的三个域。

  2. 简述特斯拉以视觉为基础、以 FSD 芯片为核心的解决方案，其外围传感器主要包含哪些。

  3. 简述 BMS 的难点。

学习单元三　空中下载技术

【知识链接】

  本节主要介绍 OTA 的架构、关键技术、升级流程以及所面临的挑战。

  OTA（Over The Air），空中下载技术，是一种远程升级的功能。一开始用于汽车售后的功能升级、bug 修复。后来很多功能都可以复用 OTA 这个服务，例如众包地图、影子模式、功能订阅等。

  OTA 主要分为 FOTA（Firmware Over The Air，固件在线升级）和 SOTA（Software Over The Air，软件在线升级）两类。前者是对固件下载安装镜像，是一个系统性更新；后者是对部分应用层软件的迭代更新。在汽车电子领域，FOTA 与 SOTA 界限比较模糊，通常将 HU 中的 APP 更新称为 SOTA，将其他 ECU 的更新甚至于所有更新统称为 OTA。

  特斯拉在 2012 年首次使用 OTA，升级娱乐、自动驾驶、动力、蓄电池等模块；之后至 2018 年前后，丰田、大众、福特、沃尔沃先后对娱乐系统、导航等推出 OTA 在线系统更新，以及在实时车况诊断的基础上升级为预警提醒等。自 2020 年以来，随着以特斯拉为代表的多家新造车势力推出新款智能电动汽车，OTA 已在新车型上升级车机系统方面得到普遍应用。

  国内新势力代表蔚来、理想、小鹏等，也通过 OTA 同步推送新功能，提升充电效率，优化驾驶辅助，修复车机系统 BUG 等。未来，随着汽车智能化程度不断提升，预计召回问题中超过 50% 以上是软件问题，OTA 生态的构建将显著降低这部分召回成本。

1. OTA 架构

汽车 OTA 架构主要包含云端服务器和车辆终端 OTA 组件两部分：

（1）OTA 云端服务器 OTA 云端服务器为车载终端提供 OTA 服务，主要管理各个软件供应商的原始固件升级软件。出于安全考虑，需要构建一个独立的子模块，负责 OTA 服务平台的安全，包括密钥证书管理服务、数据加密服务、数字签名服务等。

（2）车辆终端 OTA 组件 车辆终端 OTA 组件对升级包进行合法性验证，适配安全升级流程。汽车 OTA 流程主要分为管理和生成更新包、分发更新包、安装更新包三步，具体如下：

1）管理和生成相关的更新包文件。云端服务器是负责监测整个 OTA 过程的主要单元，它不仅要确定更新哪些车辆，是否与车辆建立可靠的连接（生成一个可靠的可信通道）并实时掌握消息，然后把固件包或者更新包从软件库里面提取出来，确定分发包的更新顺序，管理整个进程，并在完成后校验。

2）分发并检查。服务器会做加密渠道分发更新包，而在车辆端有个计算能力强大并有足够存储空间的控制器进行下载、验证和解密，相对应地，服务器也有作业管理器负责报告当前状态和错误信息，每个更新作业都有一个用于跟踪使用情况的作业 ID。

3）更新和刷新安装。为了防止车辆刷新时死机，通常整车企业在决定 FOTA 前需要做完备的方案，比如通过联网模块（如仪表板、中控台等）实现对整个更新文件刷入 ECU 进程的监控，每一步操作都会监控整个机制是否完整，并且能保证随时停止和重新写入。只要对应的 ECU 存在可以运行的导引程序，那就保证了车辆和服务器对整个过程的控制，并把刷死机的风险降到最低。完成最后的准备工作后，ECU 将重新启动，代理和服务器之间将持续连接，服务器可以获得当前更新状态的最新信息。

2. OTA 关键技术

（1）回滚备份 为了防止升级过程中意外失败，导致新软件和原软件都不能使用的情况。一般软件设计的时候会划分 A/B 两个分区，A 区运行的时候更新 B 区，如果 B 区更新成功，就使用 B 区的新版本软件；如果 B 区更新失败，依旧可以使用 A 区的软件。

（2）差分升级 目前，车载软件越来越大，如果仅某个模块升级就要把整个软件包都刷写一遍，费时费力。差分升级就是只升级需要升级的最小单元。

差分升级主流的方式一般有两种，一种是先下载差分包，下载后将差分包和当前软件合成新包，然后再刷写；另一种是先下载差分包，下载后直接用差分包刷写到当前软件的差分区域。差分升级的关键还是差分算法，需要解决如何对比新软件和旧软件，提取差分部分；需要解决如何将差分包和旧软件包合成升级新软件包的问题。

（3）断点续传 在软件下载和升级过程中，很难避免会发生一些意外，例如断电、网络延迟等，导致软件的下载和刷新中断，即使是只有 100ms，也有可能导致软件重新刷写。断点续传就是在软件下载和刷写中断时，如果导致中断的条件消失，可以继续任务的设计。

（4）触发方式 有的 OTA 是需要驾驶人起动汽车（整车上电），然后单击"确认"升级，在车里等待升级。有些可以通过手机 APP 确认，相关 ECU 自动地上电、下载、升级、下电（单 ECU 上电）。

（5）刷写能力 软件一般会分很多部分，其中最大的区分是 Firmware 固件和 Application 应用软件。其中，Firmware 是和硬件强相关的，甚至可以认为是硬件的一部分，Firmware 升级有时候可以显著提高硬件性能，所以有些厂商对 Firmware 的升级会宣传成硬件升级。

常规意义上的 OTA 一般是对应用 APP 进行的升级。因为一般来说如果硬件没有变化，

Firmware 就不需要变化；另一方面，固件升级伴随着很大的风险，一旦升级失败，硬件很容易失效。

（6）软件管理　原本的车辆出厂后就不会变化，同一批次车辆的软硬件都是一样的。但由于 OTA 的存在，有的驾驶人选择升级，有的驾驶人不升级，有的升级高版本，有的降级低版本；另外，每辆车在使用过程中会产生属于这辆车的个人数据，这导致原本都一样的车，每个都不一样了。如何给每个不一样的车正确地推送对应的软件版本，如何保证软件升级后每个车的原有个性化数据不被改变，就需要一套完整成熟的软件管理，升级推送系统。

（7）升级安全　车与外部的交互是汽车信息安全的薄弱环节，因此，需要建立汽车网关防火墙，建立白名单；需要实现网络安全配置，在云端进行软件加密和签名流程，在整车端需要实现软件解密和验签流程；软件升级的整个过程需要加入实时的监控系统，及时发现并报告错误。

3. OTA 升级流程

汽车软件升级一般从 ECU 的软件新版本产生开始，到车端升级结果反馈回云端结束。升级过程涉及云端（由 OEM 来掌控）和车端（由用户来掌控），双方的交界点就在于升级任务的发布，用户开始接收到升级通知。大致的流程描述如图 7-15 所示。

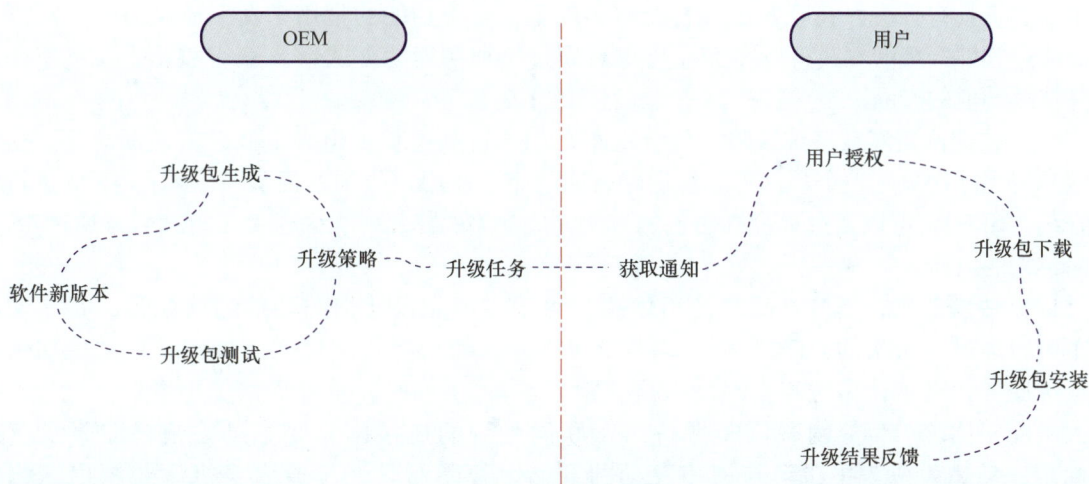

图 7-15　OTA 升级流程

（1）软件新版本　OEM 自身或供应商研发了某个电子元器件（ECU）的软件新版本，经过测试后，将软件包上传到 OTA 的云端系统。

（2）升级包生成　OTA 云端会依据上传的软件包和零部件当前的软件版本情况，自动或手动生成软件升级包。其中，包含对体量较大升级包的差分等相关功能。

（3）升级包测试　为了确保升级过程中不出现问题，所有的升级包都必须经过测试，经过测试后的升级包才会被下发给真实的用户。好的 OTA 系统还会有测试车辆的管理能力。

（4）升级策略　不同车型的不同控制器升级，在升级过程、升级条件及安全上都有不同的要求，云端要能够将这些升级所需的操作制作成升级策略。升级策略测试通过后，再和软件包一起下发到车端。升级策略制定的灵活性，决定了 OTA 系统的优劣。

（5）升级任务　升级策略约定的是一辆车的升级过程，升级任务则是约定一批车辆的升级过程。升级任务一般都会约定哪些车的哪些零部件要升级，升级前要给用户发什么样的通知，向用户提示哪些内容等。升级任务在内部还需要有必要的审核机制。升级任务发布后，车辆就可以接收到相应的升级通知。

(6) 获取通知 OEM 在云端发布升级任务后，在升级范围内的车辆就会获取到升级通知，通知内容一般情况下是云端约定好的内容，包含升级范围和升级耗时等内容。

(7) 用户授权 车辆销售给用户后，其搭载的程序和存储空间都是用户的私人财产，OEM 想要在车辆上做软件改动必须要经过用户授权。用户授权后才能够下载软件包，并执行相应的升级操作。

(8) 升级包下载 车端从云端获取本次升级所需的软件包和相应的升级执行脚本。在车端进行安全性和完整性校验，确保安全后才能够执行升级。

(9) 升级包安装 升级包的安装就是汽车软件升级的具体过程。不同的零部件有不同的升级方式，这个过程类似在计算机上对某个软件进行升级，但实际上区别较大。

(10) 升级结果反馈 车端在升级过程执行完成后，无论成功还是失败，都需要向云端报告相关的情况，车端数据的回传是做好管理的基础。

4. OTA 的优点

对于很多主机厂而言，OTA 上车的主要动力是出于优化成本的考虑，而 OTA 升级对互联网车厂真正具有吸引力的地方在于它能够实现车辆重要功能的常用常新。通过 OTA，汽车制造商通过软件升级的方式可以在产品售出后通过增加功能的方式继续获得收入，使汽车变成一件持续升值的产品。

(1) 快速修复潜在系统缺陷 传统汽车在用户行驶过程中出现了系统方面的缺陷，这些问题的解决办法只有一个，汽车厂家启动召回程序，在用户收到召回程序后返回 4S 店进行统一升级。而 OTA 可以通过远程推送包的方式完成缺陷的修复，大大避免了持续数月通过 4S 店召回带来的风险。

(2) 快速迭代、提升产品和使用体验 由于在产品设计中的硬件超前配备，智联网联汽车可以通过一次次的 OTA 升级，不断给车主开启新功能，优化产品体验，提供更加优质的系统服务，真正让车主感受到什么是"常开常新"。同时，重视界面优化更新，直观地提升人机交互体验。智能网联汽车保持与车联网平台的连接，改变了过去销售即研发结束的标志，使销售成为主机厂与用户互动的开始，智能网联汽车成为主机厂与用户交流的窗口。

(3) 大幅降低售后成本 传统的召回是需要走内部及外部审批的过程，时间和金钱的成本都非常高。通过 OTA 升级的方式，可以大大降低由于软件缺陷带来的召回成本，主机厂也能投入更多精力进行新产品、新功能的研发。

【学习小结】

1. OTA 主要分为 FOTA（Firmware Over The Air，固件在线升级）和 SOTA（Software Over The Air，软件在线升级）两类。

2. 汽车 OTA 架构主要包含云端服务器和车辆终端 OTA 组件两部分。

3. 车与外部的交互更是汽车信息安全的薄弱环节。需要建立汽车网关防火墙，建立白名单；需要实现网络安全配置，在云端进行软件加密和签名流程，在整车端需要实现软件解密和验签流程；软件升级的整个过程需要加入实时的监控系统，及时发现并报告错误。

4. 汽车软件升级一般从 ECU 的软件新版本产生开始，到车端升级结果反馈回云端结束。升级过程涉及云端（由 OEM 来掌控）和车端（由用户来掌控），双方的交界点就在于升级任务的发布，用户开始接收到升级通知。

5. OTA 升级对互联网车厂真正具有吸引力的地方在于它能够实现车辆重要功能的常用常新。

6. 汽车软件升级要比手机和计算机升级所消耗的时间长。

【知识巩固】

一、填空题

1. OTA 主要分为 _____（Firmware Over The Air，固件在线升级）和 _____（Software Over The Air，软件在线升级）两类。

2. 汽车 OTA 架构主要包含云端服务器和 _____ 两部分。

3. 出于安全考虑，需要构建一个独立的子模块，负责 OTA 服务平台的 _____，包括密钥证书管理服务、数据加密服务、数字签名服务等。

4. 汽车 OTA 流程主要分为管理和生成更新包、分发更新包、_____ 更新包三步。

5. 升级过程涉及 _____（由 OEM 来掌控）和车端（由用户来掌控）。

6. 常规意义上的 OTA 一般是对应用 APP 进行的升级。因为一般来说如果硬件没有变化，_____ 就不需要变化。

二、选择题

1. OTA 可以用于汽车售后的功能升级、bug 修复、（　　）等。

A. 众包地图　　　　　　　　　　　　B. 影子模式

C. 功能订阅　　　　　　　　　　　　D. 以上都是

2. FOTA 是对（　　）下载安装镜像，是一个系统性更新；SOTA 是对部分应用层（　　）的迭代更新。

A. 固件，软件　　　　　　　　　　　B. 软件，固件

C. 软件，软件　　　　　　　　　　　D. 固件，固件

3. OTA 关键技术包含（　　）。

A. 回滚备份　　　　　　　　　　　　B. 差分升级

C. 断点续传　　　　　　　　　　　　D. 以上都是

4. OTA 的优点包含（　　）。

A. 快速修复潜在系统缺陷

B. 快速迭代、提升产品和使用体验

C. 大幅降低售后成本

D. 以上都是

5. OTA 升级流程的最后一步通常是（　　）。

A. 升级结果反馈　　　　　　　　　　B. 升级包下载

C. 升级包安装　　　　　　　　　　　D. 以上都不是

6. 汽车软件升级要比手机和计算机升级所消耗的时间（　　）。

A. 长 　　　　　　　　　　　　　B. 短

C. 一样 　　　　　　　　　　　　D. 不确定

7. 软件升级的整个过程需要加入实时的监控系统，如果发现错误，应（　　）。

A. 及时上报 　　　　　　　　　　B. 忽略错

C. 断开监控系统 　　　　　　　　D. 以上都不对

三、简答题

1. 简述 OTA 的基本含义。

2. 简述 OTA 的优点。

3. 简述 OTA 的升级流程。

4. 简述 OTA 的应用场景。

学习单元四　汽车故障诊断

【知识链接】

学习传统的 ECU 故障诊断，了解 OTA 的远程故障诊断以及涉及的信息安全。

一、ECU 故障诊断

汽车上任何一个零件或任何零件间都可能会产生失效，即使失效的概率极低，也没办法保证百分之百不会失效。所以，汽车的各个控制器都需要故障诊断系统，不断检测系统和零件等的异常，从中找出故障。找出故障后，一方面可以采取临时补救措施，将伤害减到最小；另一方面，保存故障信息，以供后续排查和解决故障。因此，完整的 ECU 故障诊断系统包括车内在线诊断系统和车外离线诊断系统两部分，将两者配合使用，就可以进行完整故障诊断。

其中，车内在线诊断系统用于监测车内部的传感器、电子控制单元和执行器的工作状态，并根据这些数据信息自动检测系统故障，并将以故障码的形式保存，同时做出相应的故障处理措施，并点亮相对应的故障灯提醒驾驶人。车外离线诊断系统用于提取已保存的故障信息，通过向车内在线诊断系统发送服务请求（即使用 UDS 服务）的形式，可进行读取故障码信息、清除故障码和刷写软件等操作，完成故障的调查与维修。

当汽车出现故障，车内在线诊断系统就应该起作用，并提醒驾驶人有故障，驾驶人将车辆送修。维修人员进行查因和维修，就需要使用车外离线诊断系统，查看故障信息、查找原因和更新软件操作等。

1. ECU 诊断的故障类型

ECU 故障诊断系统检测的故障主要有以下五种类型：

（1）机械/系统故障　以变速器控制器所涉及的故障为例，如档位执行器损坏、离合器损坏等故障。

（2）电子电器故障　比如电磁阀或传感器短路、电源电压不在工作范围等故障。

　（3）**硬件故障**　主要指 PCB 上的器件故障，比如处理器故障、外围芯片故障等。

　（4）**软件故障**　比如死循环、除零、溢出等故障。

　（5）**通信故障**　比如 CAN 无法连接、CAN 报文丢失等故障。

　　对于这些故障，基于管理和处理方面的考虑，采用诊断故障码（Diagnostic Trouble Code，DTC）来表示。DTC 可以说是故障类型的"身份 ID"，一个 DTC 映射一个故障类型（诊断事件）。DTC 格式是根据几个国际标准协议来定义的，比如 ISO-14229-1、SAE J2012OBD DTC 和 SAE J1939-73 等。根据 DTC 的定义，可以知道是什么故障以及故障是否严重，但不能清晰得知故障什么时候发生的、什么原因导致的，因此还需要 DTC 的关键信息，比如 DTC 状态（DTC Status）、DTC 快照信息（Snapshot）和 DTC 扩展数据信息（Extended Data）。只有存储下了这些关键信息，才能有助于故障的解决。

　2. ECU 故障诊断机制

　　故障诊断包括检测、确认和处理三个部分。

　（1）故障的检测　故障的检测是由车内在线诊断系统来执行的，先通过 ECU 内部软硬件功能模块实现自我诊断，对故障的检测分为两步：先看检测故障的前提条件，即什么时候或情况需要去检测某一种故障，比如电磁阀关闭时，若检测电磁阀有无堵塞故障，是不合理也不需要的，但电磁阀已开启，则检测有必要。再看检测故障的判断条件，即通过怎样的逻辑去识别某一种故障，比如电磁阀已打开，但监测通过电磁阀的流量非常小，那么怀疑是电磁阀堵塞故障。

　（2）故障的确认　故障的确认是指上述检测到"故障"出现多少次或多长时间才算是真正的故障。因为有时可能只是某个信号极其偶尔波动一下，而这种波动对汽车没有影响，这时如果识别为故障，那么就过敏感了，反而会给驾驶人带来困扰。因此，为了规避这样的情况，就提出了 Debouncing 的概念，即通过一次次数或时间的累加，才能确认是否出现了真正的故障。只有当"故障"出现次数或时间累加到一定的值，才确认故障。当前常用 Debouncing 算法，Debouncing 算法原理是：根据检测到"故障"状态（PREFAILED、FAILED、PREPASSED、PASSED）来增减计数器或定时器，只有次数或时间达到阈值，才能确认或消除故障。当报告的状态是 PREFAILED 时，计数器或定时器就累加一次；当累加次数或时间到 Failed 的阈值，那么"故障"就被确认。不同 Debouncing 算法的细节处理会不同，可根据实际诊断需求选择适合的 Debouncing 算法。

　（3）故障的处理　当故障被确认，那么车内在线诊断系统一方面将 DTC 及相关数据存入 ECU 内部的非易失存储器内；另一方面将对故障进行处理，主要包括点灯策略和故障处理策略。其中，点灯策略是指根据故障的严重程度决定是否点亮故障指示灯以及点亮何种颜色，以此警示驾驶人故障的存在，而故障处理策略是指根据故障的严重程度决定做怎样的临时处理措施，比如出现了变速器高档位损坏故障，那么这时点黄灯，显示变速器故障，同时限制汽车行驶速度，采用跛行回家模式；或者出现了车窗无法下降故障，那么这时不点灯，此时也不会对汽车行驶有任何限制。

　3. 统一诊断服务 UDS

　　上述的 DTC 及相关数据存入 ECU 内部的非易失存储器后，要怎么获取呢？这就涉及车外离线诊断系统，需要使用到统一诊断服务（Unified Diagnostic Services，UDS）。UDS 是诊断服务的规范化标准，规定了读取 DTC 的指令、读诊断数据流的指令等。

　　使用 UDS 的例子：假如车窗系统出现故障，则维修人员需要先使用 UDS 读写服务获取软、硬件版本号，供电电压等，以获取一些最基本的信息；再使用 UDS 查看 DTC 相关信息，了解具体出现了什么故障，比如出现电机故障，那可以使用 UDS 例程控制服务控制开启电机。当发现这个故障在旧版本的软件都存在，新版本的软件已经修复了这些故障，那么使用 UDS 刷写服务更新软件。当然，这个过程所使用的这些 UDS 都是通过诊断设备发送的。

总的来说，按功能划分，UDS 可分为六类，分别是：

1）诊断和通信管理功能单元。

2）数据传输功能单元。

3）存储数据传输功能单元。

4）输入输出控制功能单元。

5）例行程序功能单元。

6）上传下载控制功能单元。

这些 UDS 的层次关系是：首先是确定在什么诊断会话模式、是默认会话、扩展会话，还是编程会话；在此基础上，再明确是否需要使用安全访问服务解锁，有些功能服务需要通过该服务解锁才能使用，有些则不需要考虑该服务；最后才能实现具体的服务控制。

二、远程故障诊断与信息安全

1. 传统故障诊断与远程故障诊断比较

随着整车 E/E 架构日趋复杂，软件复杂度越来越高，意味着问题出现的频率会增加，相关诊断以及修复过程变得越来越难以掌握。另外，随着主机厂想尽量保证用户的黏性，以及提供良好的服务，这也就引出了远程诊断解决方案：

1）通过远程 OTA 下载最新的 ECU 软件，在合适的时间重新烧录至 ECU。

2）定期检查车辆状态。通常使用基于云的诊断系统，通过对车辆数据对可能将出现的问题进行预判，并将建议或者维修车间预约推送至车辆中控或者驾驶人手机。

3）当车辆出现问题时，主机厂的诊断专家利用远程诊断，快速对问题进行定位，并将详细情况以及维修建议告知驾驶人，减少车主的焦虑。

传统诊断通常是当汽车出现故障后，将车开到厂家的维修中心，技术人员通过 UDS 诊断协议将故障信息从内存中读取出来，然后再对问题进行分析。通常这个过程需要几天的时间，此外，诊断仅限于 DTC 和故障数据，并且只能在事件发生后才能获得数据，它是一个滞后指标，见表 7-1。

表 7-1 传统诊断与远程诊断比较

	传统诊断	智能远程诊断
执行方式	定点	任何地点均可远程执行
通信方式	有线	无线
诊断时机	车辆发生问题返厂后才能处理。需时数天不等	随时实时执行。一有问题立刻通知
诊断内容	DTC	DTC、行车状态、系统负载、异常事件数据
诊断目标	已发生事件之落后指标	潜在问题之先期趋势指标

与传统诊断相比，远程诊断将诊断从被动计划转变为主动计划，并能够随时随地远程诊断车辆并远程修复故障，如图 7-16 所示。主动性是远程诊断的最大特点。如果用户在车辆上发现任何异常状况，则车主可以通过语音反馈至后台，后台收到反馈后，通过后台监控平台、

大数据分析平台、故障分析平台后，立即通过语音共享进行响应，第一时间让车主安心。另外，在后台的快速分析后，车主可以更好地了解车辆的问题，为后续的问题修复争取更多的时间。

2. 远程故障诊断信息安全

由于诊断不仅可以读取车辆故障，还可以修改参数或更新软件、启动车辆功能、从 ECU 读取信息。这带来相当大的安全隐患，远程诊断的引入，风险就更大了。这就是为什么在安全性、完整性和真实性方面必须有足够的保护，例如确保第三方不能轻易从车辆读取车辆任何信息，以及不能篡改 ECU 存储和通信数据等。

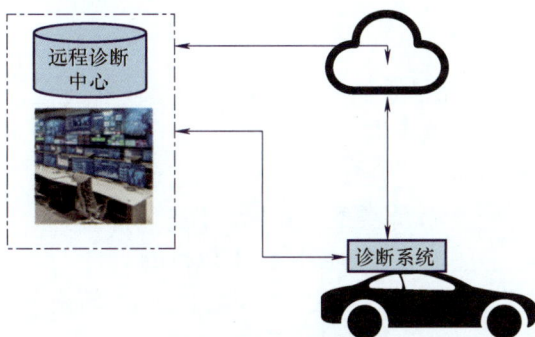

图 7-16 远程诊断

在一般诊断系统中，必须在多个点采取保护措施。首先保护应用程序（测试器和诊断系统）防止滥用，系统只有授权才能登录。然后所有本地和云数据都需加密，这样就不能再从外部读取数据了。最后所有的通信连接都必须加密，防止窃听。所有措施的目标必须是整体诊断功能的端到端保护，用户代表一端，车辆网关通常代表另一端。在车辆内部，其他保护机制是必要的。

加密中有对称加密和非对称加密两种基本的区分。在对称加密中，涉及的双方都知道用于加密和解密的密钥，密钥长度通常为 256 位长的短密钥，该过程已经非常安全，并且还可以高效计算。但是加密密钥必须安全地保存，并且没有第三方能够破坏它，例如在个人接触中。

非对称加密在双方都使用一对密钥。公钥可供相关合作伙伴使用，该合作伙伴可以将其用于加密。私钥被安全保存，用于解密用公钥加密的消息。以这种方式，可以避免在对称过程中传输密钥的困难，尽管这里需要更长的密钥长度，这也会导致较长的计算时间。此外，公钥必须从可信赖的来源获得。

【学习小结】

1. 车内在线诊断系统用于监测车内部的传感器、电子控制单元和执行器的工作状态，并根据这些数据信息自动检测系统故障，并将以故障码的形式保存，同时做出相应的故障处理措施，并点亮相对应的故障灯提醒驾驶人。

2. 车外离线诊断系统用于提取已保存的故障信息，通过向车内在线诊断系统发送服务请求（即使用 UDS 服务）的形式，可进行读取故障码信息、清除故障码和刷写软件等操作，完成故障的调查与维修。

3. ECU 故障诊断系统检测的故障主要有五种类型。

4. 故障诊断包括检测、确认和处理三部分。

5. UDS 是诊断服务的规范化标准，规定了读取 DTC 的指令、读诊断数据流的指令等。

6. 远程诊断将诊断从被动计划转变为主动计划，并能够随时随地远程诊断车辆并远程修复故障。

【知识巩固】

一、填空题

1. 完整的 ECU 故障诊断系统包括车内在线诊断系统和车_____离线诊断系统两部分。

2. 车内在线诊断系统用于监测车内部的传感器、电子控制单元和_____的工作状态。

3. 当汽车出现故障，车_____在线诊断系统就应该起作用，并提醒驾驶人有故障。

4. 一个 DTC 映射_____个故障类型（诊断事件）。

5. 故障的检测是由车_____在线诊断系统来执行的。

6. UDS 是诊断服务的规范化标准，规定了读取_____的指令、读诊断数据流的指令等。

二、选择题

1. ECU 故障诊断系统检测的故障主要由机械/系统故障、电子电器故障、（　　）组成。

A. 硬件故障 　　　　　　　　　　　　B. 软件故障

C. 通信故障 　　　　　　　　　　　　D. 以上都是

2. 根据 DTC 的定义和关键信息，可以知道（　　）。

A. 是什么故障以及故障是否严重

B. 故障什么时候发生的

C. 什么原因导致故障发生的

D. 以上都是

3. 以下关于 UDS，描述正确的是（　　）。

A. 是诊断服务的规范化标准

B. 规定了读取 DTC 的指令

C. 规定了读诊断数据流的指令

D. 以上都是

4. 与传统诊断相比，远程诊断的诊断计划更为（　　）。

A. 主动 　　　　　　　　　　　　　　B. 被动

C. 从动 　　　　　　　　　　　　　　D. 以上都不对

5. 本地（　　）加密，云数据（　　）加密。

A. 需要，不需要 　　　　　　　　　　B. 不需要，需要

C. 需要，需要 　　　　　　　　　　　D. 不需要，不需要

6. 在对称加密中，涉及的双方都知道用于加密和解密的密钥，密钥长度通常为（　　）位长的短密钥。

A. 256 　　　　　　B. 128 　　　　　　C. 64 　　　　　　D. 32

7. 在一般诊断系统中，必须在（　　）点采取保护措施。

A. 多个　　　　　　　　　　　　　　B. 三个

C. 两个　　　　　　　　　　　　　　D. 单个

三、简答题

1. 简述 ECU 的故障类型。

2. 简述传统诊断与智能远程诊断的不同。

3. 简述 UDS 的作用。

4. 简述 ECU 故障诊断流程。

5. 简述如何确保信息安全。

学习单元五　汽车安全

【知识链接】

　　汽车涉及人的生命与财产安全，谈汽车首先要谈的就是安全性。目前，智能网联汽车的安全主要分为功能安全、网络（信息）安全和预期功能安全三大项。

一、功能安全

　　对于自动驾驶或驾驶辅助车辆来说，车辆大部分或几乎全部交由系统控制，控制效果的优劣是必须要考虑的因素。在传统汽车领域中，失效表现往往源于系统的失效。在自动驾驶系统中则不然，即使系统不发生故障，也可能因为神经网络黑盒输出等因素的不确定性导致功能的偏离，造成交通伤害。尽管在感知决策执行层面可能没有任何错误和失效发生，其他复杂的交通状态和车辆意外行为依然可能成为自动驾驶系统的不稳定因素。自动驾驶行业中的 AI 可以加强感知和决策能力，理想状态下对其输入的确定数值，期望得到相同的结果，但 AI 问题本质上是一种概率问题。考虑到车辆的运行场景往往是多变的，静态和动态因素同时存在于驾驶场景中，这种连续或离散变化的状态对于感知来说的输入变量是不可量化和计算的，这时实际的项目开发过程中就很难保证系统输出的稳定性和鲁棒性，直接导致流向市场的智能网联汽车无法准确保证实际需求。

　　在汽车行业电动化及智能化程度变革发展中，汽车的设计开发、制造和使用、驾驶人安全技术等，都有潜在的危险情况。复杂的电子电气系统给整车安全带来了极大的风险，所以，现今对汽车及其相关零部件安全的要求也是越来越高。为了达到更高程度的安全要求，衍生出对汽车行业特定的 ISO 26262 功能安全标准，如图 7-17 所示。以防止发生危险事件或提供缓解措施，以减轻危险事件的后果。

　　ISO 26262 是从电子、电气及可编程器件功能安全基本标准 IEC 61508 派生出来的，以满足公路车辆电子电气系统的特殊需求。目的是确保产品安全运行，即便出现问题也可以继续保驾护航。各行各业都会制定标准，在汽车电子行业，这一标准就是 ISO 26262，它将功能安全定义为：避免因电气/电子系统故障而导致的不合理风险。

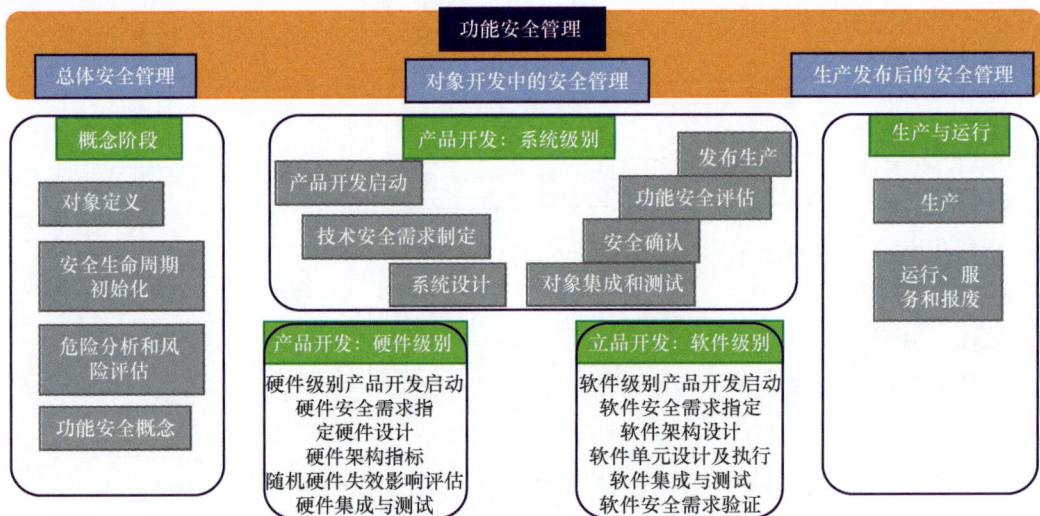

图 7-17 ISO 26262 功能安全标准

二、信息安全

1. 信息安全的概述

智能网联汽车终极发展阶段是无人驾驶，车联网则是无人驾驶实现的基础，然而车联网技术应用过程中会带来信息安全问题，具体可分为以下三种：

（1）用户隐私 汽车智能化是建立在车辆动态数据收集及应用上的，如车辆行驶、车体、动力、安全及环境数据等层面，尤其是车辆行驶数据一直都被视为变现的大数据金矿，无论是车联网前装的车商，还是车联网后装的互联网科技公司，都在用户不知情的情况下收集车主驾驶历史数据，除了自用外，甚至还会商业变卖给第三方使用，由此造成用户隐私泄露危险。

（2）网络通信 汽车智能化强度依赖于数字交通信号的传输，可能会面临接触设备故障、无网络覆盖及网络中断三大通信风险。接触设备故障指的是恶劣天气打坏车顶的传感器，或者是传感器无法识别积雪道路等；无网络覆盖指的是汽车进入山区或者遇到暴雨天气，通信网络覆盖及传输不到；网络中断指的是车载终端与远程云端通信时，因局部电源、信号导线等故障引发的临时性网络中断。

（3）黑客攻击 黑客攻击可分为接触式攻击、非接触式攻击和后装产品攻击三大类，常见的接触式攻击为 OBD 车辆诊断攻击；非接触式攻击则有云端服务攻击、TPMS 攻击和无钥匙启动系统三种；后装产品攻击则是通过车辆下载互联网应用产品攻击，如 WiFi 网络、蓝牙、移动 APP 等软件应用。

2. 常见的黑客攻击方式

将智能网联汽车的通信数据流进行抽象，可以得到从车外云服务器到车内电子控制器的六层架构，如图 7-18 所示。构建整个智能网联汽车信息安全防护体系，需要在每一个层级部署相应的信息安全防护技术，来保障和提升整个系统的信息安全特性。

智能网联汽车最大的安全隐患来自于黑客攻击，而黑客攻击重点是入侵 CAN Bus 总线。CAN Bus 全称为控制器局域网总线，有高速和低速之分，高速 CAN Bus 总线主要连接发动机

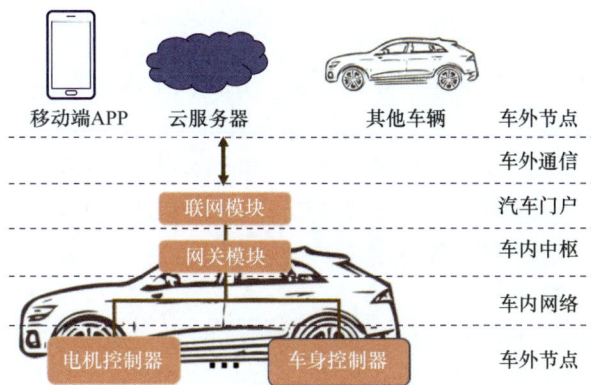

图 7-18 智能网联汽车的通信数据流

控制单元、ABS 控制单元、安全气囊控制单元、组合仪表等这些与汽车行驶直接相关的系统；而低速 CAN Bus 主要连接像中控锁、电动门窗、后视镜、车内照明灯等对数据传输速率要求不高的车身舒适系统上；因为 CAN Bus 总线设计之初没有考虑到通信安全因素，通常不需要身份验证也可以访问，因此一旦黑客攻破外围系统，实现与 CAN Bus 总线连接，就能实现对汽车的控制。

（1）通过 OBD 入侵 CAN Bus　黑客物理接触攻击都要通过 OBD 车载诊断系统，一般位于转向盘下方的前内饰板内，OBD 作为汽车的对外接口，可以访问 CAN Bus。因此，通过专门的控制设备接入 OBD 端口，就可实现对车辆控制，甚至能修改一些行车 ECU 配置。

（2）通过 WiFi 及蓝牙入侵 CAN Bus　大部分厂商设置 WiFi 及蓝牙功能，是为了更好地连接移动设备，来控制车载软件系统，如影音娱乐系统和无钥匙控制系统等，同时这些车载软件系统又能与 CAN Bus 总线交换数据，因此黑客可以通过破解 WiFi 及蓝牙密码，顺利入侵车内软件系统，进而入侵 CAN Bus，从而实现对车辆控制。

（3）通过云端、手机及 APP 入侵 CAN Bus　当前，很多车辆为了实现网络通信，通常会设置云端服务、内置 SIM 卡及 APP 应用等软件系统，用以连接或与 CAN Bus 交换数据，因此黑客们一旦破解这些软件系统的登录名及登录密码，就可以访问 CAN Bus，实现对车辆的远程控制。

（4）电动汽车充电器入侵　最近电动汽车越来越普及，充电设备成为电动汽车生态必不可少的核心部件。由于电动汽车的充电装置在充电时会与外部充电桩通信，而且电动汽车的充电装置会连接 CAN 总线，这就给了黑客们通过外部充电桩入侵 CAN 系统的机会。

（5）TPMS 入侵　TPMS 是车轮压力管理系统，也有黑客对 TPMS 展开攻击。在这种攻击方法中，黑客先把攻击代码放置在车辆 TPMS ECU 中，然后当 TPMS 检测到某个胎压值时，恶意代码便会被激活，从而对车辆进行攻击。一个通用的解决方法是对 ECU 接收的信息进行加密验证，以保证信息是由可信的 MCU 而不是由黑客发出的。使用加密验证，可以选择对称或者非对称密码。对称密码的计算量小，但是需要通信双方预先知道密码。非对称密码无须预先知道密码，但是计算量大。由于大部分车用 ECU 计算能力与内存有限，现在通用做法是使用对称密码加密，然后密钥在生产过程中被写入 ECU。这样的后果是有许多 ECU 复用同一个密钥，当一个 ECU 密钥被破解后，同批的 ECU 都会有风险。

3. CAN Bus 总线保护方法

车联网安全技术核心就是围绕保护 CAN Bus 总线来展开的，具体措施如下：

（1）车载终端设备安全　车载终端设备分为车商前装设备和互联网智能后装设备，车商前装设备需要嵌入安全芯片，用以管理密钥和加密运算，进入整车厂的前装序列；互联网智能后装设备则需要隔离汽车底层，加硬件防火墙的方式，来保障车辆安全。

（2）车联网运营端安全　车联网运营平台分为云服务器端和移动 APP 端，车联网运营安全需要做到两点，首先是在云服务端配置安全产品和策略，加载了自主研发的密钥应用 SDK，负责与车载端和移动终端加密往来数据；其次是在移动终端 APP，对关键代码进行了动态加密和篡改识别，同时将移动终端设备、用户账号和信息、手机号码，通过数字证书技术进行绑定，确保移动终端的合法可靠性。

（3）车联网通信安全　车联网通信包括车辆内部网络通信和车辆外部网络通信两种，内部网络通信安全可采用防火墙与智能检测技术，实现车内娱乐、导航等系统与车机内网的安全隔离、访问控制及异常检测；外部网络通信安全则通过加强车与外界（V2X）的认证技术，减少来自外部的各种网络攻击。

三、预期功能安全

随着汽车电气化时代的到来，人们发现并不是所有的车辆安全问题都源于系统错误和失效。很多时候，在复杂系统中，系统安全的问题来源于环境影响带来非预期的安全问题。

对于自动驾驶系统来说，车辆由系统控制，控制效果的优劣是必须要考虑的因素。在传统汽车领域中，失效的表现往往源于系统的失效。在自动驾驶系统中则不然，即使系统不发生故障，也可能因为神经网络黑盒输出等因素的不确定性导致功能的偏离，造成交通伤害。这类非故障情况下因系统功能不满足预期而导致的安全风险就是预期功能安全要解决的问题。

【学习小结】

1. 目前，智能网联汽车的安全主要分为功能安全、网络（信息）安全和预期功能安全三大块。

2. 对于自动驾驶或驾驶辅助车辆来说，车辆大部分或几乎全部交由系统控制，控制效果的优劣是必须要考虑的因素。

3. 为了达到更高程度的安全要求，衍生出对汽车行业特定的 ISO 26262 功能安全标准。

4. 智能网联汽车终极发展阶段是无人驾驶，车联网则是无人驾驶实现的基础，然而车联网技术应用过程中会带来信息安全问题。

5. 将智能网联汽车的通信数据流进行抽象，可以得到从车外云服务器到车内电子控制器的六层架构。

6. 智能网联汽车最大的安全隐患来自于黑客攻击，而黑客攻击重点是入侵 CAN Bus总线。

【知识巩固】

一、填空题

1. 对于自动驾驶或驾驶辅助车辆来说，车辆大部分或几乎全部交由_____控制。

2. AI 问题本质上是一种_____问题。

3. 复杂的电子电气系统给整车安全带来了极大的风险，所以，现今对汽车及其相关零部件安全的要求也是越来越_____。

4. 在汽车电子行业，ISO 26262 将功能安全定义为：避免因_____系统故障而导致的不合理风险。

5. 汽车智能化是建立在车辆_____收集及应用上的，如车辆行驶、车体、动力、安全及环境数据等层面。

6. 智能网联汽车最大的安全隐患来自于_____。

二、选择题

1. 汽车涉及人的生命财产安全，谈汽车首先要谈的就是（　　　）。

A. 安全性 　　　　　　　　　　　　B. 经济性

C. 舒适性 　　　　　　　　　　　　D. 以上都不是

2. 在自动驾驶系统中，即使系统不发生故障，也可能因为（　　　）黑盒输出等因素的不确定性导致功能的偏离，造成交通伤害。

A. 粒子群 　　　　　　　　　　　　B. 神经网络

C. 极限学习机 　　　　　　　　　　D. 以上都不是

3. 考虑到车辆的运行场景往往是（　　　）。

A. 微小变化的 　　　　　　　　　　B. 一致的

C. 多变的 　　　　　　　　　　　　D. 以上都不是

4. 黑客攻击可分为接触式攻击、非接触式攻击和后装产品攻击三大类，常见的接触式攻击为（　　　）攻击。

A. OBD 车辆诊断 　　　　　　　　B. 云端服务

C. TPMS 　　　　　　　　　　　　D. 以上都不是

5. CAN Bus 总线保护方法包含（　　　）。

A. 车载终端设备安全

B. 车联网运营端安全

C. 车联网通信安全

D. 以上都是

6. 车联网安全技术核心就是围绕保护（　　　）总线来展开的。

A. MOST 　　　　　　　　　　　　B. CAN Bus

C. 以太网 　　　　　　　　　　　　D. LIN

三、简答题

1. 简述智能网联汽车安全的主要类别。

2. 简述黑客攻击的常见方式。

3. 简述预期功能安全的含义。

4. 简述 CAN Bus 总线保护方法。

5. 简述信息安全的主要类别。

参考文献

［1］陈刚，殷国栋，王良模. 自动驾驶概论［M］. 北京：机械工业出版社，2019.

［2］王建，徐国艳，陈竞凯，等. 自动驾驶技术概论［M］. 北京：清华大学出版社，2019.

［3］韩维建. 智能汽车关键技术与设计方法［M］. 北京：机械工业出版社，2019.

智能网联汽车技术概论
任务工单

姓　名_____

班　级_____

学　号_____

机 械 工 业 出 版 社

目　录

任务工单 1-1　智能网联汽车的发展背景

学生姓名		班级		学号		日期	
任务主题	智能网联汽车的发展背景						
任务目标	了解智能网联汽车的定义						
任务要求	熟悉智能网联汽车的定义以及所运用的技术						
任务内容	一、填空题 1. 智能网联汽车是指搭载先进的车载传感器、控制器、_____器等装置。 2. 车联网简而言之即汽车上面装载电子通信设备，与其他也装载通信设备的车辆、道路设施单元、云端平台等进行通信互联，实现信息交互和资源共享的技术，简称_____（Vehicle to Everything）。 3. 智能网联汽车利用全方位的感知系统、智能的决策系统和精确的_____系统。 4. 汽车产业发展呈现"四化"趋势，即_____化、智能化、网联化、共享化。 5. 在当今的道路上，行驶的大多数汽车是_____级。 6. _____级智能网联汽车甚至都不会有转向盘或加速/制动踏板。 二、选择题 1. V2X 中的 X 包括（　　）。 A. 人　　　　B. 车　　　　C. 网络　　　　D. 以上都是 2. 车联网以（　　）为基础。 A. 车内网　　　　　　　　B. 车际网 C. 车载移动网络　　　　　D. 以上都是 3. 路边单元的简写是（　　）。 A. RSU　　　　　　　　　B. V2X C. LTE　　　　　　　　　D. 以上都不是 4. 汽车产业发展呈现"四化"趋势，即电动化、（　　）。 A. 智能化　　　　　　　　B. 网联化 C. 共享化　　　　　　　　D. 以上都是 5. 防抱死制动系统（ABS）和电子稳定程序（ESP）属于（　　）级自动驾驶。 A. 0　　　　　　　　　　B. 1 C. 2　　　　　　　　　　D. 3 6. 特斯拉的 Autopilot 符合（　　）级自动驾驶。 A. 5　　　　　　　　　　B. 4 C. 3　　　　　　　　　　D. 2

任务内容	**三、简答题** 1. 简述智能网联汽车的定义。 2. 简述 V2X 的具体含义。 3. 简述智能网联汽车对环境的影响。
任务总结	通过本任务的学习，你有哪些收获：
任务评估	对学生的综合评价与建议： 教师签字：

任务工单 1-2　单车智能与车路协同

学生姓名		班级		学号		日期	
任务主题	单车智能与车路协同						
任务目标	了解单车智能与车路协同自动驾驶的发展现状						
任务要求	理解百度 ACE 的内容						
任务内容	一、填空题 1. 单车智能自动驾驶的环境感知是通过车上安装的传感器完成对周围环境的探测和_____功能。 2. L____级的 ADAS 是现阶段智能网联汽车商用落地的核心。 3. 与传统汽车相比，智能网联汽车是一个更为_____的系统，对安全将提出更高的要求。 4. ODD 限制是保证车辆_____的重要手段，却不利于自动驾驶的规模商业化落地。 5. 感知的_____问题是当前限制单车智能自动驾驶车辆 ODD 的主要原因之一。 6. 为了实现高等级自动驾驶，车载传感器的数量需要显著_____，硬件成本过_____，难以保证车辆的经济性。 二、选择题 1. 因为前期研发投入大、技术难度高，（　　　）级及以上智能网联汽车商业化进程缓慢。 A. L0　　　　　　　B. L1　　　　　　　C. L2　　　　　　　D. L3 2. 高等级智能网联汽车目前面临的安全问题主要包括（　　　）。 A. 软硬件系统出现错误或漏洞 B. 感知容易受到遮挡、恶劣天气等影响而失效 C. 目标运动行为出现预测能力不足、决策时间超时和生成轨迹错误的现象 D. 以上都是 3. 限制自动驾驶 ODD 的原因或条件有（　　　）。 A. 道路条件，比如高速公路、无信号灯十字路口、山区道路等 B. 环境条件，天气（雨、雪、雾）和日照状况（昼或夜、逆光、隧道出入口）等 C. 其他还包括过时的地图信息、收费站、水洼、低垂的植物、道路结冰、遗撒的物体、特种机械和违反交通规则的人类行为 D. 以上都是 4. 车路协同自动驾驶内涵包括（　　　）。 A. 高维数据　　　　　　　　　　B. 算力高维 C. 算法高维　　　　　　　　　　D. 以上都是

任务内容	**三、简答题** 1. 简述单车智能自动驾驶发展现状。 2. 简述高等级自动驾驶规模商业化落地存在的挑战。 3. 简述车路协同自动驾驶内涵。
任务总结	通过本任务的学习，你有哪些收获：
任务评估	对学生的综合评价与建议： 教师签字：

任务工单 2-1　基于视觉的环境感知

学生姓名		班级		学号		日期	
任务主题	基于视觉的环境感知						
任务目标	了解视觉传感器的工作原理						
任务要求	理解车载摄像头的布置以及功能						
任务内容	一、填空题 1. 图像传感器可分为_____和_____。 2. CCD 的像素数目越_____，单一尺寸越_____，收集到的图片就会更加清晰。 3. 信噪比指的是_____电压对于_____电压的比值，通常用 S/N 符号来表示。 4. 摄像头一般分为_____、_____和环视等类型。 5. 双目系统成本比单目系统要_____，但与激光雷达等方案相比成本较_____。 6. 前视摄像头主要安装在_____上。 二、选择题 1. 视觉传感器由镜头、图像传感器、模-数转换器、图像处理器和（　　）组成。 　A. 图像储存器　　　　　　　　B. 温度传感器 　C. 位置传感器　　　　　　　　D. 以上都不是 2. 视觉传感器中的模-数转换器将模拟图像转换为（　　）图像信号。 　A. 真实　　　　　　　　　　　B. 虚拟 　C. 数字　　　　　　　　　　　D. 以上都不是 3. 分辨率为 1600×1200 的摄像头，其像素为（　　）万。 　A. 130　　　　B. 210　　　　C. 320　　　　D. 500 4. 信噪比指的是信号电压对于噪声电压的比值，通常用（　　）符号来表示。 　A. C/N　　　　B. B/N　　　　C. S/N　　　　D. N/S 5. 单目摄像头相比于双目摄像头的优势是（　　）。 　A. 计算复杂度低　　　　　　　B. 成本高 　C. 无须维护样本数据库　　　　D. 以上都不是 6. 前方碰撞预警系统使用的是汽车的（　　）摄像头。 　A. 前视　　　　　　　　　　　B. 后视 　C. 环视　　　　　　　　　　　D. 侧视 7. 行人检测类型不包括（　　）。 　A. 成人　　　　　　　　　　　B. 儿童 　C. 骑车人　　　　　　　　　　D. 围栏

任务内容	**三、简答题** 1. 简述图像传感器的主要类型及特点。 2. 简述视觉传感器的主要组成部分。 3. 简述单目和多目摄像头的优劣。
任务总结	通过本任务的学习，你有哪些收获：
任务评估	对学生的综合评价与建议： 教师签字：

任务工单 2-2　基于雷达的环境感知

学生姓名		班级		学号		日期	
任务主题	基于雷达的环境感知						
任务目标	了解毫米波雷达、激光雷达、超声波雷达的工作原理						
任务要求	理解各类雷达的特点及布置						

任务内容

一、填空题

1. 毫米波雷达的布置可分为_____雷达和_____雷达。

2. 激光雷达可以_____精度、_____准确度地获取目标的距离、速度等信息或者实现目标成像。

3. 方位角包括_____方位角和_____方位角。

4. 超声波雷达，是一种利用_____测算距离的雷达传感器装置。

5. 超声波雷达也可根据传感器的种类细分为_____传感器超声波雷达和_____传感器超声波雷达。

6. 超声波雷达结构_____，体积_____，成本_____，信息处理简单可靠，易于小型化与集成化，并且可以进行实时控制。

二、选择题

1. 车载毫米波雷达从而获得精度极高的周围目标物体间的相对速度、（　　）、角度、运动方向等物理环境信息。

A. 经度　　　　　B. 纬度　　　　　C. 温度　　　　　D. 相对距离

2. 毫米波雷达通过毫米波检测被监测物体，其具备性能优势包括（　　）。

A. 集成度高　　　　　　　　B. 空间分辨率高

C. 可以识别交通标志和行人　D. 以上都不是

3. 激光雷达主要包括激光发射部分、扫描系统、激光接收部分和（　　）。

A. 蜂鸣部分　　B. 扫描部分　　C. 信息处理部分　D. 以上都不是

4. 激光雷达安装在汽车的（　　）。

A. 车轮　　　　　B. 车顶　　　　　C. 车底　　　　　D. 以上都不是

5. 混合固态激光雷达的优点包括数据采集速度快，（　　），对于温度和振动的适应性强。

A. 分辨率高　　　　　　　　B. 物料成本高

C. 产量成本高　　　　　　　D. 以上都不是

6. 超声波一般测量距离（　　）。

A. 大于10m　　B. 小于10m　　C. 大于100m　　D. 以上都不是

7. 超声波雷达结构简单，（　　），易于小型化与集成化。

A. 体积小　　　　　　　　　B. 成本高

C. 信息处理复杂　　　　　　D. 以上都不是

任务内容	三、简答题
	1. 简述毫米波雷达的主要类型及特点。
	2. 简述毫米波雷达、激光雷达和超声波雷达的优劣。
	3. 简述激光雷达的技术指标。
任务总结	通过本任务的学习，你有哪些收获：
任务评估	对学生的综合评价与建议： 教师签字：

任务工单 3-1　高精度地图

学生姓名		班级		学号		日期	
任务主题	高精度地图						
任务目标	了解高精度地图的三大功能						
任务要求	理解高精度地图中不同传感器的探测距离						

任务内容

一、填空题

1. 高精度地图即具有高精确度的地图，一般需达到_____米级精确度。

2. 高精度地图可以分为_____高精度地图和_____高精度地图两个层级。

3. 高精度地图为厘米级精度，其更新频率也远远高于普通电子地图，对于实时信息可做到_____级更新。

4. 高精度地图主要有_____、辅助环境感知和路径规划三大功能。

5. 从当前高精度地图采集设备发展情况来看，其实采集设备的主要核心是_____、毫米波雷达和激光雷达。

6. 高精度地图所包含的信息如此丰富也就意味着高精度地图的数据量将极其_____。

二、选择题

1. 高精度地图为（　　）级精度，其更新频率也远远高于普通电子地图。
A. 厘米　　　　B. 毫米　　　　C. 分米　　　　D. 以上都不是

2. 高精度地图的使用者为（　　）。
A. 机器，辅助驾驶系统　　　　B. 驾驶人
C. 乘客　　　　D. 以上都不是

3. L4 级别全自动驾驶对高精度地图的精度要求为（　　）。
A. 2~5m　　　B. 1~2m　　　C. 0.5~1m　　　D. 0.1~0.3m

4. 传感器的局限性不包含（　　）。
A. 检测范围　　　　B. 感知缺陷
C. 先验信息缺失　　　　D. 以上都不是

5. 通过轮测距器可以推算智能网联汽车的（　　）。
A. 位置　　　　B. 重量　　　　C. 海拔　　　　D. 以上都不是

6. 在安全环境下使用的基础 ADAS 地图只需要精度达到（　　）量级，而 HAD（High Automated Driving）级别高精度地图的精度能达到（　　）量级。
A. 米，分米　　　　B. 米，厘米
C. 分米，厘米　　　　D. 以上都不是

7. 在地图测绘车中，激光雷达负责采集点云数据，摄像头负责采集图片，天线负责接收卫星定位信号，导航系统负责采集（　　）。
A. 温度　　　　B. GPS 轨迹　　　　C. 湿度　　　　D. 以上都不是

任务内容	**三、简答题** 1. 简述高精度地图与传统电子地图的区别。 2. 简述高精度地图所包含的信息。 3. 简述高精度地图的采集流程。
任务总结	通过本任务的学习，你有哪些收获：
任务评估	对学生的综合评价与建议： 教师签字：

任务工单 3-2　智能网联汽车的定位技术

学生姓名		班级		学号		日期	
任务主题	智能网联汽车的定位技术						
任务目标	了解不同定位方式的差异						
任务要求	理解地图匹配定位与融合技术						
任务内容	<p>**一、填空题**</p><p>1. GNSS 通过_____原理定位。</p><p>2. 卫星导航系统简称_____。</p><p>3. GNSS 包括_____、_____和_____三个主要部分。</p><p>4. 惯性导航定位系统简称_____。</p><p>5. INS 的短期精度比 GNSS _____。</p><p>6. INS 的更新频率比 GNSS _____。</p><p>7. INS 包含_____和_____两种传感器。</p><p>**二、选择题**</p><p>1. GNSS+INS 的含义是（　　　）。</p><p>A. 卫星导航系统+惯性导航定位系统　　B. 激光雷达定位+惯性导航定位系统</p><p>C. 视觉定位系统+惯性导航定位系统　　D. 地图匹配定位+惯性导航定位系统</p><p>2. （　　　）不是 GNSS 的特点。</p><p>A. 短期精度低　　　　　　　　　　　B. 长期精度低</p><p>C. 更新频率低　　　　　　　　　　　D. 抗干扰性差</p><p>3. （　　　）不是 INS 的输出信息。</p><p>A. 位置　　　　　B. 速度　　　　　C. 姿态　　　　　D. 质量</p><p>4. 控制台、卫星、接收器是（　　　）的主要组成部分。</p><p>A. GPS　　　　　B. IMU　　　　　C. 高精度地图　　　D. 激光雷达</p><p>5. 传感器的配准主要包括时间配准和（　　　）。</p><p>A. 通信配准　　　　　　　　　　　　B. 空间配准</p><p>C. 型号配准　　　　　　　　　　　　D. 以上都不是</p><p>6. 目前，自动驾驶常用的 IMU 包含光纤陀螺和（　　　）。</p><p>A. 激光陀螺　　　　　　　　　　　　B. 微机电系统（MEMS）</p><p>C. 半球谐振陀螺　　　　　　　　　　D. 以上都不是</p><p>7. GNSS+RTK 在卫星信号良好时可提供（　　　）定位。</p><p>A. 分米级　　　　　B. 米级　　　　　C. 厘米级　　　　　D. 毫米级</p><p>8. 下面（　　　）INS 好于 GNSS。</p><p>A. 城市高速　　　　　　　　　　　　B. 信号基站旁</p><p>C. 地下停车场　　　　　　　　　　　D. 以上都不是</p>

任务内容	**三、简答题** 1. 简述 GNSS 的原理与组成。 2. 简述 GNSS 与 INS 的优劣。 3. 简述多传感器定位的误差来源。 4. INS 主要的模块有哪些？ 5. 简述地图匹配定位误差的来源。
任务总结	通过本任务的学习，你有哪些收获：
任务评估	对学生的综合评价与建议： 教师签字：

任务工单4-1 路径规划

学生姓名		班级		学号		日期	
任务主题	路径规划						
任务目标	路径规划问题的分类						
任务要求	理解汽车行为决策理论						
任务内容	一、填空题 1. 全局路径规划根据起点和终点信息，生成一条导航路径，属于_____级别的规划。 2. 全局路径规划是在_____观上对道路信息进行规划。 3. 全局路径规划是对全局环境_____知，并根据算法搜索出最优或接近最优的路径。 4. 基于搜索的路径规划算法通过搜索表示环境信息的环境地图来获得最终的路径。比较有代表性的算法有Dijkstra算法和_____算法。 5. 智能仿生学是源自于对自然界的研究，从自然的发展规律出发进行仿生学研究，发现了蚁群算法、_____算法、遗传算法等一系列算法。 6. 行人轨迹预测属于_____动安全技术。 二、选择题 1. 全局路径规划是对全局环境（ ），局部路径规划是对全局环境（ ）。 A. 已知，未知　　　　　　B. 已知，已知 C. 未知，已知　　　　　　D. 未知，未知 2. 局部路径规划通过传感器为自动驾驶提供有用的信息确定障碍物和目标点的位置，并规划起始点到目标点的（ ）路径。 A. 最优　　　B. 次优　　　C. 随机　　　D. 以上都不是 3. 下列哪一项不属于智能仿生学算法（ ）。 A. A＊　　　B. 神经网络　　　C. 蚁群算法　　　D. 以上都不是 4. 全局路径规划是对（ ）环境已知并根据算法搜索出最优或接近最优的路径。 A. 全局　　　　　　　　B. 局部 C. 未知　　　　　　　　D. 随机 5. 局部路径规划通过（ ）为自动驾驶提供有用的信息，以确定障碍物和目标点的位置。 A. 传感器　　　　　　　B. 环境地图 C. GPS　　　　　　　　D. 摄像头 6. 下列（ ）属于基于采样的路径规划算法。 A. A＊算法　　　　　　　B. Dijkstra算法 C. PRM算法　　　　　　D. ACA算法 7. 下列（ ）是由Dijkstra算法改进而来的启发式搜索算法。 A. ACA算法　　B. RRT算法　　C. A＊算法　　　D. PRM算法

任务内容	**三、简答题** 1. 简述路径规划的分类。 2. 简述路径规划算法种类。 3. 简述基于智能仿生学算法的代表算法有哪些。
任务总结	通过本任务的学习，你有哪些收获：
任务评估	对学生的综合评价与建议： 教师签字：

任务工单 4-2 行 为 决 策

学生姓名		班级		学号		日期	

任务主题	行为决策
任务目标	掌握行为预测与行为决策
任务要求	理解汽车行为决策理论
任务内容	一、填空题 1. 行人轨迹预测属于_____动安全技术。 2. 在自动驾驶中,轨迹预测一般位于感知模块的_____端,规划控制模块的_____端。 3. 优秀的行为预测能力能通过周围环境障碍物的历史运动,预测出障碍物未来可能的行为,如_____预测、_____行为预测等。 4. ADAS需要对周围环境信息有一定认知能力,最基本的水平是要_____环境,再上一层则需要_____环境,而再上一层需要对环境进行预测。 5. _____动安全技术主要是指利用计算机视觉、机器视觉等技术判断得出目前驾驶人处于高危状况,避免事故发生车辆所采取的对应措施。 6. 根据调研,轨迹预测是一个极为复杂的问题,预测方法可分为基于_____模型和基于深度学习。 二、选择题 1. 以下( )是连接感知模块与决策控制模块的桥梁。 A. 行人轨迹预测模块　　　　　B. 车辆轨迹预测模块 C. 行为决策模块　　　　　　　D. 环境感知模块 2. 车辆轨迹预测的意义主要体现在( )方面。 A. 提高车辆行为预先评估及规划系统的安全性和高效性 B. 减少交通事故的发生 C. 保障行人的生命安全 D. A 和 B 3. 以下( )因素是导致行人轨迹预测不准确的难点之一。 A. 行人的运动方式缺乏灵活性 B. 行人运动方式灵活多变 C. 行人之间的交互关系简单明了 D. 行人的运动方式容易被建模 4. 行为预测属于汽车的( )。 A. 环境感知层　　　　　　　　B. 决策规划层 C. 控制层　　　　　　　　　　D. 以上都不是

任务内容	5. 决策的内容包含（　　）。 A. 抢行还是让行　　　　　　B. 是否要冲黄灯 C. 在哪两辆车之间变道或并线　D. 以上都是 6. 决策规划模块的输入信息有（　　）。 A. 地图（路网）　　　　　　B. 导航路线（全局规划） C. 障碍物及其预测行为　　　D. 以上都是 7. 自动驾驶系统作为一个涉及软硬件（　　）的复杂系统。 A. 独立　　　　　　　　　　B. 交互 C. 无关　　　　　　　　　　D. 以上都不是 ### 三、简答题 1. 简述行人轨迹预测的难点。 2. 简述行为决策方法是较为常用的方法。 3. 简述决策规划的主要内容。
任务总结	通过本任务的学习，你有哪些收获：
任务评估	对学生的综合评价与建议： 教师签字：

任务工单 5-1　车内通信网络

学生姓名		班级		学号		日期	
任务主题	车内通信网络						
任务目标	了解五种总线的工作原理						
任务要求	理解五种总线的应用场景						
任务内容	<p>一、填空题</p><p>1. SAE 提出将车载网络划分为＿＿＿＿＿种类型。</p><p>2. 在 CAN 通信中，为避免通信信号被干扰，＿＿＿＿＿和＿＿＿＿＿线相互缠绕在一起，构成一个封闭的数据传输通道。</p><p>3. CAN-BUS 两条线上的电位是相＿＿＿＿＿的。</p><p>4. LIN 网络的主节点包含＿＿＿＿＿任务和＿＿＿＿＿任务。</p><p>5. FlexRay 虽然是一种功能强大的网络，但＿＿＿＿＿制约了其发展，且推广力度不大。</p><p>6. 在信息娱乐系统，＿＿＿＿＿总线技术由于其通信速率和成本优势，将逐渐替代 MOST 总线。</p><p>二、选择题</p><p>1. 传输速率最快的车载网络类型为（　　）。</p><p>A. A 类　　　　B. B 类　　　　C. C 类　　　　D. E 类</p><p>2. LIN 总线的优点是（　　）。</p><p>A. 成本低　　　B. 传输速率快　　C. 响应快　　　D. 以上都不是</p><p>3. LIN 总线的从节点数不超过（　　）个。</p><p>A. 13　　　　　B. 14　　　　　C. 15　　　　　D. 16</p><p>4. FlexRay 的特点是（　　）。</p><p>A. 成本低　　　B. 复杂度低　　　C. 高容错　　　D. 以上都不是</p><p>5. MOST 总线光学传输具有（　　）等优点。</p><p>A. 导线少　　　B. 质量小　　　C. 传输速度快　　D. 以上都是</p><p>6. 以太网的优点是（　　）。</p><p>A. 传输速率高，100Mbit/s（或 1Gbit/s）</p><p>B. 利用以太网可简化车载网络的构成</p><p>C. 即插即用，扩展性强</p><p>D. 以上都是</p><p>7. 在信息娱乐系统，（　　）总线即将成为主流。</p><p>A. 以太网　　　B. CAN　　　　C. LIN　　　　D. MOST</p>

任务内容	**三、简答题** 1. 简述 CAN 总线与 LIN 总线的特点。 2. 简述 MOST 总线的缺点。 3. 简述车载以太网在汽车上的应用。
任务总结	通过本任务的学习，你有哪些收获：
任务评估	对学生的综合评价与建议： 教师签字：

任务工单 5-2　车际无线通信网络

学生姓名		班级		学号		日期	
任务主题	车际无线通信网络						
任务目标	了解 DSRC 与 V2X 的工作原理						
任务要求	理解 DSRC 与 V2X 的应用场景						
任务内容	**一、填空题** 1. DSRC 通信时延非常＿＿＿＿。 2. DSRC 的传输距离＿＿＿＿ 300m。 3. DSRC 的设计来源于＿＿＿＿。 4. C-V2X 是一项优越的现代＿＿＿＿线通信技术。 5. C-V2X 是为＿＿＿＿用例而设计的。 6. C-V2X 即使在没有 GNSS 的情况下也具有健壮的＿＿＿＿特性。 **二、选择题** 1. DSRC 比 C-V2X（　　）。 A. 时延高　　　　　　　　　　B. 传输距离远 C. 传输速率低　　　　　　　　D. 以上都不是 2. V2X 主要包含（　　）。 A. V2P　　　　　　　　　　　B. V2V C. V2I　　　　　　　　　　　D. 以上都是 3. 与 DSRC 相比，C-V2X 具有（　　）。 A. 更好的视线范围　　　　　　B. 更高的可靠性 C. 更大的容量　　　　　　　　D. 以上都是 4. C-V2X 的设计重点是（　　）。 A. 安全性　　　　　　　　　　B. 实时性 C. 经济性　　　　　　　　　　D. 以上都不是 5. C-V2X 为自主驾驶和高级驾驶用例提供（　　）。 A. 高吞吐量　　　　　　　　　B. 宽带载波支持 C. 超低延迟和高可靠性　　　　D. 以上都是 6. C-V2X 是为高速汽车用例而设计的，最高支持（　　）相对速度。 A. 200km/h　　　B. 300km/h　　　C. 400km/h　　　D. 500km/h 7. V2P 是指（　　）。 A. 汽车与行人　　　　　　　　B. 汽车与汽车 C. 汽车与基础设施　　　　　　D. 以上都不是

任务内容	### 三、简答题 1. 简述 DSRC 的原理。 2. 简述 C-V2X 的技术特点。 3. 简述 C-V2X 场景应用。
任务总结	通过本任务的学习，你有哪些收获：
任务评估	对学生的综合评价与建议： 教师签字：

任务工单 6-1　ADAS 预警类辅助驾驶功能

学生姓名		班级		学号		日期	
任务主题	ADAS 预警类辅助驾驶功能						
任务目标	了解主要的 ADAS 预警类辅助驾驶功能						
任务要求	理解 ADAS 预警类辅助驾驶功能的应用场景						
任务内容	<p>**一、填空题**</p><p>1. 驾驶人疲劳预警系统主要由_____、电子控制单元和预警显示单元三部分组成。</p><p>2. 驾驶人在疲劳状态下的一些生理指标，如_____电、心电、肌电、脉搏、呼吸等，都会偏离正常的状态。</p><p>3. 基于驾驶人生理指标的检测方法，客观性强，准确性高，但与检测仪器_____相关。</p><p>4. 前方碰撞预警系统（Forward Collision Warning System）的核心功能：提醒车主_____方存在碰撞到车辆的危险。</p><p>5. 盲区监测（Blind Spot Detection）针对的是车辆两侧后方_____柱遮挡的部分进行的车辆检测。</p><p>6. 为了确保汽车在各种天候状态、不同照明条件下都采集外界信息，车厂一般会选择通过增加_____系统来进一步确保行车安全。</p><p>**二、选择题**</p><p>1. 驾驶人疲劳预警系统主要是通过摄像头获取的图像，通过（　　　）等技术对驾驶人的驾驶行为及生理状态进行检测。</p><p>A. 视觉跟踪　　　　　　　　　B. 目标检测</p><p>C. 动作识别　　　　　　　　　D. 以上都是</p><p>2. 常见的驾驶人疲劳预警系统是通过车载摄像头对驾驶人（　　　）的信息及驾驶状态进行监测。</p><p>A. 面部　　　　B. 眼部　　　　C. 头部　　　　D. 以上都是</p><p>3. 人体疲劳状态的一个重要表现就是呼吸频率的降低，呼吸变得（　　　）。</p><p>A. 平稳　　　　B. 急促　　　　C. 频繁　　　　D. 以上都不是</p><p>4. 基于驾驶人生理反应特征的检测方法，利用（　　　）技术，检测驾驶人面部的生理反应特征。</p><p>A. 雷达　　　　B. 机器视觉　　　C. 医学检测　　　D. 以上都不是</p><p>5. 实时疲劳检测方法 PERCLOSE，通常按照（　　　）的标准检测，即单位时间内眼睛闭合程度超过 80% 的时间，占总时间的百分比。</p><p>A. p80　　　　B. p70　　　　C. p60　　　　D. 以上都不是</p>

任务内容	6. 前方碰撞预警系统在碰撞到除汽车以外的其他障碍物时（　　）触发警报。 A. 不会　　　　B. 会　　　　C. 不确定　　　　D. 有时会 7. 一般的摄像头是（　　）获得深度信息的。 A. 能　　　　B. 不能　　　　C. 不确定　　　　D. 有时能 ### 三、简答题 1. 简述驾驶人疲劳预警系统的监测方法。 2. 简述车道偏离预警的工作原理。 3. 简述主动夜视系统与被动夜视系统的区别。
任务总结	通过本任务的学习，你有哪些收获：
任务评估	对学生的综合评价与建议： 教师签字：

任务工单 6-2　ADAS 控制类辅助驾驶功能

学生姓名		班级		学号		日期	
任务主题	ADAS 控制类辅助驾驶功能						
任务目标	了解自适应巡航系统等的工作原理						
任务要求	理解 ADAS 控制类辅助驾驶功能的应用场景						
任务内容	一、填空题 1. 很多自适应巡航功能要求车速在_____ km/h 以上才能工作。 2. 自动泊车系统可以使汽车自动地以正确的停靠位泊车，该系统包括环境数据_____、中央处理器和车辆策略控制系统。 3. 车道保持系统可以在车道偏离预警系统的基础上对_____的控制协调装置进行控制。 4. 车道保持系统在车速达到_____ km/h 或以上才开始运行。 5. 自适应前照灯系统共由_____、ECU、车灯控制系统和前照灯四部分组成。 6. 自动紧急制动是一种汽车_____动安全技术。 二、选择题 1. 车道保持系统借助了（　　）来实现其功能。 A. 车道保持系统控制单元　　　　B. 车道保持系统指示 C. 风窗玻璃加热器　　　　　　　D. 以上都是 2. 车道保持系统的激活条件（　　）。 A. 最低速度：65km/h　　　　　　B. 车道宽度：2.45～4.6m C. 摄像头必须视线畅通　　　　　D. 以上都是 3. 车道保持系统的局限（　　）。 A. 能见度影响，识别不出车道标志线 B. 恶劣天气和光照条件不佳，导致识别不出车道标志线 C. 车道边缘识别不清 D. 以上都是 4. 自动紧急制动可以提供（　　）。 A. 前方道路安全　　　　　　　　B. 准确、实时的图像 C. 准确、实时的路况信息　　　　D. 以上都是 5. 自适应巡航控制系统的局限性（　　）。 A. 系统在车速为 30～200km/h 时才工作 B. 系统对固定不动的目标无法做出反应 C. 雨水、浮沫以及雪泥水会影响雷达的工作效果 D. 以上都是

任务内容	6. 自动泊车过程中断条件（　　）。 A. 在向后倒停车时，驾驶人将车速提高到 7km/h 以上 B. 停车过程未在挂入倒车档后的 180s 内完成 C. 在转向过程中，驾驶人作用在转向盘上的转向力矩大于 5N·mm D. 以上都是 7. 自动紧急制动常见的感知方案有三种，包含（　　）。 A. 视觉摄像头　　　　　　　　B. 毫米波雷达 C. 视觉摄像头融合毫米波雷达　　D. 以上都是 **三、简答题** 1. 简述自适应巡航的工作原理及条件。 2. 简述自动泊车系统的工作步骤。 3. 简述自适应灯光控制的两种模式。
任务总结	通过本任务的学习，你有哪些收获：
任务评估	对学生的综合评价与建议： 教师签字：

任务工单7-1　汽车电子电气架构概述

学生姓名		班级		学号		日期	
任务主题	汽车电子电气架构概述						
任务目标	了解域控制器的发展方向						
任务要求	理解域控制器的四大支柱						
任务内容	一、填空题 1. 当前一辆普通汽车的ECU多达＿＿＿＿＿＿＿十个，代码约一亿行，其复杂度已经远远超过安卓手机系统。 2. 采用域控制器，集成了ECU，车辆能够去掉多个MCU、电源、外壳和铜线，大大＿＿＿＿＿＿＿了汽车电子结构，实现集成和制造自动化，减轻了电子部件重量，提高了行驶效率。 3. 随着汽车从机械产品向数字化电子产品的不断发展，＿＿＿＿＿＿＿件水平越发成为了汽车的核心竞争力。 4. 域控制器具有＿＿＿＿＿＿＿性能计算能力和＿＿＿＿＿＿＿带宽通信。 5. 对＿＿＿＿＿＿＿的需求提升一直是域控制器核心芯片发展的主要推动力。 6. ＿＿＿＿＿＿＿性（Connectivity）是汽车智能化发展的一个很重要的趋势，未来的汽车一定会像今天的手机一样随时保持连接到互联网中。 二、选择题 1. 新一代的汽车E/E架构，软件和硬件必须解耦，算力必须从分布走向（　　　）。 A. 集中　　　　B. 分布　　　　C. 离散　　　　D. 以上都不是 2. 域控制器的出现是汽车E/E架构从ECU分布式E/E架构演进到（　　　）E/E架构的一个重要标志。 A. 分布式　　　B. 域集中式　　C. 域分布式　　D. 以上都不是 3. 与传统的ECU分布式架构相比，域控制器架构有（　　　）几点主要优势。 A. 轻量化、高效率　　　　　　　B. 成本低 C. 低延时　　　　　　　　　　　D. 以上都是 4. 域控制器以及核心的主控处理器的一些关键技术有（　　　）。 A. 高性能　　　B. 高异构性　　C. 高集成度　　D. 以上都是 5. TSN的关键标准包含（　　　）。 A. 时间同步　　B. 低延迟　　　C. 高可靠性　　D. 以上都是 6. 域控制器的四大支柱是（　　　）和高性能处理器。 A. 车载以太网　　　　　　　　　B. 自适应AutoSAR C. 集中式E/E架构　　　　　　　D. 以上都是 7. 由于以太网的发明时间太早，并没有考虑（　　　）的问题。 A. 实时信息的传输　　　　　　　B. 稳定性 C. 可靠性　　　　　　　　　　　D. 经济性

任务内容	**三、简答题** 1. 简述传统分布式 E/E 架构的缺点。 2. 简述域控制器的四大支柱。 3. 简述域控制器以及核心的主控处理器的关键技术。
任务总结	通过本任务的学习，你有哪些收获：
任务评估	对学生的综合评价与建议： 　　　　　　　　　　　　　教师签字：

任务工单 7-2　汽车电子电气架构实例

学生姓名		班级		学号		日期	
任务主题	汽车电子电气架构实例						
任务目标	了解特斯拉 Model 3 五个域的构造						
任务要求	理解特斯拉 Model 3 E/E 架构的优点						
任务内容	<p>一、填空题</p><p>1. 特斯拉 Model 3 主要分为_____个域。</p><p>2. 不同域之间通过_____和网关进行连接。</p><p>3. 前车身域控制器的位置在前舱，这个位置从理论上来说遇到的碰撞概率要更高，因此采用_____的保护外壳。</p><p>4. 左车身域控制器功能：负责车身_____侧电子电气调度。</p><p>5. 为了实现自动驾驶，特斯拉提出了一整套以_____为基础、以 FSD 芯片为核心的解决方案。</p><p>6. IGBT，全称为绝缘栅双极晶体管，相当于电力电子领域的"_____"，属于功率器件门槛最高的赛道之一。</p><p>二、选择题</p><p>1. 车身域分为（　　）。</p><p>A. 前车身域　　　B. 右车身域　　　C. 左车身域　　　D. 以上都是</p><p>2. 前车身域控制器功能（　　）。</p><p>A. 全车电子电气配电单元以及核心安全 ECU 连接</p><p>B. 负责车身左侧电子电气调度</p><p>C. 负责车身右侧电子电气调度右车身域控制器</p><p>D. 以上都不是</p><p>3. 右车身域负责管理（　　）。</p><p>A. 前车体元件控制以及主要的配电工作</p><p>B. 超声波雷达以及空调</p><p>C. 驾驶舱及后部的左侧车身部件</p><p>D. 以上都不是</p><p>4. 统一的中央计算机虽然集成度高，但不可避免地带来了控制器和受控器件的距离（　　），从而增加线束长度，提高成本。</p><p>A. 增加　　　B. 减少　　　C. 不变　　　D. 不确定</p><p>5. 整个 AP 的真正核心其实就是（　　）芯片，这也是特斯拉实现更高 AI 性能和更低成本的一个重点。</p><p>A. FSD　　　B. SoC　　　C. HSD　　　D. 以上都不是</p>

任务内容	6. 特斯拉 FSD 芯片内部占据最大面积的并非 CPU 和 GPU，而是 NPU。虽然此类设计完全是为（　　）算法进行优化的。 A. 神经网络　　　　　　　　　B. 遗传 C. 蚁群　　　　　　　　　　　D. 以上都不是 7. 特斯拉选用难以控制的小圆柱电池，是因为（　　）。 A. 电池不需要保护电路　　　　B. 电池一致性较好 C. 生产条件要求低　　　　　　D. 以上都不是 **三、简答题** 1. 简述车身域的三个域。 2. 简述 BMS 的难点。 3. 简述座舱域算力的用途。
任务总结	通过本任务的学习，你有哪些收获：
任务评估	对学生的综合评价与建议： 教师签字：

任务工单 7-3　空中下载技术

学生姓名		班级		学号		日期	
任务主题	空中下载技术						
任务目标	了解 OTA 的关键技术						
任务要求	理解 OTA 的升级流程						
任务内容	一、填空题 1. OTA 主要分为_____（Firmware Over The Air，固件在线升级）和_____（Software Over The Air，软件在线升级）两类。 2. 汽车 OTA 架构主要包含云端服务器和_____两部分。 3. 出于安全考虑，需要构建一个独立的子模块，负责 OTA 服务平台的_____，包括密钥证书管理服务、数据加密服务、数字签名服务等。 4. 汽车 OTA 流程主要分为管理和生成更新包、分发更新包、_____更新包三步。 5. 升级过程涉及_____（由 OEM 来掌控）和车端（由用户来掌控）。 6. 常规意义上的 OTA 一般是对应用 APP 进行的升级。因为一般来说如果硬件没有变化，_____就不需要变化。 二、选择题 1. OTA 可以用于汽车售后的功能升级，bug 修复，（　　）等。 A. 众包地图　　　B. 影子模式　　　C. 功能订阅　　　D. 以上都是 2. FOTA 是对（　　）下载安装镜像，是一个系统性更新；SOTA 是对部分应用层（　　）的迭代更新。 A. 固件，软件　　B. 软件，固件　　C. 软件，软件　　D. 固件，固件 3. OTA 关键技术包含（　　）。 A. 回滚备份　　　B. 差分升级　　　C. 断点续传　　　D. 以上都是 4. OTA 的优点包含（　　）。 A. 快速修复潜在系统缺陷　　　　　B. 快速迭代、提升产品和使用体验 C. 大幅降低售后成本　　　　　　　D. 以上都是 5. OTA 升级流程的最后一步通常是（　　）。 A. 升级结果反馈　　　　　　　　　B. 升级包下载 C. 升级包安装　　　　　　　　　　D. 以上都不是 6. 汽车软件升级要比手机和计算机升级所消耗的时间（　　）。 A. 长　　　　　　B. 短　　　　　　C. 一样　　　　　　D. 不确定 7. 软件升级的整个过程需要加入实时的监控系统，如果发现错误，应（　　）。 A. 及时上报　　　　　　　　　　　B. 忽略错 C. 断开监控系统　　　　　　　　　D. 以上都不对

任务内容	**三、简答题** 1. 简述 OTA 的基本含义。 2. 简述 OTA 的升级流程。 3. 简述 OTA 所面临的挑战。
任务总结	通过本任务的学习，你有哪些收获：
任务评估	对学生的综合评价与建议： 教师签字：

任务工单 7-4　汽车故障诊断

学生姓名		班级		学号		日期	
任务主题	汽车故障诊断						
任务目标	了解 ECU 故障类型与诊断流程						
任务要求	理解远程故障诊断的特点						
任务内容	一、填空题 1. 完整的 ECU 故障诊断系统包括车内在线诊断系统和车____离线诊断系统两部分。 2. 车内在线诊断系统用于监测车内部的传感器、电子控制单元和_____的工作状态。 3. 当汽车出现故障，车_____在线诊断系统就应该起作用，并提醒驾驶人有故障。 4. 一个 DTC 映射____个故障类型（诊断事件）。 5. 故障的检测是由车____在线诊断系统来执行的。 6. UDS 是诊断服务的规范化标准，规定了读取_____的指令、读诊断数据流的指令等。 二、选择题 1. ECU 故障诊断系统检测的故障主要由机械/系统故障、电子电器故障、（　　　）组成。 　A. 硬件故障　　　　　　　　　B. 软件故障 　C. 通信故障　　　　　　　　　D. 以上都是 2. 根据 DTC 的定义和关键信息，可以知道（　　　）。 　A. 是什么故障以及故障是否严重　　B. 故障什么时候发生的 　C. 什么原因导致故障发生的　　　　D. 以上都是 3. 以下关于 UDS，描述正确的是（　　　）。 　A. 是诊断服务的规范化标准 　B. 规定了读取 DTC 的指令 　C. 规定了读诊断数据流的指令 　D. 以上都是 4. 与传统诊断相比，远程诊断的诊断计划更为（　　　）。 　A. 主动　　　　B. 被动　　　　C. 从动　　　　D. 以上都不对 5. 本地（　　　）加密，云数据（　　　）加密。 　A. 需要，不需要　　　　　　　B. 不需要，需要 　C. 需要，需要　　　　　　　　D. 不需要，不需要

任务内容	6. 在对称加密中，涉及的双方都知道用于加密和解密的密钥，密钥长度通常为（ ）位长的短密钥。 A. 256 B. 128 C. 64 D. 32 7. 在一般诊断系统中，必须在（ ）点采取保护措施。 A. 多个 B. 三个 C. 两个 D. 单个 三、简答题 1. 简述 ECU 的故障类型。 2. 简述 UDS 的作用。 3. 简述如何确保信息安全。
任务总结	通过本任务的学习，你有哪些收获：
任务评估	对学生的综合评价与建议： 教师签字：

任务工单 7-5 汽车安全

学生姓名		班级		学号		日期	

任务主题	汽车安全
任务目标	了解功能安全的定义
任务要求	理解功能安全与预期功能安全的定义
任务内容	一、填空题 1. 对于自动驾驶或驾驶辅助车辆来说，车辆大部分或几乎全部交由_____控制。 2. AI 问题本质上是一种_____问题。 3. 复杂的电子电气系统给整车安全带来了极大的风险，所以，现今对汽车及其相关零部件安全的要求也是越来越_____。 4. 在汽车电子行业，ISO 26262 将功能安全定义为：避免因_____系统故障而导致的不合理风险。 5. 汽车智能化是建立在车辆_____收集及应用上的，如车辆行驶、车体、动力、安全及环境数据等层面。 6. 智能网联汽车最大的安全隐患来自于_____。 二、选择题 1. 汽车涉及人的生命财产安全，谈汽车首先要谈的就是（　　）。 A. 安全性　　　B. 经济性　　　C. 舒适性　　　D. 以上都不是 2. 在自动驾驶系统中，即使系统不发生故障，也可能因为（　　）黑盒输出等因素的不确定性导致功能的偏离，造成交通伤害。 A. 粒子群　　　　　　　　　B. 神经网络 C. 极限学习机　　　　　　　D. 以上都不是 3. 考虑到车辆的运行场景往往是（　　）。 A. 微小变化的　　　　　　　B. 一致的 C. 多变的　　　　　　　　　D. 以上都不是 4. 黑客攻击可分为接触式攻击、非接触式攻击和后装产品攻击三大类，常见的接触式攻击为（　　）攻击。 A. OBD 车辆诊断　　　　　　B. 云端服务 C. TPMS　　　　　　　　　　D. 以上都不是

任务内容	5. CAN Bus 总线保护方法包含（ ）。 A. 车载终端设备安全 B. 车联网运营端安全 C. 车联网通信安全 D. 以上都是 6. 车联网安全技术核心就是围绕保护（ ）总线来展开的。 A. MOST　　　　B. CAN Bus　　　C. 以太网　　　　D. LIN ### 三、简答题 1. 简述智能网联汽车安全的主要类别。 2. 简述预期功能安全的含义。 3. 简述信息安全的主要类别。
任务总结	通过本任务的学习，你有哪些收获：
任务评估	对学生的综合评价与建议： 　　　　　　　　　　　　　　　　　　　　　教师签字：